金融风险管理
理论与防控实务

苗 彬 ◎ 著

中国水利水电出版社
www.waterpub.com.cn

·北京·

内 容 提 要

本书既全面梳理了金融风险管理理论，又深入介绍了金融风险管理的实务流程，并将实践中的最新探索与国内外的最新研究成果进行有机结合。

本书主要内容包括：金融风险管理概述、金融风险管理的框架、信用风险管理、市场风险管理、流动性风险管理、操作风险管理、其他风险管理等。

本书将理论与实践进行有机结合，前沿性强，实用性强，有利于读者拓宽视野，了解金融风险管理的最新变化，展望金融风险管理的发展趋势。

图书在版编目 (CIP) 数据

金融风险管理理论与防控实务 / 苗彬著 . — 北京：中国水利水电出版社, 2017.8（2022.9重印）
ISBN 978-7-5170-5787-1

Ⅰ .①金… Ⅱ .①苗… Ⅲ .①金融风险 – 风险管理 – 研究 Ⅳ .① F830.9

中国版本图书馆 CIP 数据核字（2017）第 212688 号

书　　名	金融风险管理理论与防控实务 JINRONG FENGXIAN GUANLI LILUN YU FANGKONG SHIWU
作　　者	苗　彬　著
出版发行	中国水利水电出版社 （北京市海淀区玉渊潭南路 1 号 D 座　100038） 网址：www.waterpub.com.cn E-mail：sales@waterpub.com.cn 电话：（010）68367658（营销中心）
经　　售	北京科水图书销售中心（零售） 电话：（010）88383994、63202643、68545874 全国各地新华书店和相关出版物销售网点
排　　版	北京亚吉飞数码科技有限公司
印　　刷	天津光之彩印刷有限公司
规　　格	170mm×240mm　16 开本　15 印张　269 千字
版　　次	2018 年 1 月第 1 版　2022 年 9 月第 2 次印刷
印　　数	2001—3001 册
定　　价	65.00 元

凡购买我社图书，如有缺页、倒页、脱页的，本社营销中心负责调换

版权所有·侵权必究

前　言

近年来,伴随着金融自由化、全球化的发展以及层出不穷的金融创新,国内外金融风险管理的环境发生了重大的变化。从国内范围来看,互联网金融异军突起,利率市场化进程提速和影子银行体系影响与日俱增,这些重要事件在未来几年对中国经济及整个金融体系将产生持续的影响。从国际范围来看,美元对主要世界货币正处于升值时期,欧洲央行正在实施宽松量化货币政策,亚洲基础设施投资银行即将横空出世,必然导致国际资本流动方向发生重大变化。同时,人民币国际化进程日益加快,大大超出了预测。

可见,金融风险已成为各国政府和公众面临的最严重的非自然类灾难,金融风险管理问题则成为摆在各国政府、监管者和从业者面前的重要课题。我国正处于经济高速发展、金融市场逐步与世界接轨的重要时期,加强金融风险的防范与控制,已成为影响未来中国能否从大国走向强国的关键所在。有鉴于此,作者将多年工作经验与心得进行总结,精心撰写了《金融风险管理理论与防控实务》一书。

全书共八章。第一章对金融风险的概念、特征、种类以及金融风险管理的内涵、意义、发展、理论基础等进行概述。第二章从金融风险管理的组织结构、系统及一般流程3个层面阐述了金融风险管理的框架。这两章是全书的基础部分,第三至七章则在此基础上围绕具体问题展开论述。具体来说,第三章首先对信用风险进行概述,然后依次讨论了信用风险的度量、监测、控制、缓释、转移等问题。第四章在对市场风险进行概述的基础上,围绕风险价值这一市场风险管理的核心问题展开分析,最后探讨了金融机构市场风险管理的问题。第五章对流动性风险概念、流动性风险管理理论、流动性风险的度量、流动性风险管理办法等依次进行了深入分析。第六章首先对操作风险进行概述,然后论述了操作风险的度量、监控、评估与报告等问题。除信用风险、市场风险、流动性风险、操作风险之外,国家风险、声誉风险、战略风险以及合规风险的管理也是不容忽视的,因此第七章围绕这些风险的管理进行专门讨论。金融市场瞬息万变,及时把握金融风险管理的新趋势才能更好地应对可能的变化,因此第八章不仅对金融风险管理的工程化、网络化、综合化趋势进行阐述,还探讨了供应链金融风险管理及展望以及大数据与金融风险管理等问题。

  本书全面介绍了金融风险管理理论，有利于帮助读者拓展知识面，提高理论水平。同时，本书还对金融风险管理的实务流程进行了深入介绍，能够帮助读者切实提高操作水平。此外，本书将实践中的最新探索与国内外的最新研究成果进行有机结合，具有较强的前沿性，有利于读者拓宽视野，了解金融风险管理的最新变化，展望金融风险管理的发展趋势。

  在撰写过程中，作者借鉴了许多专家、学者的观点，参阅了大量的文献资料，在此谨向他们表达最衷心的谢意！由于作者水平有限，书中不足之处在所难免，敬请广大读者批评指正。

作 者
2017 年 8 月

目　录

第一章　金融风险管理概述 ……………………………………… 1
　　第一节　金融风险的概念、特征及种类 ………………………… 1
　　第二节　金融风险管理的内涵、意义及发展 …………………… 12
　　第三节　金融风险管理的理论基础 ……………………………… 21

第二章　金融风险管理的框架 …………………………………… 23
　　第一节　金融风险管理的组织结构 ……………………………… 23
　　第二节　金融风险管理的系统 …………………………………… 29
　　第三节　金融风险管理的一般流程 ……………………………… 38

第三章　信用风险管理 …………………………………………… 59
　　第一节　信用风险概述 …………………………………………… 59
　　第二节　信用风险的度量 ………………………………………… 63
　　第三节　信用风险监测和控制——以商业银行为例 …………… 67
　　第四节　信用风险缓释和转移 …………………………………… 75

第四章　市场风险管理 …………………………………………… 89
　　第一节　市场风险概述 …………………………………………… 89
　　第二节　市场风险管理的核心：风险价值 ……………………… 92
　　第三节　金融机构市场风险管理 ………………………………… 97

第五章　流动性风险管理 ………………………………………… 120
　　第一节　流动性风险概述 ………………………………………… 120
　　第二节　流动性风险管理理论 …………………………………… 127
　　第三节　流动性风险的度量 ……………………………………… 134
　　第四节　流动性风险管理办法 …………………………………… 139

第六章　操作风险管理 …………………………………………… 148
　　第一节　操作风险概述 …………………………………………… 148
　　第二节　操作风险的度量 ………………………………………… 160
　　第三节　操作风险的监控、评估与报告 ………………………… 171

第七章　其他风险管理 ……………………………………………… 177
第一节　国家风险 ………………………………………………… 177
第二节　声誉风险 ………………………………………………… 187
第三节　战略风险 ………………………………………………… 192
第四节　合规风险 ………………………………………………… 195

第八章　金融风险管理的新趋势 ……………………………………… 207
第一节　金融风险管理工程化趋势 ……………………………… 207
第二节　金融风险管理网络化趋势 ……………………………… 211
第三节　金融风险管理综合化趋势 ……………………………… 214
第四节　供应链金融风险管理及展望 …………………………… 218
第五节　大数据与金融风险管理 ………………………………… 222

参考文献 ……………………………………………………………… 233

第一章 金融风险管理概述

随着经济全球化进程的加快,加上金融自由化的出现和发展,金融风险扩散的速度逐渐加快,并且影响极大。加强金融风险的管理,不仅有助于保护单个经济主体的交易免受经济损失,并且金融风险的预警系统和监控系统能随时对日常的经营管理存在的风险展开观察,做到有备无患。对于国家与社会而言,金融风险管理有着重大意义。本章开篇明义,首先对金融风险管理的基础知识展开分析,以期为下面章节内容的展开做铺垫。

第一节 金融风险的概念、特征及种类

在现代市场经济条件下,金融风险一方面已经成为经济、社会领域中一个逐渐被更多人熟知和重视的概念;另一方面对经济、社会产生着越来越大的影响,成为政府重视、社会敏感、企业畏惧、金融机构害怕的经济现象。同时,金融风险也引起了越来越多的专家学者和实际工作者的关注和研究。本节从金融风险的概念、特征及种类了解金融风险。

一、金融风险的概念

(一) 风险的含义

关于风险,理论界有不同的理解。从不同角度分析,有多种定义:受伤害的危险;损失的机会;损失的可能;不确定性;期望结果的离散;不同于期望结果的可能性;对未来收益之预期的不确定性等。美国学者埃德温·曼斯扣尔德认为"风险是指结果不确定,但却可以知道或估计出每一种可能结果的概率的情形。"詹姆斯·亨德森等人也认为风险就是处于"不确定的情形下"。也有专家学者认为风险与不确定性是有区别的,他们认为不确定性是"对未来结果预测能力的怀疑",是"不能肯定的感知未来结果",因而是一种"思想状态",是一个主观的范畴,而风险则是

"客观的概念","风险的存在才产生了不确定性",认为"风险可以看作事件的可能性,而不确定性则是反映我们没有能力掌握这些可能性。"更多研究金融风险和金融危机的学者喜欢用事件结果的变动性来定义风险,如阿瑟·威廉等人认为"风险是结果的潜在变动"。埃米·沃甘认为,风险是一种存在着偏离所希望结果的可能性的状态。许多金融经济学家,如凯恩斯、希克斯、哈利、马柯维茨、威廉·夏普、罗伯特·哈根等人都把风险看作事件期望结果的变动,并用统计学上的方差概念来代表和计算风险的大小。

通过对上述诸多定义的分析和比较,我们认为将风险(Risk)一般定义为"损失发生的不确定性"较为恰当,这也是在风险管理和保险界被普遍采用的风险定义,它简单而明确,其要素为不确定性和损失,排除了损失不可能存在和损失必然发生的情况。也就是说,如果损失的概率是 0 或 1,就不存在不确定性,也就没有风险。

事实上,"风险"与"不确定性"这两个概念并不矛盾,不确定性也并不一定就是一个主观概念,如果说风险是事件结果的变动,那么这种变动在事前肯定是不确定的。风险与不确定性之间不必有严格的区分,风险就是事件结果的不确定性,或者说是事件期望结果发生变动的可能性。

(二)金融风险的含义

基于对风险的认识和研究,我们可以对金融风险进行更加深入地探讨和总结。

所谓金融风险,是指在资金融通和货币资金的经营过程中,由于各种事先无法预料的不确定因素带来的影响,使资金经营者的实际收益与预期收益发生一定的偏差,从而有蒙受损失和获得额外收益的机会或可能性。可见,金融风险与一般意义上的风险概念是有很大区别的。从内涵来说,金融风险的内容要比一般风险的内容丰富得多;从外延来看,金融风险要比一般风险的范围小得多,前者仅限于发生与存在于资金融通和货币资金经营过程中的风险,而后者则包括发生与存在的一切风险,其范围要比前者宽广得多。由此可知,金融风险是金融行为的结果偏离其期望结果的可能性,是金融行为的不确定性。它是一种特殊的经济风险,是可以选择和测算的。金融风险又是一种特殊的投机风险,既可能带来风险损失,也可能带来风险收益。金融风险的实质是金融资金直接发生损益的可能性和不确定性。

由于金融活动处于所有经济活动的中枢地位,因此金融风险对整个经济活动的影响就更加敏感、更加巨大,甚至由此带来的一些群体性波动

第一章 金融风险管理概述

和群体性事件,往往引起社会局部甚至大面积的"不稳定",因而从政府、企业到全社会,往往都对较为严重的金融风险十分敏感。

二、金融风险的特征

(一)客观性

没有风险的金融活动在现实中是根本不存在的。只要有金融活动存在,金融风险就不以人的意志为转移而客观存在。金融风险之所以具有客观性,主要有以下几点原因。第一,市场经济主体具有有限理性。由于市场信息的非对称性和主体对客观认识的有限性,市场经济主体做出的决策往往是不及时、不全面和不可靠的,有时甚至是错误的,从而在客观上有可能导致经济金融运行中风险的发生。第二,市场经济主体具有机会主义倾向。人类的天性有一种道德上的冒险精神和趋利避害的动机,因而可能采用不正当的手段,诸如说谎、欺骗、违背承诺以及尽可能钻制度、政策的空子以牟取私利。投机、冒险和各种钻营的客观存在导致金融风险不可避免。第三,金融信用中介具有日趋加剧的复杂性。由于金融中介的出现使原始信用之间期限结构、数量供求、借进贷出的一一对应关系演变为相互交织、相互联动的复杂关系,并且使金融经济运行有可能与实物经济运行相脱离,从而加大了产生金融风险的可能性。

(二)双重性

金融风险对于不同的经济主体,在具体的风险事件中,可能产生不同的风险结果。也就是说,金融风险具有双重含义。第一,它具有使某些经济主体蒙受经济损失的可能。第二,它又具有使某些经济主体获得超额收益的可能。研究金融风险,必须从其双重性入手,不仅要指出它的消极作用,而且要更加注意它所包含的积极因素和积极作用。例如,东南亚金融危机在使东南亚各国经济遭受破坏、产生巨大损失的同时,也使东南亚各国政府更加重视对金融体系建设的完善和对宏观经济政策、经济结构的调整,使各国的经济发展更加稳定,有助于东南亚各国经济向高层次转变。

(三)条件性

虽然说金融风险和其他风险一样,具有偶然性、突发性、不可预测性等特点,但是一切经济社会现象的发生,总有其客观条件。对金融风险而言,不确定的经济活动是其产生的必要条件,预期行为目标的偏离则是其产生的充分条件。只有在这两个条件都具备的情况下,才会发生金融风险。也就是说,金融风险的产生必须具备完备的充要条件。

(四)隐蔽性

金融风险往往并非在金融危机爆发时才存在。金融活动本身的不确定性损失很可能因信用特点而一直为其表面所掩盖,这主要是由于三大原因。第一,因信用有借有还、存款此存彼取、贷款此还彼借,导致许多损失或不利因素被这种信用循环所掩盖。第二,因银行具有信用货币发行和创造信用的功能,从而使本属即期金融风险的后果可能由通货膨胀借新还旧、贷款还息等形式来掩盖其事实上的金融损失。第三,因银行垄断和政府干预或政府特权,使一些本已显现的金融风险被人为的行政压制所掩盖。例如,中国曾一度出现的"白条""绿条""强迫储蓄事件"等,就是这种金融风险隐蔽性的反映。尽管隐蔽性可以在短暂时期内为金融机构提供一些缓冲和弥补的机会,但是它终究不是金融风险防范和控制的有效机制,甚至往往会演变成更大的金融风险。

(五)扩散性

金融风险不同于其他风险的一个最显著特征是,金融机构的风险损失或经营失败不仅影响其自身的生存和发展,更突出的是将导致众多的储蓄者和投资者的损失或失败,从而引起社会的动荡。这就是金融风险的扩散性。第一,金融机构作为储蓄和投资的信用中介组织,它一头联结或聚集着成千上万的储蓄者;另一头联结和聚集着众多的投资者,是投资者的总代表。金融经营管理的失败,必然连锁造成众多储蓄者和投资者蒙受损失。第二,金融业不仅向社会提供信用中介服务,而且在很大程度上提供创造信用。在保证存款支取兑付的同时通过贷款可以创造派生存款。因此,金融风险不仅对原生存款者和初始投资者存在广泛的影响,而且还具有数量倍数扩散的效应。可见,把握金融风险的特性,不仅要从金融单元、单层面上去认识,还要从多元、多层面的整体系统上去全面认识。

三、金融风险的种类

(一)根据金融风险的形态划分

根据金融风险的形态,金融风险可以划分为:价格风险、信用风险、流动性风险、经营或操作风险、政策风险、科技风险等。下面对这些风险展开逐一论述。

第一章　金融风险管理概述

1. 价格风险

在市场交易过程中,往往是价格因素导致金融风险的产生并产生扩展性的影响。利率、汇率、证券价格和金融衍生品价格、通货膨胀是价格作为基础金融变量在金融市场上的主要表现形式,而作为价格一般性质的物价水平,其变动也属于一种金融风险形式,因为它涉及范围广,整个社会经济系统都将受其影响,金融活动也不例外。

（1）利率风险。利率风险（Interest Rate Risk）指的是由于利率水平的不确定变动而导致经济主体遭受损失的可能性。利率是资金的价格,利率的高低由政治、经济、金融状况来决定,经济发展情况、投资者预期及其他国家和地区的利率水平等都会对利率水平造成影响。它反映了货币市场的供求关系,受到政府经济政策的控制。利率的调整会使银行的收益随之变化,金融机构的竞争也就会发生变化。有些金融机构的立足点没有站在健全功能、加强服务上,而是随意抬高利率、乱拉客户、争夺存款,造成同业之间的无序竞争,有些银行客户就会严重流失,负债来源减少,资产质量下降,借贷利差缩小乃至利息倒挂。

（2）汇率风险。汇率风险（Exchange Rate Risk）指的是由于汇率的波动而导致经济主体遭受损失的可能性。

当布雷顿森林体系崩溃之后,世界大部分国家放弃了原来的固定汇率制度,实行浮动汇率制度,再加上各种游资在汇市中的兴风作浪,使汇率的波动日趋频繁、剧烈、难以捉摸。近二三十年以来,金融市场的国际化和信息技术的运用,使汇率对国际政治、经济等环境因素更加敏感。一有风吹草动,往往会引起汇率的大幅波动,严重时甚至会以金融危机的形式表现出来。

对于涉及外汇交易的金融实体来说,因汇率波动而造成的金融风险主要体现在两个基本点上。一是汇率波动会造成金融实体现金流量的价值变化。在用外币支付的贸易中,出口商会因为外币贬值而造成损失,进口商会因外币升值而受到损失。对于外汇投资者来说,汇率波动的不确定性往往使其不但不能取得预期收益,反而还要损失原有的资本。在经济实体的外币流量已确定的情况下,由于这些外币的价值是用本币或机构所在地货币为衡量标准,这个转换过程有一段时间,真正的价值要由交割日的有关汇率确定。在这个过程中,汇率可能发生很大的波动,使得行为人的现金流量以本币衡量时有不确定性的变动；二是涉外企业会计科目中以外币记账的各项科目会因汇率变动而引起企业账面价值的不确定变动。在世界经济全球化的趋势下,越来越多的机构在两个或以上的国家和地区拥有多个分支机构,在将这些分支机构的财务报表进行合并时,需要将其按照统一的基准货币进行操作。在合并过程中,不同货币及其基准货币之间的汇率变动是不确定的,反映在账面上就是合并报表上的价值变化、收益或损失。

（3）证券价格风险。证券价格风险（Securities Price Risk）是指由于证券价格的波动而导致经济主体遭受损失的可能性。

现代市场经济环境下,证券的表现形式有股票、国库券、票据以及企业债券等等。每天金融市场上有大量的交易发生,这些证券的价格也在随着供求关系等因素的变化而上下波动,直接关系到购买这些证券行为主体的损益情况。

（4）金融衍生品价格风险。金融衍生品价格风险是指由于金融衍生品价格的波动而导致经济主体遭受损失的可能性。

金融衍生产品通常是从原生金融资产（Underlying Financial Assets）中派生出来的金融工具。自20世纪70年代以来,金融衍生产品发展迅速。例如,金融期货问世至今不过近40年的历史,远不如商品期货的历史悠久,但其发展速度却比商品期货快得多。目前,金融期货交易已成为金融市场的主要内容之一,在许多重要的金融市场上,金融期货交易量甚至超过了其基础金融产品的交易量。随着全球金融市场的发展,金融期货日益呈现出国际化特征,表现为世界主要金融期货市场的互动性增强,竞争日趋激烈。

（5）通货膨胀风险。通货膨胀风险（Inflation Risk）又称为购买力风险,指的是由于一般物价水平的波动而使经济主体遭受损失的可能性。鉴于金融活动是存在于社会经济系统中的一个重要组成部分,因此不仅仅局限于各类金融基础变量的波动性,作为一般意义上的物价波动的购买力风险也在金融风险的考察之中。

当通货膨胀风险造成货币购买力下降（即"货币贬值"）时,通常是债权人面临着损失的不确定性；通货膨胀率越高,债权人可能遭受的损失越大。此外,货币贬值还将使人们所持有的货币实际余额下降,这个时候将资金放置在银行作为储蓄存款并不是一项理智的选择,严重的话甚至导致负利率的产生。通货膨胀率上升,实际利率下降,实际收益率下降,人们的生活成本和企业的经营成本上升,最终影响人们的消费储蓄行为以及企业的经营行为,这一系列的反应是相互连贯的,波及的范围相当广泛,在此我们仅分析了通货膨胀造成经济影响的一个简单层面而已。

2. 信用风险

信用是从属于商品货币关系的经济范畴,最主要的形式是以应收账款和预付账款出现的商业信用。随着商品货币经济的发展和社会生产方式的变更,信用超出了商品范围,具有更多的表现形式。有以货币资金的借贷形式出现的银行信用,其他金融机构的信用和国家信用等。无论哪种信用,都有两个特点。

(1)信用是到期履约,保证一个协议或契约的完整完成。从起点出发能以约定的方式到达终点,完成一个周期。在这个过程中,各种因素交叉作用影响结果。银行有可能出现货币资金不能正常周转和有效增值,从而带来风险。

(2)信用风险(Credit Risk)的后果都是损失,不会有带来意外收益的可能。信用好,到期能完成交易,就会获得原来预期的收益,不会直接获得额外收入。信用不好,到期不能履行,交易就会中断,造成损失。当然,如果交易一方是故意破坏信用,以获得非法收益为目的就是另一回事,对于行为人来说,就没有金融风险了。对信用的破坏已变成另外一种风险,如犯罪被惩罚的风险,也就不属于金融风险的领域了。

3. 流动性风险

经济实体在经营过程中,常常面对资金流的不确定性变动。金融市场的建立有一个目的就是加快社会经济中资金的流动和运转,使经济获得效益和活力。资金流的时大时小、时快时慢,会带来流动性风险(Liquidity Risk)。资金流量超过所需,会造成资金滞留,因货币时间价值的关系,会使效益下降,预期收益降低;资金流量变小,会使正常的经营发生困难,严重时资金链发生中断,会把企业推向绝境。由此可见,由流动性的不确定性变动表现出来的金融风险也是很重要的。

4. 经营或操作风险

在经营管理过程中,有很多种金融因素会发生变动,从而造成经营管理出现失误,使行为人遭受损失具体可能发生在战略、战术和财务3个层面。

(1)战略层面。由于经营方针不明确、信息不充分或者对业务发展趋势的把握不准等原因,在经营方向和范围的选择上出现偏差,造成投资决策失误,从而出现导致损失的可能性。例如,香港房地产市场经常大起大落,当房产暴涨时,银行过多地将资金投入房地产市场。当房地产低落时,就会因为对房地产投资风险认识不足而做出错误的决策。

(2)战术层面。任何细节上的失误,都有可能对企业造成损害,有时甚至是非常严重的损害。实际影响的因素很多,有客观的,也有主观的。客观的因素往往是由于有关信息没有及时传达给操作人员,或在信息传递过程中出现偏差等原因而造成损失。例如,管理人员发出的立即抛出一支股票的指令,因终端连接不畅而没有及时地被场内交易员看到,就会延误指令的执行、错过时机。

（3）财务层面。融资方式不同,融资成本也不同。例如,通过发行股票所筹得的资金可以作为资本来使用,其股息的支付一般不固定,可完全根据公司的经营情况而确定。所得资金没有到期还款之忧,只要企业能在股市中生存,就可获得资金。在中国股市发展初期,对上市公司发放红利没有强制规定,即使现在,也没有规定必须每年都要发放。但是,通过发行股票来筹集资金,其筹资过程中所发生的成本往往较高,时间也长。另外,上市也要有一定的条件,不是每个企业都能进行。相反,通过发行债券所筹得的资金可根据债券期限安排使用,筹集过程中的成本往往较低。但是,发行债券后,公司必须按期付息而且债券的利率一般较高,到期必须进行兑付。所以,在一个公司的财务结构中,按固定利率付息的债务越多,其预期收入就越不稳定。出于债券和贷款到期还本付息具有强制性,如果公司不能保持合理的债务结构,就将面临较大的流动性风险。

5. 政策风险

从宏观经济的角度,需要采用一些政策手段来对经济进行调节,如财政政策、货币政策等。这些政策的采用是为了达到一定的目的,但人们在选择政策时难以做到两全其美,往往一种政策具有积极作用的同时也有着负面作用。例如,刺激就业的同时就会有价格的波动;实现价格的稳定,可能同时会带来经济的萧条和失业。最后,往往是两者相比,取其正面作用大的一种。另外,在金融市场中有着许多不确定性因素对政策的采用效果产生影响,使得结果未必尽如人意。金融风险通过政策的作用以另一种形式表现出来。

6. 科技风险

金融市场的电子化发展,为金融业提供了一个划时代的广阔前景,可以经营更大规模的金融交易,可以用更快的速度处理金融交易,可以用电信手段迅速跨国传输全球金融信息,可以将复杂的国际金融跨国交易变成"个性化"或者"傻瓜交易"。互联网更是一个没有时间、地域限制的虚拟金融市场,为金融交易的全球化提供了交易平台。但是,互联网很难确定交易合同的签订地和履行地,从而电子化合同的管辖权也就无法确定。随着科技的发展,各种利用计算机攻击金融网络的犯罪越来越多,损失也越来越大。1994年,一名俄罗斯人在圣彼得堡通过一台286计算机就从美国花旗银行窃取3.1亿美元。因此,利用法律对金融网络犯罪进行打击显得迫在眉睫。由于金融电子化对法律带来了空前的挑战,法律只有

第一章　金融风险管理概述

改变自身才能适应新的形势；同时，也只有通过法律的规范，才能把金融电子化的发展引向正确的轨道，才能适应世界经济一体化，金融市场全球化、网络化的要求，降低金融风险，促进金融业的快速发展。

（二）根据金融风险的主体划分

1. 个人金融风险

个人金融风险也可以称为"居民金融风险"，是指个人在进行金融活动时所面临的遭受损失的可能性。股市中最为普遍的是股民们所遭遇的证券市场价格波动风险。除了股票，存款、债券、期货等日益增多可供居民选择的金融工具都会给居民带来金融风险；甚至选择持有现金，居民仍然会面临通货膨胀等风险。存款是居民最常选择的理财方式，此时居民不单单是资金的提供者，也是资金的需求者，如作为消费信贷的借款人将面临清偿风险和利率风险等。

2. 企业金融风险

顾名思义，企业（非金融类）在从事金融活动中所面临的遭受损失的可能性即企业金融风险。而企业是现代经济中金融活动的重要参与者，对金融服务有着较强的需求。西方的"Finance（金融）"一词通常意指企业在资本市场的行为，即企业金融或公司金融概念。而我国的金融概念至今仍是以金融机构为主导的，企业的金融活动尚处于从属地位。企业不论在筹资还是在融资的过程中都将遭遇金融风险。企业的金融风险与金融机构的金融风险是不同的，对于同一笔贷款，对商业银行来说是资金的有效运用，但对于借款人企业来说却是实际存在的风险。

3. 金融机构风险

金融机构可谓是金融风险的"聚居地"。由于金融机构专门经营金融业务的特殊性，金融活动是金融机构日常最普遍的活动，各种各样的金融风险都有可能在金融机构中诞生和遭遇。金融机构风险主要涉及市场风险、信用风险和其他风险，其中市场风险是指因市场波动而使得投资者不能获得预期收益的风险，包括价格或利率、汇率因经济原因而产生的不利波动。信用风险是指合同的一方不履行义务的可能性，包括贷款、掉期、期权及在结算过程中的交易对手违约带来损失的风险。针对不同的风险的特点，确定不同的实施方案和管理战略。

4. 国家金融风险

国家金融风险是将国家作为一个经济整体来讨论其在金融活动中所面临的遭遇损失的可能性。国家金融风险一般是一国在从事国际金融活动时所面临的风险。作为金融风险的承担者,国家金融风险的主要表现形式是外债风险。外债风险指的是外国投资者(主要是机构投资者)在一国所掀起的有组织、大规模的金融投机活动所造成的风险。一旦超过了一定的国际安全线,外债风险是有可能转化为外债危机的。

(三)根据金融风险的产生根源划分

按照金融风险产生的根源进行划分,可以将金融风险分为客观金融风险与主观金融风险两种类型。前部分已提到,外在与内在的不确定性导致金融风险的发生;当这些不确定性已然表现为具有一定危害性的风险时,相应地,将其称为客观金融风险和内在金融风险。

1. 客观金融风险

客观金融风险是指由自然灾害、政治因素、科学技术、经济运行过程的发展等一系列客观因素所带来的金融风险。例如,由于泥石流、沙尘暴等严重的自然灾害使得农业生产大减,农民因亏损严重而无法按期按量归还银行贷款,对于放贷的银行而言,它就在蒙受着较大的客观金融风险。再如,政治动乱或者一项国家经济新政策的出台使某种工业品的生产经营者损失惨重,甚至面临倒闭的境地,对于持有该公司股份的股东而言,他们就面临着巨大的信用风险与股价暴跌的市场风险。

2. 主观金融风险

主观金融风险是指经济行为主体由于自身经营管理不善或受投机因素的干扰,或是自己心理预期失误等原因所引起的金融风险。常见的如证券市场、期货市场上大量投资者预期失误而做出与市场运行相反的决策,从而导致金融风险的发生。

(四)根据金融风险的性质划分

根据金融风险的性质,可以将金融风险分为系统性金融风险与非系统性金融风险。

1. 系统性金融风险

系统性金融风险(Systemic Financial Risk)也可称为不可分散化风险,是指能产生对整个金融系统、甚至整个地区或国家的经济主体都有遭受损失的可能性的风险。系统性金融风险是一种破坏性极大的金融风险,它隐含着金融危机的可能性,直接威胁着一国经济安全。通常由金融投资者自身不能控制的一些因素而引起投资报酬的变动,这些不可控的因素主要是政治、经济、自然灾害和突发事件等,其不利影响可能在整个金融体系引发"多米诺骨牌"效应,造成经济金融的大幅度波动,产生宏观层面上的金融风险。世界上频频发生的金融危机都反复证明了系统性金融风险是国家经济安全最为危险的敌人之一。国际货币基金组织(IMF)对31个发展中国家金融危机的考察表明,当金融危机所造成的累计产出损失达到12%时,至少需要3年左右的时间才能使产出恢复到危机前的水平。

2. 非系统性金融风险

非系统性金融风险又称为可分散化风险(Non System Risk),它是指某个产业或企业特有的风险。对于这类风险,投资者可以通过实行多样化的策略来避免遭受损失。"特有"即是指这种风险的产生一般都是由于经济行为主体经营管理不善、客户违约等造成的,只是一种个别的风险。投资者可以通过分散化投资或转换投资品种来消除这种风险,这是由于非系统性风险是个别性的风险,不会对市场整体发生作用。

经营风险、财务风险、信用风险、道德风险等是非系统性金融风险的主要类型。当非系统性金融风险还没有显现之时,对于风险的防范,重点是采取分散投资的方式,亦即不要将所有鸡蛋放在同一个篮子里。此外,需要特别注意分散投资的程度和分散投资的品种选择,可以根据具体情况的不同来区别对待。例如,根据投资者的资金实力大小来确定分散程度,资金实力强的投资者可以适当多的持有股票种类,资金少的则应少持有股票种类。这是因为,持有股票种类多了,容易分散注意力、降低操作效率,特别是对于资金少的投资者,当持有股票种类过多时,反而会造成交易费用的上升。

(五) 根据金融风险的层次划分

从层次论来分析,金融风险可分为微观金融风险和宏观金融风险。这两者在风险主体、形成机理、经济社会影响以及风险管理等方面都有明显的区别。

1. 微观金融风险

顾名思义,微观金融风险指的是微观经济主体所遭遇的金融风险。一旦微观金融风险转化为现实,将对金融交易人造成如资产缩水、投资损失、收益减少或严重亏损等形式的损失。此外,微观经济主体还将面临破产的影响,但这类风险出现的频率相对要低得多。

2. 宏观金融风险

人们需要从静态和动态两方面来了解什么是宏观金融风险。从静态上考察,宏观金融风险主要是指主权国家对本国金融领域是否具有较强的控制力度。如果主权国家对本国经济与金融的控制力较强,说明国家的经济、金融的政策目标与经济、金融运行的结果越接近,国家金融越安全,宏观金融风险也就越少。对本国金融领域的控制力度往往由许多因素决定。例如,一国的宏观经济结构、竞争力、银行制度、外汇政策和金融监管等。从动态上考察宏观金融风险,即从金融发展来看,金融能否实现质和量的协调发展,以及使主权国家在长期内实现动态的经济和社会效益最大化。或者说宏观金融风险大小在于主权国家能否实现金融的可持续发展。如果一国金融不能实现可持续发展,说明其存在风险。这种可持续发展能力的大小,就是国家金融安全系数的大小。在金融全球化和自由化的背景下,应特别注意从动态的角度考察一国的金融风险。

宏观金融风险与金融体系性风险的定义相近,但又有一定的区别。美国经济学者克罗凯特(A. Crockett)在他的《金融稳定的理论与实践》一文中对金融体系性风险做了如下规定:金融体系性风险是指"由于金融资产价格的不正常活动或大量的经济主体和金融机构背负巨额债务及其资产负债结构恶化使得他们在经济冲击下极为脆弱,并可能严重地影响到宏观经济的正常运行。"而宏观金融风险是指动态与静态结合考察一国金融体系所面临的金融秩序混乱和金融风暴的可能性。当这种可能性转变为现实时,宏观金融风险就演变为金融危机。所以,金融体系性风险是从金融风暴在金融系统的表象上对全局性金融风险进行描述,而宏观金融风险则是从经济与金融的多视角、多层面,对能够影响经济、社会、政治稳定的金融风险形成和发展的分析。金融风险的影响是对宏观经济整体而言,金融风险的防范则是从宏观制度和政策的角度来考虑。

第二节 金融风险管理的内涵、意义及发展

金融风险管理是金融管理的核心内容。金融宏观调控与监管部门、金融机构和金融市场的其他参与者都孜孜不倦地探求着有效的风险管理方法。金融风险管理的发展也经历着逐渐向完善化发展的过程。本节就来分析金融风险管理的内涵、意义及其发展。

一、金融风险管理的内涵

从总体上讲,金融风险管理是指人们通过实施一系列的政策和措施来控制风险以消除或减少其不利影响的行为。金融风险管理的内涵是多重的,对金融风险管理的含义应从不同的角度加以理解。

第一章　金融风险管理概述

金融风险管理根据管理主体不同可分为内部金融风险管理和外部金融风险管理。内部金融风险管理是指作为风险直接承担者的经济个体对其自身面临的各种风险进行管理。内部金融风险管理的主体是金融机构、企业、个人等金融活动的参与者，尤以金融机构的风险管理为代表。外部金融风险管理主要包括行业自律管理和政府监管，其管理主体不参与金融市场的交易，因而不是作为受险主体对自身的风险进行管理，而是对金融风险的参与者的风险行为进行约束。

金融风险管理根据管理对象的不同可分为微观金融风险管理和宏观金融风险管理。微观金融风险管理只是对个别金融机构、企业或部分个人产生不同程度的影响，对整个金融市场和经济体系的影响较小。微观金融风险管理的管理目标是采用合理的、经济的方法使微观金融活动主体因金融风险的影响而受到损失的可能性降至最低。宏观金融风险可能引发金融危机，对经济、政治、社会的稳定性可能造成重大影响，因此宏观金融风险管理的目标是保持整个金融体系的稳定性、避免出现金融危机，保护社会公众的利益。

二、金融风险管理的意义

（一）对于单个经济主体的意义

单个经济主体包括居民个人、家庭、企业以及政府等（单个银行及非银行金融机构自然也包括在内），其抵抗金融风险的能力毕竟是很有限的，尤其是对于居民个人、家庭以及风险管理体系不甚完善的中小型企业而言。本着审慎的管理原则，金融风险管理应当渗入单个企业日常经营管理的每一个角落。

（1）金融风险管理可以使单个经济主体加强对自身金融风险的认识。经济主体的某个部门或者部分业务在建立了一定的金融风险管理机制或者采取了一定的风险管理措施之后，各种潜在经济损失就可能被识别、度量和处理（其识别、度量的准确性则是另一个议题，依赖于管理者的技术水平以及所采取的金融风险管理策略等因素），能够意识到金融风险的存在是进行有效管理的前提。例如，商业银行可以通过监控资本充足率、不良贷款率等指标来判别自身的经营风险状况，一旦这些指标出现异常波动或者接近国际惯例的临界值，就意味着金融风险在不断增大。

（2）金融风险管理能够帮助单个经济主体以较低成本来避免或减少损失。金融风险管理的实质是一套预测、监控和处理金融风险的有效机制。在识别、测定了单个经济主体金融风险的存在后，风险管理措施的选择和实施需要付出一定的成本,在能减少或避免损失的前提下控制经济主体所付出的成本是金融风险管理过程中要认真思考的问题。例如,商业银行的贷款类风险处理中,可以要求借款人提供价值不低于贷款本息的抵押品,也可以将贷款证券化从而把该贷款的信用风险转嫁给其他投资者等。

(3)金融风险管理可以为单个经济主体提供相对宽松安全的资金筹集与经营环境,提高其资金使用效率,确保经营活动的正常进行。实施金融风险管理从某种程度上来说能够减少或者消除单个经济主体的紧张不安和恐惧心理(尤其是对于投身于价格起伏波动的股票市场中的居民个人和家庭而言),提高其工作效率和经营效益。从资金使用方面来说,金融风险管理中有着各种防范措施和对策,可以根据各金融变量变动的情况,保持相对稳定的收入和支出,减少现金流量的波动。例如,企业可以运用期货、期权等金融工具来避免利率风险和汇率风险;也可以通过合理计提一定的备付准备金来防范流动性危机,同时也能够防止因大量资金闲置而导致效率低下的情况发生。单个经济主体可以在金融风险管理的框架下促进资金筹集和资金经营决策的合理化与科学化,减少决策的风险性。

(4)金融风险管理有利于单个经济主体经营目标的顺利实现和良好形象的树立。获取收益和利润是单个经济主体进行经营的直接目的,金融风险管理能够把经济主体所面临的金融风险降低到最低限度,减少影响预定盈利目标实现的不确定性,直接或者间接地降低费用开支,最终最大限度地保证预期收益的获得。树立良好形象的意义对于金融机构而言更为突出。一家建立了完善风险控制体系的商业银行对于储户而言是具有相当大的吸引力的,它可以保证储户资金的完好保管和有效运用,减少纠纷增强合作,以及不必担心挤兑等严重现象的发生。客户的信任是金融机构持续经营的基石。

(5)金融风险管理能够有效处理金融风险造成的后果损失,防止发生连锁反应。金融风险一旦发生,小则造成一定的经济损失,大则能够危及单个经济主体的持续经营。例如,单个企业可能由于市场环境的异常变动或者信用风险而导致原材料购买的资金链断裂,导致其无法持续生产经营的损失。倘若企业具有一定的风险防范措施,能够迅速得到补充的生产资金,就可以将损失减至最小,避免由此引发的其他损失。金融风险管理对于银行的意义更为明显。当一家银行出现流动性风险时,其筹资成本增加,而一旦不能得到很好地处理和控制,很可能诱发挤兑风潮,甚至导致银行倒闭。

第一章 金融风险管理概述

（二）对于整个经济体系的意义

作为单个经济主体的有机集合，经济整体的情况更为复杂，它实际上还囊括了由于单个经济主体之间的交错关系而造成的风险因素，要求更高水平和更为严密的金融风险管理体系。金融风险管理的意义更为宏观，影响更为巨大。

（1）金融风险管理是一国经济发展形势的需要。在现代经济社会中，无论是何种所有制结构的国家都需要进行金融风险管理。这是因为，作为现代经济核心的金融正以越来越快的速度、越来越强大的力量渗透到社会经济的每一个角落，金融风险成了宏观经济管理者们所必须正视、有效管理的问题。金融风险监管的课题也正被金融理论与实践工作者们所关注。尤其是对于尚处于高速经济增长阶段的中国而言，金融风险会由于摩擦而产生于经济生活中的方方面面，金融风险管理是必不可少的。此外，不仅限于金融经济领域，社会的安定与和谐也会受到金融风险管理水平的影响；这仍是由于金融在现代经济的广泛渗透性造成的。在一个大多数人积极参与证券市场投资行为的时代，一次较大范围的股票价格波动会引起股市乃至市民的恐慌行为，通过人们的信心、预期、行为等一系列反应，社会秩序的有序性将受到威胁。反之，良好的金融风险管理体制将对社会的和谐稳定具有促进作用。

（2）金融风险管理是适应国际竞争的需要。20世纪70年代以来，金融自由化和金融一体化程度日益加深，各个国家处于相对联动的环境中，2007年美国次贷危机和2009年10月20日开始的欧洲主权债务危机都有力地显示了当今经济社会中金融风险传导速度的威力。金融管制是国家应对金融风险国际性传导的必然举措；然而，在金融自由化环境下，管制往往催生经济主体在相应的制度上、工具上或者机构方面的金融创新，风险在创新的推动下不断滋长，产生金融管制与金融风险相互追逐的螺旋式上升现象。此外，新的国际金融环境变化和国际金融创新带来了国际虚拟资本的急剧增加，热钱的疯狂逐利更增添了国际交易的不确定性。据统计，21世纪初始，全球每天有两亿美元的金融交易，但是，其中只有百分之二的交易与物质生产和交换有关。从国际性视角来看，金融风险带来的危害更为巨大，各国的货币政策独立性正日益削弱，如何进行有效金融风险管理是每一个国家正努力研究探索的问题。

一国的国际收支状况能够由于金融风险管理水平的提高而获得改善。这可以从3个方面加以说明。其一，金融风险管理的提高可以带来良好的投资环境与合理的经济秩序，国家之间的经济贸易关系得到进一步发展。其二,更多的外国直接投资资本能够被吸引进来,资本项目得到改善。其三,加强金融风险管理可以在一定程度上减少一国国际储备由于利率、汇率以及通货膨胀等因素造成的损失。

(3)金融风险管理有助于规范金融市场秩序。实践研究表明,加强金融风险管理,建立较完善的风险管理机制,能够保证市场上各个参与者的行为趋于合理化和规范化。这是由于金融风险管理手段的引入能够促使投资者与筹资者双方行为的理性化。第一,投资者在投资时需要考虑到各种经济变量的变化趋向,通过分析和评估各种金融资产状况来选择最佳投资组合,防止风险的产生和扩大,从而降低整个市场的金融风险水平,金融市场的高效、稳定运转得到保证;而筹资者在筹集资金的过程中也需要仔细度量所承担债务的合理数量、期限结构以及通货膨胀等因素,根据实际需要、偿债能力和偏好来确定适当的债务总量和结构,确保所融入资金的顺利回流。第二,各种类型的交易行为规范和约束措施,例如市场准入和退出的条件、交易规则以及保证金制度等,能够有效防止市场参与者的一些高风险投机行为,从而规范市场秩序,减少市场交易双方之间的纠纷,提高市场效率。

(4)金融风险管理能够优化社会资源配置。提高效率、合理配置资源、使有限资源得到充分利用是金融市场机制能起到的重要作用。对于一个经济整体而言,金融风险管理优化社会资源的作用主要体现在对一国产业结构的调整方面。经济主体往往趋向于将资源投向安全性较高的部门,然而这并不能带来一国产业结构的合理化,甚至造成产业结构的畸形发展。而单独依靠市场机制来对产业结构进行调整也是不现实的,其带来的成本巨大。因此,通过经济主体自觉加强金融风险管理,预先消除或者预防一些风险较大的行业(例如技术开发等)在经营中的不确定因素,则其不利影响将得到一定控制,资源将流向那些风险大但收益高的行业或部门。这就是金融风险管理在促进社会资源配置的作用过程,从这种意义上来说,金融风险管理是有助于提高社会生产率的。

(5)金融风险管理能够改善宏观经济环境、促进社会经济稳定有序地发展。这个意义可以从集合效应上来理解:当所有或者大部分的经济主体都采取一定的金融风险管理手段来防范风险的时候,社会整体的金融风险防范已达到一个很高的水平,微小的经济变量变动也可以通过指标来显示监测到,一旦达到形成风险的临界值便会发出警示,而风险防范措施的采用也是逐层递进的,其目的在于以最小的成本来避免最大限度的风险损失。由于金融风险的种类多样、危害程度各异,倘若任由其发展必将危害社会生产的正常秩序,甚至造成社会的恐慌。例如,信用风险可

第一章　金融风险管理概述

能带来银行挤兑风潮。加强金融风险管理,有利于保证社会经济的安全,创造良好的经济环境,促进社会生产的正常有序进行和健康发展。

三、金融风险管理的发展

(一)20世纪80年代初金融风险管理的发展情况

由于储蓄和贷款机构深受债务危机的影响而大量倒闭,银行业开始普遍重视对信用风险进行防范和化解。随着银行业风险管理实践的逐步展开,出现了许多新情况、新问题。为了更好地适应风险管理新形势的需要,著名的《巴塞尔协议》应运而生,它可以作为银行业资本充足性管理实践的基本准则和重要指引。该协议通过对不同类型的资产规定不同的权重来测量和评估风险,是对银行风险比较笼统的一种分析方法,对于充实银行资本,提高其资本充足率,增强其抵御风险的能力以保护银行的资产安全起到了巨大的促进作用。

(二)20世纪90年代以后金融风险管理的发展情况

随着金融衍生工具的推陈出新和交易量的迅猛增长,市场风险日益突出,接连发生了几起震惊世界的银行和金融机构危机的大案。例如,英国最悠久的巴林银行破产、日本山一证券十多亿美元的交易损失、日本大和银行的巨额国债的交易损失、中国香港百富勤的倒闭等一系列风险事件,促使人们对金融市场风险加以高度关注。

一些主要的国际性大银行开始建立自己的内部风险测量与资本配置模型,以弥补《巴塞尔协议》有关规定的不足和缺陷,其取得的主要进展包括如下几点。

(1)市场风险测量的新方法——Value at Risk (VaR)(受险价值方法)。这一方法最主要的代表是摩根银行的"风险矩阵系统"(Risk Metrics)。

(2)银行业绩衡量与资本配置方法——信孚银行的"风险调整的资本收益率"系统。

(3)最近几年来,一些大银行认识到信用风险仍然是十分关键的金融风险类型,便开始关注信用风险测量方面的问题,试图测量和评估信用风险的内部方法和模型。其中以摩根的 Credit Metrics 系统和 Credit Suisse Financial Products (CSFP)为主。这一风险管理系统是第一个用于测量和评估信用风险的内部模型,可以测量整个银行的合并信用风险,并提供另一种 VaR 报告。

（4）从1997年夏开始，亚洲金融危机爆发，整个世界金融业开始出现此起彼伏的动荡，特别是1998年10月美国长期资本管理公司（LTCM）发生了巨额损失事件。这家由华尔街精英、政府前财政官员和诺贝尔经济学奖得主组成的，曾经红极一时的金融业巨子，在世界金融动荡的冲击之下，也难逃一劫，几近破产。这一系列震惊世界金融业的风险事件出现了一些新特点，即损失不再是由单一的风险因素所造成，而是由信用风险和市场风险等混合因素造成。这些事实证明：是重新考虑银行风险管理理念、方法与模型的时候了。由于以前的各种测量和评估模型是针对单一风险的，有一定的局限性，这就促使人们更加重视市场风险与信用风险的综合测量模型以及操作风险的量化问题。由此，全面风险管理模式开始进入了人们的研究视野。而其具体进展则正是集市场风险、信用风险和其他多种风险于一体的各种新模型的纷纷创立。全面风险管理方法无疑是对风险管理理念的一次革命。

经过多年不断地尝试与探索，金融风险管理技术不断发展，已经达到主动识别、预警、测量和控制风险的水平。目前有关的研究侧重于对已有风险管理技术的修正、补充和完善，以及将计量风险方法逐步推广到市场风险以外（包括信用风险、流动性风险、结算风险和操作风险等）的其他风险领域的应用。

（三）21世纪金融风险的新型特点及风险管理发展情况

进入21世纪，全球资本中以衍生商品为主的表外交易飞速发展。按照国际清算银行的统计，截止到2011年末，全球场外衍生品合约的名义本金总额达到647.76万亿美元，而同期场内衍生品合约的名义本金总额则仅为58.31万亿美元，两者之间相差达到11.1倍。而在1998年，全球场外金融衍生工具交易额就接近了51万亿美元，大大超过约30万亿美元的全球GDP总额，比十年前的1988年增加了31倍。由此可见，金融业正在以日新月异的速度迅猛发展，与其伴生的金融风险也随之变化。

（1）高传染性。金融风险的高度传染性主要表现为金融风险传导的快速度和大面积。一方面，通信手段的现代化，带来了交易方式的现代化。通过电话、网络，金融信息在瞬间就会传遍全球；另一方面，国际金融创新以及金融衍生工具的推陈出新，使得国际资本流动更趋灵活。以上两个方面都会导致金融风险具有高度的传染性。

（2）"零"距离性。金融全球化犹如一把"双刃剑"，既能提供发展机遇，又会带来金融风险。2008年金融危机的爆发，迅速辐射各个国家金融领域，覆盖发达国家，发展中国家。依靠距离来防御金融风险不再适用，金

第一章　金融风险管理概述

融全球化缩短了各国之间的"影响距离",可谓是城门失火,殃及池鱼。

（3）强破坏性。金融风险的高传染性和"零"距离性是导致强破坏性的重要因素。金融是现代经济发展的血液,特别是在市场经济日益自由化、市场化的今天,金融业的作用不断得到强化。因而,金融风险一旦发生,对国民经济的打击也是空前的。美国发生的"次贷危机"从2007年8月开始席卷美国、欧盟和日本等世界主要金融市场,以及2009年发生的欧洲主权债务危机,截至2013年仍然对全球经济产生巨大的负面作用。

正是由于这些新特点的出现,使得金融风险管理的发展也进入一个新型的整体化风险管理时期。

进入21世纪,风险管理进入了一个全新的阶段——整体化风险管理阶段。整体化风险管理冲破了传统风险管理对风险的狭隘理解,把风险当作一个整体来研究。有两个原因促成这一时期风险管理的重大转变:第一,由于金融衍生品使用不当引发了多起金融风暴,促使财务性风险管理有了进一步的发展;第二,保险理财与金融衍生品的整合,打破了保险市场与资本市场间的藩篱,财务再保险与巨灾风险债券的出现就是明显的例证。

这种新型的整体化风险管理是站在整个公司角度的风险管理,常常被称作公司风险管理或全面风险管理(Enterprise Risk Management, ERM),它关注的主要是风险对冲的目的和对整个公司价值的影响,是风险管理理论发展的最新方向。全面风险管理理念的产生源于美国全国虚假财务报告委员会下属的发起人委员会COSO委员会对风险管理的研究,COSO认为,对管理者来说,一个非常重大的挑战就是确定某个组织在努力创造价值的过程中准备承受多大的风险。而制定统一定义、能够提供主要原理与概念、具有明确的方向与指南的风险管理框架,将有助于企业迎接这一挑战。

基于以上认识,2001年年末,COSO启动全面风险管理项目研究,经过两年多的时间,于2004年9月发布《全面风险管理框架》研究报告。该报告标志着全面风险管理理论的建立。

全面风险管理理论的发展丰富了风险管理理论的内容,使得风险管理涵盖的范围越来越广泛,风险管理的实际操作也日益复杂,新的风险管理方式不断涌现。

正如人们对风险存在各种各样的定义,人们对风险管理的范畴也没有统一的看法。人们在风险管理活动中关注的问题包括内部控制、审计、合规、基于风险的投资决策和绩效计量、衍生产品套期保值交易、资产负债管理、准备金提取、资本计量、保险、计算机系统相关风险(IT风险)等各个方面。从风险因素的角度来看,风险管理包括针对各个风险因子的风险管理活动和从整个金融机构战略管理的角度将各个风险因子整合在一起的全面风险管理活动。从金融机构管理风险所使用的工具和方法的角度来看,风险管理活动可以划分为内部控制活动和风险产品交易活动(即金融工程活动)。内部控制活动所使用的工具主要是管理制度、组织架构和审计稽核等,而金融工程活动所使用的主要工具和方法是风险计量、衍生产品对冲和风险定价补偿等。从针对损失采取措施的角度来看,风险管理活动包括3方面的内容:第一是避免损失发生或降低损失严重程度及降低发生概率的管理活动,主要指各项业务的管理和内部控制活动;第二是将可能发生的损失转嫁给其他机构或市场参与者的活动,主要指保险、再保险转移和衍生品对冲活动;第三是风险的承担活动,即通过提取准备金或风险定价方式为可能的损失募集资金的活动。从盈利管理的角度来看,风险管理活动包括风险定价、经济资本配置、经风险调整资本回报率和经风险调整业绩衡量等。

　　从以上的梳理和分析可以看出,传统的风险管理以防范损失为主要内容,而现代风险管理已经远远超越了这一范畴,它不仅包括内部控制和衍生产品交易(风险对冲活动)等防范损失的活动,还包括风险定价、经济资本配置、经风险调整资本回报率、经风险调整业绩衡量等以盈利和回报为中心的风险管理活动。这种风险管理活动已经上升到战略管理的层面,与投资决策(资本预算问题)和融资决策(资本结构问题)融合在一起,成为企业管理的核心内容。

　　值得一提的是,在全面风险管理发展过程中,中国已走到了世界前列,不仅由中国国家标准化委员会派出专家学者参与了《ISO31000:风险管理原则与实施指南》(以下简称ISO31000)的制定,且对风险的定义也采用了中国专家的定义。此外,在2006年6月6日,国务院国有资产监督管理委员会(以下简称国资委)更较早地提出了具有指导意义的全面风险管理指引《中央企业全面风险管理指引》。2010年10月24日,中国保险监督管理委员会(以下简称保监会)也深入借鉴了欧盟偿付能力二号的成果,推出了《人身保险公司全面风险管理实施指引》。据悉中国财务公司协会也将于近期推出《财务公司全面风险管理指引》。

第一章 金融风险管理概述

第三节 金融风险管理的理论基础

为什么会产生金融风险？这不仅需要我们从现实经济生活中找寻原因，还需要分析金融风险的相关理论，探究金融风险管理的理论方法。只有了解了发生的理论根源，才能更全面地认识金融风险管理的机制，化解金融风险。

一、金融体系不稳定性理论

金融体系具有内在的不稳定性。金融体系的这种内在不稳定性是金融风险产生的理论根源。金融体系的内在不稳定性首先是一种假说，在信息经济学的帮助下才发展成一种颇有影响的金融理论。

金融体系不稳定性理论认为，金融体系具有内在的不稳定性，这种不稳定性是金融风险产生的理论根源。对于金融不稳定的解释假说，存在"周期性"解释一派和"货币主义解释"一派。但这些解说缺乏微观基础，在很大程度上不得不依赖心理学的判断来解释金融主体的非理性行为。信息经济学为解释这些不稳定现象提供了新的思路。正是由于信息经济学被引入金融领域，经济学家才对金融市场的微观行为基础有了深刻理解，金融体系不稳定性理论获得了重大进展。

信息经济学中最核心的问题是信息不对称，以及信息不对称对个人选择和制度安排的影响。信息经济学认为，现实世界中信息是不完全的，或者是不对称的，即当事人一方比另一方掌握的信息多。信息不对称因此造成代理人的机会主义行为，这种机会主义行为包括逆向选择和道德风险。逆向选择是交易发生前产生的信息不对称问题，信息不真实或拥有信息较少的一方会做出错误的选择，即在达成协议前，代理人利用信息优势使委托人签订不利的契约。道德风险是发生在交易之后的信息不对称问题，即在达成契约后，代理人利用信息优势不履约或偷懒。信息不对称通过逆向选择和道德风险影响金融体系，形成金融体系内在的不稳定性，也种下了金融危机的种子。

二、金融资产价格波动性理论

许多金融风险都与金融资产价格的过度波动相关，金融资产价格的过度波动是金融风险产生的一个重要来源。金融资产价格波动性与信息不完全有关。信息不完全决定了经济主体的有限预期，即经济主体不可能完全了解决定金融资产未来收入流量变化的各种因素,从而使金融市场的有效性和完善性大大降低,产生金融市场的失衡状态,造成金融资产价格的不稳定性。而且,不同金融资产价格之间呈现出一定的互动性,通货膨胀率、利率、汇率和股价之间存在联动效应,彼此相互影响,又进一步加剧了资产价格的不稳定性。

金融资产价格波动性理论又具体包括经济泡沫理论、股价波动理论、汇率波动理论等理论分支。其中,经济泡沫理论认为,预期因素和左右人们行为的信息因素决定了经济泡沫的形成。资产价格的上升通常伴随着预期的反向变化,并带来价格的迅速下降,最终导致金融危机。股价波动性理论的焦点为以下4个方面。

(1)过度投机的存在。强调市场集体行为的非理性导致的过度投机对资产价格的影响。

(2)宏观经济的不稳定。股市的波动在很大程度上承载来自宏观经济波动的影响。

(3)市场操纵机制作用。通过操纵市场,操纵者创造虚假交易繁荣和虚假价格,也创造了表面上稳定的市场,最终市场价格必然出现不可逆转的下跌。

(4)交易和市场结构的某些技术性特征的影响。任何有利于高卖低买的技术性特征都可能加剧股市的波动性,如信用交易、保证金交易及做空机制等。

汇率波动理论则认为汇率的波动性分为两种:一种是固定汇率的波动性,即货币对外价值发生意外的变化,使固定汇率水平难以维系;另一种是浮动汇率的波动性,即市场汇率的波动幅度超过了能够用真实经济因素来解释的范围。关于汇率的波动性根源,又产生了许多解释理论,主要包括国际借贷理论、利息平价理论、汇兑心理理论、汇率过度调整理论和汇率错乱理论等。

三、金融风险的传染性理论

依据金融风险的传染性理论,金融风险具有传染性,它可以由一个经济主体传染给别的经济主体,或者由一家金融机构传染给别的金融机构,或者由一个国家传染给别的国家,结果可能导致系统性金融风险,甚至世界性金融危机。金融风险的传染过程就是金融风险由小到大、由此及彼、由单个金融机构到整个金融体系、由一个国家到另一个国家发展的过程,是金融风险的范围和强度不断放大和加深的过程。金融风险的传染性理论包括金融风险的传染机制理论、囚徒困境与银行挤提理论等,这些理论都解释了金融风险的传染根源和过程。

第二章 金融风险管理的框架

国际上对金融风险管理框架的研究一直处于不断探寻的阶段,如COSO委员会提出的全面风险管理ERM框架以及国际风险管理标准ISO31000提出的风险管理框架、巴塞尔委员会提出的针对国际活跃银行的三代巴塞尔协议框架等,这些风险管理框架在不断自我完善并相互融合,引领着各个行业风险管理水平的不断提升。本章就来探讨金融风险的管理框架,涉及金融风险的组织结构、系统和一般流程3个方面。

第一节 金融风险管理的组织结构

分析了金融风险管理的内涵、意义与发展情况,下面就来探讨金融风险管理的组织结构,包含组织结构设计的原则、组织体系以及组织结构模式。

一、风险管理的组织结构模式

（一）职能型组织结构模式

职能型组织结构模式是指整个金融机构的经营管理按职能部门划分,风险管理部门与其他职能部门平行,负责整个金融机构的风险控制。此种模式适用于资本规模较小的银行,如图2-1所示。

职能型组织结构模式具有如下优点。
（1）能够促进金融机构组织实现职能目标。
（2）确保部门内规模经济的实现。
（3）促进组织深层次的技能提高。

职能型组织结构模式具有如下缺点。
（1）金融机构风险管理部门对外界环境变化反应较慢。
（2）可能会引起高层决策缓慢、金融机构各风险管理部门之间超负荷运行等问题。

(3)部门间缺少横向协调和缺乏创新,对组织目标的认识有限。

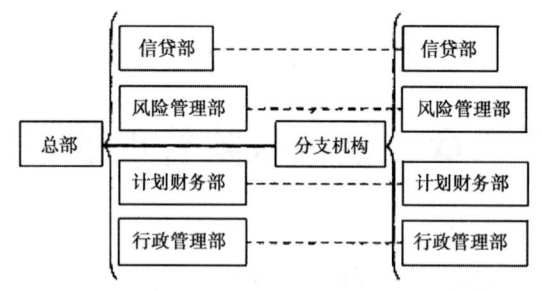

图 2-1 职能型组织结构模式

注:(资料来源:高晓燕,2012)

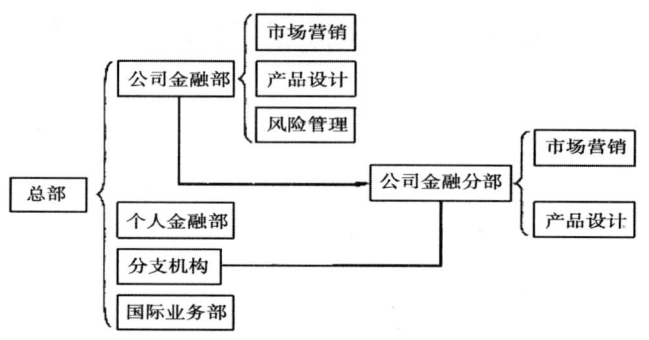

(二)事业部型组织结构模式

事业部型组织结构模式是指整个金融机构按业务种类划分为不同的事业部,便于对相关业务进行专业化经营,形成相应的利润中心。此种模式适用于资产规模较大、经营业务种类较多的银行,如图 2-2 所示。

图 2-2 事业部型组织结构模式

注:(资料来源:高晓燕,2012)

事业部型组织结构模式具有如下优点。

(1)整个组织能够快速适应外界环境的变化,能够实现跨职能部门的高度协调,各事业分部容易适应并应对不同的产品、地区和顾客。

(2)有利于决策的分权化。

(3)风险部门设在各个事业部内部,有利于各个事业部有针对性地对本部门所面临的风险及时监督和控制。

事业部型组织结构模式具有如下缺点。

(1)不具有职能部门内部的规模经济。

(2)各产品线之间缺乏协调,从而导致产品线的整合与标准化变得困难,并且不利于金融机构对整体经营风险的控制。

（三）矩阵型组织结构模式

矩阵型组织结构模式分为两种。第一，整个金融机构按照业务种类纵向划分为以业务为主的利润中心，便于各部门根据各自业务特点进行专业化经营；按职能部门的分类横向划分，通过金融机构的职能部门对各业务部内部的相关职能部门进行横向控制和管理，有利于金融机构对总体经营风险的控制。此种模式适用于资产规模较大，从事业务种类繁多的金融机构。第二，以地区为标准设置纵向的利润中心，以职能标志对各部门的相应职能进行横向控制。适用于允许跨地区设置分行的商业银行。

矩阵型组织结构模式——以事业部为中心，如图 2-3 所示。

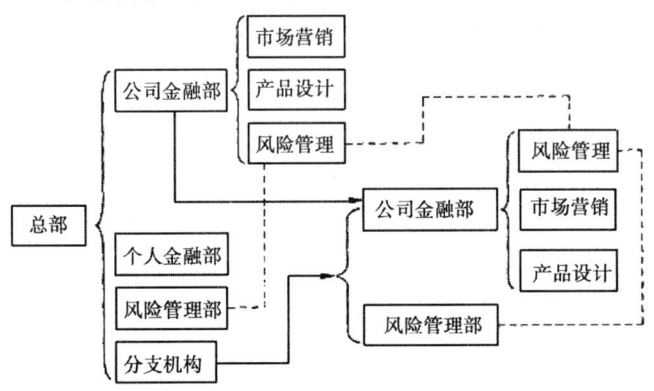

图 2-3 矩阵型组织结构模式——以事业部为中心

注：（资料来源：高晓燕，2012）

矩阵型组织结构模式——以区域为中心，如图 2-4 所示。

矩阵型组织结构模式具有如下优点。

（1）风险管理部门设在事业部内部，接受事业部的领导，一方面有助于对各事业部具体业务经营风险的控制和化解；另一方面，有助于各事业部在经营中实现利润追求与风险控制之间的平衡。

（2）各事业部内部的风险部门要接受总部风险管理部门的领导，既有利于得到总部在风险控制上的技术和信息支持，也有利于总部对整体经营风险的把握和控制，保证整个银行经营的稳健性。

矩阵型组织结构模式具有如下缺点。

（1）容易导致风险内部控制管理人员卷入双重职权之中，降低其积极性。

（2）该模式下的金融机构风险管理要求管理人员具有良好的人际关系技能和全面的内部控制方面的培训，经常的会议和解决问题发生的冲突会耗费大量的时间和精力。

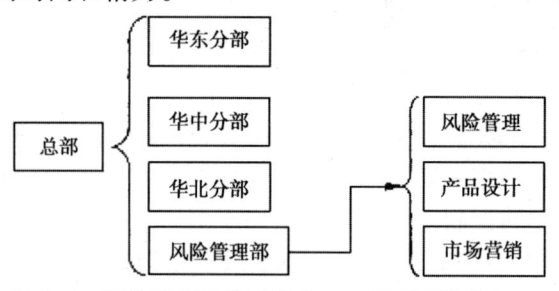

图 2-4 矩阵型组织结构模式——以区域为中心

注：（资料来源：高晓燕，2012）

二、金融机构风险管理的组织设计体系

（一）董事会

董事会是流动性风险管理的最高决策机构,对包括风险管理在内的经营目标、战略进行管理,并对管理的结果负有最终的责任。董事会的主要责任有：全面认识银行面临的风险,确定银行的风险偏好以及各部门风险管理的目标和方向；确定银行能承受的流动性风险水平,制定风险管理战略和政策；建立流动性风险所必需的文化、制度和方法体系等。为了确定风险管理政策及时反映内外环境的变化,董事会要定期组织专家对风险管理政策进行审查。

（二）风险管理执行委员会

银行董事会风险管理的责任可具体由下设的一个执行委员会来负责。在董事会中,通常由 3～5 名董事组成"风险管理执行委员会",承担董事会的日常风险管理职能。董事会将流动性风险管理的日常决策权授予该执行委员会,执行委员会定期向董事会报告。执行委员会的职责主要在于：拟定风险管理战略,并在机构范围内贯彻和执行董事会批准的风险管理战略,确保金融机构有完善的内部控制、规范的业务程序和适当的经营政策,核实各种业务都受到有效的控制,并定期对内控情况和风险管理基础设施状况进行评估；批准各风险管理下属机构和范围内贯彻和执行董事会批准的风险管理战略,清楚反映金融机构所面临的风险,包括长期计划和投资中的所有风险及风险类型、交易对手有关情况,批准承受金融风险大小,并为承担风险损失提供所需的风险资本；定期评价金融机构总体风险管理的有效性及风险管理的基础设施状况,并向董事会报告风险管理方面的问题。由此可见,风险管理委员会成立的目的是为

第二章 金融风险管理的框架

了更好地落实董事会的日常风险管理工作和有效防止董事长或投资决策人员与执行部门串通而进行大量的冒险行为。

（三）风险管理组

风险管理组是指风险管理委员会下设的、独立于日常交易的风险管理战略部门。它通常设有战略组和监控组。战略组的职责主要是制定公司的风险管理政策和风险管理战略，并确保这些政策和战略得以实施；也就是说，它既要制定公司的风险管理政策、风险管理制度、风险度量模型和标准等，及时修订有关办法或调整风险管理策略，又要指导业务人员的日常风险管理工作。监控组的职能是贯彻风险管理战略，具体包括3个方面。第一，根据战略组制定的风险管理模型，进行风险衡量和评估，持续监测风险的动态变化，并及时、全面地向战略组汇报公司的风险状况，以尽快减少或消除风险。第二，监督业务部门进行风险控制的操作流程，以便使得各个部门严格按照风险管理程序进行，并控制风险限额的使用情况，确保各项交易金额被控制在授权的范围内。第三，审核并评价业务部门的风险管理办法和报告，评估各业务部门的风险管理业绩。

风险管理组作为负责风险管理的高层管理机构，负责拟定银行的流动性风险管理政策，并确定风险管理战略的有效实施。其主要职能有：拟定详细的流动性风险管理政策；颁布各种流动性风险管理的标准和程序；设定限额、分配限额来管理和限制业务部门的最高流动性风险度。流动性风险管理组处于风险管理功能系统的核心地位，包括一定数量的执行委员会成员。为确保其不受具体业务部门业务的短期压力，风险管理组还应当独立于日常业务和交易管理。

（四）风险管理职能部门

风险管理职能部门是风险管理组的直接支持者。它在业务上独立并具有明确的责任，直接向风险管理组报告，贯彻已经批准的操作风险管理策略。流动性风险管理职能部门的主要职责包括：对各项业务进行风险测量、监控和评估，确定风险的危害程度；定期向风险管理组提供必要的风险管理信息，报告风险承受能力；监督各业务部门风险管理策略的具体实施情况；根据各个部门搜集来的风险管理信息制定各种风险管理战术性策略，以有效地防范风险。

（五）风险管理的支持部门

风险管理组除了得到风险管理职能部门的支持以外，还必须得到其他一些相关部门的支持，包括战略规划部门、人力资源部门、合规和法律部门、内部稽核部门、信息系统部门，要求这些职能部门提供有关风险管理的可靠信息，以保证风险管理策略的正确制定和执行。在这些支持部门中，内部稽核部门的地位尤其重要，它能保证已经获准的流动性风险管理政策和规程得到有效执行。内部稽核部门人员应当定期稽核、测试风险管理程序和内部控制。同时，稽核委员会向董事会和执行委员会报告，以便执行委员会及时采取措施对存在的问题加以解决。

（六）分行和基层行的应对管理部门和岗位

考虑到我国银行全行上下流动性风险管理组织体系的有效衔接，原则上分行相应的组织结构比照总行设计。但是，考虑到分行主要是一个具体的执行机构，所以不用设立风险管理的决策部门，但是有必要增加一些具体的操作和内部控制部门。同时，考虑到机构精简的效率原则，商业银行的基层行没有必要设立专门的流动性风险管理部门，可以在一个综合的风险管理部门中设立流动性风险的管理岗位，或者赋予基层行的计财部以流动性风险的管理职能。

（七）业务系统

业务系统是整个金融风险管理体系的直接而又相当重要的组成部分，它既与风险管理部门相分离，而独立成一个金融风险管理体系，又与风险管理部门建立有机的联系，执行风险管理部门制定的有关风险管理制度和战略，并协助、支持风险管理的工作，及时向风险管理部门汇报、反馈有关的信息。

公司的总经理是业务系统的管理者，也是在具体操作中管理金融风险的最终责任人，总经理在组织业务经营的同时，也领导着公司的风险管理工作。例如，建立内部风险衡量、监控和评估模型，并组织实施；确保风险管理部门的有关决定的实施；监督风险动态，并采取有关应急措施等。

在日常工作过程中，公司的管理部门和操作部门也同时进行着风险决策和风险管理，各部门都必须负责本部门的风险管理工作。部门负责人必须认真贯彻金融风险管理部门制定的有关政策和战略，确保各项业务合规、合法，严密做好风险管理工作，并及时、准确地向风险管理部门报告风险暴露的信息；尤其是对超过风险限额的交易要迅速地报告风险管理部门，并采取相应的防范措施，减少乃至避免损失的发生。

第二章 金融风险管理的框架

三、金融机构风险管理组织结构设计原则

（一）总体原则

协调原则：金融机构风险控制组织结构的设计要考虑金融机构内部各业务职能的设置及相互之间关系的协调。

效率原则：金融机构风险控制组织结构的安排和职责划分要体现效率原则，保证银行经营管理系统的高效运作。

（二）基本原则

（1）全面风险管理原则。它要求金融机构风险管理组织结构设计安排应充分满足金融机构全面风险管理的要求。其具体包括：全员风险管理，即金融机构内部所有的工作人员都要参与风险管理，都要有风险意识和自觉性；全程风险管理，即在风险识别、风险衡量、风险分析与评价整个风险管理流程中都要进行有效管理；全方位风险管理，即对金融机构各个部门，各种业务均要进行风险管理。

（2）集中管理原则。它要求对金融机构风险管理组织结构设计时应同时设立风险管理委员会和具体的业务风险管理部门。

（3）垂直管理原则。它要求董事会和高级管理层应当充分认识到自身对风险管理所承担的责任。

（4）独立性原则。它要求风险管理的检查、评价部门应当独立于风险管理的管理执行部门，并有直接向董事会和高级管理层报告的渠道。

（5）程序性原则。它要求金融机构风险管理体系组织结构的安排应当严格遵循事前授权、事中执行和事后审计监督三道程序。

第二节 金融风险管理的系统

一般来说，金融风险管理的体制主要包括两个内容。金融风险管理系统，是以系统的观点来看待金融风险管理，并按照其在风险管理过程中所体现的职能划分为不同的子系统；金融风险管理组织体系，是经济主体在实际运作金融风险管理系统时的内部组织与外部组织表现形式。需要说明的是，这里的金融风险管理体制主要是针对微观经济主体的金融风险管理而言的(宏观金融风险管理只能使用其中的某些内容。金融风险管理是一项复杂的系统工程，该系统主要包括以下7个子系统。

(1)金融风险管理的衡量系统。
(2)金融风险管理的决策系统。
(3)金融风险管理的预警系统。
(4)金融风险管理的监控系统。
(5)金融风险管理的补救措施。
(6)金融风险管理的评估系统。
(7)金融风险管理的辅助系统。

上述各子系统密切相关,但又分别具有不同的特点,执行不同的职能。以系统的眼光来看待金融风险管理,它其实就是一项复杂的系统工程,由各个密切相关的子系统有机组合而成。实质上,并不是单独的子系统凑合成了金融风险管理这一系统整体,更多的是人为地按照职能的差异将其划分为各"独立"的子系统,方便于在各个环节抓住重点,使整个金融风险管理系统有效运转,真正起到防范和处理金融风险的作用。

一、金融风险管理的监控系统

(一)金融风险管理的监控系统的含义

金融风险管理的监控系统是指随时监督公司承受的风险动态情况,督促各部门严格执行有关规章制度和风险管理政策,严格执行相关的风险管理程序,将风险管理工作落到实处。随机监督即从动态上把握经济主体的金融风险状况,严密观察并控制风险的变化,这就是金融风险管理监控系统的主要职能。

监控指标可以很好地观测经济主体的金融风险状况,如资本充足率、单项贷款的占比以及流动性比率等。现代社会电子化的发展使得金融风险的监控更为便利,通过电脑联网就可使经济主体的风险监测部门便捷地了解到各部门的关键数据,随时监督各业务部门经营状况,掌握包括信贷、资金头寸、外汇交易等进展情况。

值得注意的是,监控系统设施有限额权限提示、自动障碍和警讯等程序来确保授权制度的执行。这意味着当经济主体内部出现超越限额权限的趋势时,监测系统会及时地提醒业务操作人员,倘若仍未纠正或者继续违规操作,监控系统将会自动设置障碍,拒绝执行命令并同时向上级管理部门发出相应警讯。对业务部门进行定期或者不定期、全面或者局部的稽核是非常必要的,它也属于金融风险监控系统的内容,其目的在于寻找出各种隐患,检查出风险管理措施的实施情况,以便有关部门迅速改正或采取补救措施。

第二章 金融风险管理的框架

（二）金融风险管理的监控系统的职能

（1）监控系统首先需要设置一系列的监控指标，如资本充足率、流动性比率、单向贷款的占比等，并通过电脑联网，对各业务部门和分支机构的经营状况进行监控，包括信贷、资金头寸、债券和外汇交易的进展情况等，随时掌握公司内部资金的流向和业务状况。一旦发现异常，就采取相应的防范应急措施。特别地，监控系统设置有限额权限提示、自动障碍和警讯等程序来确保授权制度的执行。当出现超额限额权限的趋势时，监控系统就会及时提醒操作人员，若操作人员不进行及时纠正或继续进行违规，监控系统将会自动设置障碍，拒绝执行其发出的指令，并向上级管理部门发出警讯。

（2）监控系统还要定期或不定期地对各业务部门进行全面或某些方面的稽核，检查各种风险管理措施的实施情况，寻找各种隐患，如贷款的贷后检查、质押品的管理、重要凭证的保存等，发现问题及时向上级领导或上级部门汇报，并督促有关部门迅速改正或者采取补救措施。

（3）监控系统还要对董事会制订经营方针和重大决策、规定和制度及其执行的情况进行检查，一旦发现问题，可以直接向有关部门提出期限改进的要求。例如，如果公司进行的一项大规模的投资出现问题，该监控系统会直接向相关部门或领导提出改进的要求，并规定一定的期限，以免发生不必要的损失或减少损失。

二、金融风险管理的预警系统

（一）金融风险管理的预警系统的含义

经济实体在经营活动中，通过内部的研究部门或外部的咨询机构，对经营活动中出现的金融风险进行监测和预警，以引起有关人员的注意，并供他们在决策时参考，这就是金融风险管理的预警系统。例如，在一项投资中，投资者可预先确定营运资本与总资产之比的警戒线，从而在投资决策中自觉地约束投资的规模。再如，银行可通过预警机制对某个行业的前景提出警告，以供信贷人员在贷款取向中参考。

预测金融风险，先于风险爆发之前观察到风险的动态以便及时采取应对措施是很重要的，金融风险管理预警系统的设置很大程度上就在于解决这个问题。通过经济主体内部的研究机构或者外部的咨询公司等专业机构，对其经营活动中出现的金融风险进行监测和预警是金融风险预警系统的主要任务。

一般而言,金融风险预警系统能够监测的范围较为广泛,可以根据经济主体的历史经验、同行业的经营状况以及对未来经济形势的分析来得出相应的预警结论。预警系统不但能够使经济主体了解自身经营的各类警示指标,还能够掌握所处金融风险环境的整体状态,有效增强防范风险的自觉性;从另一个角度来说,金融风险预警还能使交易对手对金融风险引起足够的重视,从而防止其行为导致的金融风险。

(二)金融风险管理的预警系统的建立

金融风险管理的预警系统可以从以下3个方面加以建立。

(1)根据本机构的历史经验,来建立相应的预警信号。例如,银行可以根据以往经验,来推测市场资金的需求、供给趋势,建立起"头寸"变化的警戒线。

(2)根据同一行业一些机构的状况进行行业分析,来建立相应的预警信号。例如,企业财务报表中各种比率应保持在什么范围,该企业在整个市场的占有率在多大时才能支持。

(3)分析未来的各种趋势,包括经济走势、行业形势、个体经营状况等,即进行宏观分析,确定未来的各种趋势。例如,根据汇率变化趋势、股票走势、企业经营前景等,通过反复筛选整理成一定的预报材料,以供后期参考。

经济实体通过建立预警机制,既可以掌握金融风险的整体状况,从而采取相应的策略,又会引起企业内部各部门对金融风险的高度重视,有效增强防范和抑制金融风险的意识和自觉性,还可以对交易对手提出忠告或警告,从而促使交易对手也对金融风险加以高度重视,防止交易对手的行为导致金融风险。总之,整个市场都会处于预警状态,最终减少了金融风险的发生。

三、金融风险管理的衡量系统

(一)金融风险管理的衡量系统的含义

金融风险管理的衡量系统是指用来估量每项交易中金融风险的大小和影响,为金融风险管理的决策提供依据的系统。可见,金融风险管理衡量系统是整个金融风险管理系统的基础,准确、有效地衡量风险才能使管理链条顺畅运行,精准地击中风险目标。

一般而言,金融风险的衡量都采用定量方法,以一定的数字和概率数值来表现风险及其发生的可能性大小。通过开发建立与相关业务经营相适应的风险管理模型,可以得出各类金融风险的衡量数据,从而进一步进

第二章　金融风险管理的框架

行风险管理操作。利用模型来计量金融风险的所得结果便于风险信息的理解和传递。例如,经济主体通常采用信用评级的方法来衡量信用风险,用概率分布的方法来衡量证券价格风险,用各种缺口模型来衡量利率风险等。

此外,由于最初着手衡量的是单独的业务或者是经济主体局部的风险,其数据往往相对较小。但是,倘若将整个业务链条的风险或者整个经济主体所面临的风险汇总起来,所得到的将是一组相对较大的风险数据。在此风险汇总的机制下,经济主体宜根据风险分布的结构状况予以适当的处理。例如,目前对于整体金融风险的衡量,金融机构普遍认同"资本充足率"的衡量方法。

（二）金融风险管理的衡量系统的运作

金融风险的衡量一般都采用定量的方法,所以在金融风险管理中为了对金融风险的大小和影响做出准确的衡量,人们通常建立一定的模型。

1. 常见的风险测量模型

（1）市场风险测量模型:VaR、ES等模型。例如,为了对证券价格风险进行衡量,人们常采用概率分布的方法。

（2）信用风险测量模型:J. P. 摩根的 Creditmetrics 模型、KMV 模型、瑞士信贷银行的 CreditRisk＋模型。例如,为了对信用风险进行衡量,人们往往采用信用评级的方法。

（3）利率风险测量模型:主要有缺口模型和持续期模型,以对利率风险进行衡量。

运用这些模型进行风险衡量的主要优点就是易于理解、运用简单,从而也便于汇报和制定政策。

2. 建立风险汇总机制,以便衡量其整体的金融风险

即使就每项业务或每个局部而言,其面临的金融风险都很小,但是,如果将各项业务或各个局部综合起来,则就整体而言,其面临的风险就很大了。目前,在对整体金融风险进行衡量的时候,各种金融机构所普遍认同的方法是"资本充足率"的衡量方法。

四、金融风险管理的决策系统

（一）金融风险管理的决策系统的含义

金融风险管理的决策系统是指为整个金融风险管理系统提供决策支持的系统。它既要负责设计和运用整个金融风险管理系统,制订防范金

融风险的各种规则和指导方针来规范业务运作,指导业务人员开展金融风险防范活动,又要根据具体的风险特征和状况,研究制订金融风险管理的最佳策略,制订防范或化解金融风险的各项具体措施和安排,并发出指令,责令各个部门实施。例如,银行的决策部门可根据其测定的金融风险的大小,要求计划部门对资产负债结构进行调整,以缩小利率敏感缺口,或要求信贷人员提前收回某笔贷款,以缩小乃至避免由该笔贷款引起的信用风险。

金融风险管理决策系统担负的是整个金融风险管理系统的设计和运用,是整体系统的核心部分;通过制订各种防范和处置金融风险的规则、指导方针等来规范经济主体自身的业务运作,指导业务人员开展各项金融风险管理活动。通常还需要经济主体根据所遭遇金融风险的具体特征和状况来研究管理的最佳策略,确定防范和化解金融风险的各项具体措施和安排,并指挥各业务职能部门执行决策。

为使金融风险管理决策系统能顺畅地发挥作用,需要经济主体内部的各项决策支持,使管理人员能够通过该系统选择最佳的金融风险管理工具、最佳的资产组合以及其他类型的决策等。以银行的决策系统为例,决策部门根据所衡量的风险状况做出安排,大多数情况下是要求计划部门对资产负债结构进行调整以缩小利率敏感性缺口,或者要求信贷人员提前收回某笔贷款以缩小或避免该贷款带来的风险。

在实际的金融风险管理决策系统中,风险管理政策的制定工作通常体现为结合测定风险的大小、紧密联系业务进程、适时调整性地建立各层次管理人员、业务人员或者是下属单位的授权制度以及下级单位的经营管理权限等。

（二）金融风险管理的决策系统的职能

决策系统是整个金融风险管理系统的核心,它在风险管理系统中发挥统筹调控的作用。具体来说,包括以下内容。

(1)统筹规划职责。决策系统不仅要负责设计和运用整个金融风险管理系统,制订防范金融风险的各种规则指导方针,而且还要根据具体的风险特征和状况研究制订金融风险管理的最佳策略。

(2)制订授权制度。决策系统的职能之一就是建立对各层管理人员、业务人员或下级单位的授权制度,如规定各级管理人员对客户授信的最高审批限额,业务人员、管理人员在市场交易中的最大成效限额,以及下级单位经营管理权限等。

(3)制订支持制度。决策系统要为决策提供支持,使管理人员能够

第二章　金融风险管理的框架

通过该系统选择最佳的风险管理工具、最佳的资产组合或其他最佳的决策等。

五、金融风险管理的补救措施

（一）金融风险管理的补救措施的含义

金融风险管理的补救措施是指对已经显露出来的金融风险及时采取补救措施，防止金融风险的恶化和蔓延。例如，当银行面临严重不足的流动性风险时，其补救系统要协助计划部门尽快采取措施（如低价出卖资产），以防止对各项业务和银行的声誉造成重大损失，尤其要防止因为金融风险的扩散而引起的挤兑现象。再如，当经济实体面临利率风险或汇率风险时，其补救系统可以通过出卖资产（或外汇）、购买金融衍生产品等方案来转嫁风险，进行保值等。

特别值得注意的是，对银行经常面临的呆账、逾期贷款等问题，补救系统一定要研究出切实可行的措施，力求加以解决。例如，当某项贷款到期不能收回时，可要求该项贷款的主管信贷员和有关部门进行协作，上门催收或到法院起诉，以便尽力追回贷款。

此外，应急措施还应包括对实物风险的规范和处理，即基础设施等发生故障时的防范措施和处理策略。在信息沟通电子化的条件下，这类风险通常表现为及时对电脑处理的资料和数据进行备份、存档，设置相应的恢复程序，即使电脑软件发生了故障，信息的完整性仍然可以保证，交易仍然可以正常进行。从某种意义上说，做好了金融风险补救系统也就是对金融风险的"后事"进行预期并做好料理准备，是一种事后防范机制。

（二）金融风险管理的补救措施的职能

（1）制订日常业务操作的补救措施，建立应急基金。例如，商业银行可以建立应急基金，当银行发生突发事件时就可以利用该基金解决燃眉之急，从而减少乃至避免不必要的损失。

（2）建立准备金制度，对已产生的资金损失要及时加以弥补。例如，商业银行都建立了呆账准备金制度，按照一定的程序，对已确定无法收回的贷款进行核销，并及时用呆账准备金弥补损失，以保证银行资金的正常运转。

（3）建立基础设施发生故障的防范和及时处理的系统，减少操作风险。例如，对一些由计算机处理的资料和数据，要适时做出备份和存档，并设立恢复程序，以备在软件发生故障时仍能保持信息的完整性，并能及时恢复或继续交易。

六、金融风险管理的辅助系统

除了上述的各个系统之外,金融风险管理还有赖于其他有关部门的辅助和合作,这些有关部门就是金融风险管理的辅助系统。

(一)金融风险管理辅助系统的含义

金融风险管理的辅助系统是指为上述各个核心系统提供帮助和合作的系统。辅助系统的主要职责在于推动利导其他系统作用的有效发挥。实质上,辅助系统的作用是通过一些部门的辅助和合作行为来体现的。一般来说,金融风险管理需要各经济主体建立历史风险管理数据库,用以保存过去金融风险管理过程中的各类信息;对这些数据的完整、妥善储存利于追索明确的事故责任和提供有效的证据。

此外,科技部门和人事部门可谓是该辅助系统的重要组成部分。科技部门通过开发金融风险管理技术网络并进行适时维护来保证系统的安全性,确保信息沟通的完整性和管理模型的保密性(为经济主体部门所特有的)。而人事部门经过培训、发掘金融风险管理方面的技术专才,为进行有效金融风险管理提供人力资源保障。

(二)金融风险管理辅助系统的职能

1. 建立信息库,为金融风险评估提供数据支持

在公司过去的金融风险管理过程中,各金融风险产生的原因、损失情况、影响大小等都应记录保存,以为将来的金融风险管理工作提供经验。例如,银行在信用风险管理中,应建立客户的信息档案系统,将客户的信用记录、注册资本、生产经营计划、资产负债状况、人才结构等详细资料输入系统,供有关业务人员参考,并据此建立授信额度控制制度。各业务部门对客户的跟踪信息,要及时汇总至风险管理部门的信息系统。风险管理部门根据客户的经营、资产情况等的变化,可随时修订授信额度,提示有关部门采取相应措施。

2. 对交易过程中的各种资料和数据妥善储存

这些资料和数据包括交易对手、交易时间、产品类型、票面金额、现金流明细、汇率、利率、清算明细和合同文本等,从交易开始酝酿到交易最终结束的所有有关信息都必须完整地保存。这不仅有利于内部管理,明确责任,防止工作人员疏忽或内部人员行为不轨造成损失,而且在与交易对手发生纠纷时,也能提出有效的证据。

第二章 金融风险管理的框架

3. 加强职能部门间的协作

金融风险管理要得到相关部门,尤其是科技部门和人事部门的协助。科技部门要开发金融风险管理技术网络,并适时进行维护。开发的系统和模型要具有安全性,能保证信息系统和模型的完整性和保密性。例如,系统进入按员工级别限制,用户有独特的识别标志(密码),某一级别只能进入系统的某一个部分,严格防止第三者通过非法途径获取重要信息。总之,各个部门为公司的唯一总目标进行协作。

七、金融风险管理的评估系统

(一)金融风险管理评估系统的含义

金融风险管理的评估系统是指对金融风险管理各项业务和业绩进行评估的系统。对金融风险管理的评估也是至关重要的一环,只有对前面所采取的风险管理措施进行分析评价,才能有效地吸收经验、避免教训再度发生。金融风险管理的评估系统包括对内部控制系统的评估、对金融风险管理模型的评估以及对金融风险管理的成效进行评估。

(二)金融风险管理评估系统的职能

1. 内控系统的评估

该职能主要是确定内控系统的可靠性,以保证对风险的有效控制。它可以对整个内控过程加以评价,也可以针对某个环节加以评估。对整个业务过程的评估,往往是选择若干个典型业务,沿着它们的处理程序,检查业务运行过程中的各个环节是否得到有效控制;针对某个环节的评估,可稽核该环节在各时期的处理手续,从而检查内控制度是否有效。

2. 金融风险管理模型的评估

该职能主要是检验模型的科学性、实用性,并根据检验的结果做出相应的调整或修订。一些机构常常运用回归测试(即将较长时间段中每天的实际变化的回归检验值与模型得出的结论相比较)等办法,来检验模型的准确性,或对模型进行调整或修订。

3. 金融风险管理业绩评估

该职能主要是为了评估金融风险管理的成就,以促进金融风险管理工作的高效运行。业绩评估体系包括业绩的考评制度和奖励方法。业绩的考评常采用定量(如资本充足率)和定性(如部门的战略重要性和风险偏好)相结合的方法。至于奖励方法,则各公司有所不同。例如,有的公司采取分期领取佣金的方式；有的公司则要求业务人员将部分红利注入其所操作的部位，以构成风险共同体等。其目标都是既要激励业务人员的进取精神，又要限制或防止其过度冒险行为。

第三节　金融风险管理的一般流程

金融风险管理的一般程序分成7个阶段：一是金融风险的识别；二是金融风险的度量；三是风险管理对策的选择和实施方案的设计；四是金融风险管理方案的实施；五是风险报告；六是风险管理的评估；七是风险确认和审计。

一、金融风险的识别

金融风险的识别是指辨别或识别金融活动中所面临的各种风险。包括战略方面的风险、经营方面的风险、财务方面的风险、财产方面的风险、声誉方面的风险及法律方面的风险等。它是金融风险管理的首要步骤，同时也是关键的一步。金融风险的识别是一项十分困难的工作，它要求人们做到以下几点。

第一，对金融风险的识别必须既及时又准确。必须在金融风险发生之前或在金融风险很小时就发现，而不是等到金融风险已经很大甚至已经发生了很大损失后才被发现。因为当风险很严重时不但防范和化解它们很困难，而且管理成本也很高。所以，只有及时识别风险，将风险扼杀在摇篮里，才能审时度势，采取有效的措施防范风险。同时又避免了高昂的管理成本，减少了资源浪费。

第二，对金融风险的识别必须既要全面又要深入。因为风险涉及各种业务的方方面面，同一业务也有可能面临多种不同的风险。这就要求风险管理人员在风险识别的时候要有一个全面的认识才行，任何一个小小的失误或疏忽，都有可能酿成大错，造成严重的损失，甚至是致命的损失。而且由于风险具有隐蔽性、复杂性和多边性，只有对风险进行全面深入的分析和研究，才能准确把握风险。

第三，对风险的识别既要连续又要系统。金融风险并不是一成不变的，它总是在不断地变化，或增大，或缩小，或从无到有，或从有到无。因此，金融机构必须根据其业务的具体情况，随时关注各种金融风险及其变化。同时，由于各项业务具有紧密联系，金融风险又具有扩散性，金融机构必须对风险加以系统的识别。

第二章　金融风险管理的框架

（一）金融风险识别的角度

金融风险的识别要结合具体的业务特征,而金融风险分析是在识别的基础上对其特征进行进一步研究。

（1）从资产负债的性质来识别风险。在金融风险的识别中,最简单、最直接的方法就是利用资产负债的性质来识别,对每个会计科目进行深入研究,分析各种资产和负债的性质和风险特征。下面以我国的典型银行——商业银行为例来阐述资产和负债的风险识别。

商业银行的资产项目可以归为5类:现金资产、各种贷款、证券投资、固定资产和其他资产。不同的资产具有不同的风险特征。现金资产包括库存现金、在人民银行存款、同业存款、托收未达款等。现金资产是流动性最强的资产,被看作银行的一线准备金,一线准备金过少会导致流动性不足;一线准备金过多会增加持有成本,造成资源浪费。贷款资产是商业银行最主要的资产也是最大的盈利来源,具有信用风险大和流动性低的特点。不同的方式、不同的期限又具有不同的风险。例如,信用贷款的风险比保证贷款的风险大;长期贷款的风险大于短期贷款的风险。由于采用不同的利息支付方式和币种选择的问题,又会导致利率风险和汇率风险。证券投资包括国库券、债券、股票等,它们一般具有较高的流动性,视为二级准备金,但是证券投资也会面临证券价格风险、利率风险和信用风险。对于固定资产和其他资产,此处不作进一步分析。

商业银行的负债项目包括存款负债、借入负债和结算中负债。它们主要面临利率风险和流动性风险。利率风险是为了保持和吸引资金所必须支付的利率的不确定性而引起的,流动性风险是指存款人提取资金的不确定性导致的挤兑现象。

在进入风险的识别过程中还要关注表外业务。表外业务包括承诺(贷款承诺、循环贷款承诺等)、保证(信用证、备用信用证等)以及与金融衍生品有关的业务(期权、远期等)。这些业务往往有很大的信用风险,与衍生品有关的业务还面临着巨大的价格风险。分析这类信用和价格风险往往是考察其授信额度、交易额度及承受能力。

（2）从资产负债的结构来识别金融风险。在金融风险的识别过程中,还要关注资产与负债的合理搭配程度,因为资产与负债的多样化和合理搭配能有效转嫁、分散或冲销金融风险。如果银行的长期资产过多,将会面临较大的信用风险;如果对高风险行业的贷款较多,也会面临较大风险。

总之,各种资产的正相关性较高,往往达不到分散风险的目的,这样会增大风险。从另一方面说,如果资产与负债的到期时间、数量不对称,则会面临流动性风险。例如,利率敏感性资产大于利率敏感性负债时,利率的下降会引起净利息收入的减少;当利率敏感性资产小于利率敏感性负债时,利率的上升会引起净利息支出的增加。

为更方便地识别金融风险,人们根据工作经验设置了一系列指标体系及参考标准。中国人民银行制订的《商业银行资产负债比例管理监控、监测指标》中有8项是针对资产和负债结构的,见表2-1。

表2-1 针对资产和负债结构指标体系

指标	计算公式
存贷款比例	各项贷款期末余额/各项存款期末余额
中长期贷款比例	人民币剩余期限一年以上(不含一年)中长期贷款期末余额/人民币剩余期限一年以上(不含一年)中长期存款期末余额 外汇剩余期限一年以上(不含一年)中长期贷款期末余额/外汇贷款期末余额
流动性比率	流动性资产期末余额/流动性负债期末余额
国际商业借款比率	(自借国际商业贷款+境外发行债券)期末余额/资本净额
境外资金运用比率	(境外贷款+投资+存放境外资金运用)期末余额/外汇资产期末余额
备付金比率	超额准备金期末余额/各项存款期末余额
单个贷款比例	对同一借款人贷款期末余额/资本净额 对最大十家客户发放的上个期末余额/资本净额
拆借资金比例	拆入资金期末余额/各项存款期末余额 拆出资金期末余额/各项存款期末余额

注:(资料来源:高晓燕,2012)

(3)从运营能力来识别金融风险。在对金融风险进行全面系统的识别时,金融机构还需要进一步考察经营者的资本金、收益能力和管理水平。

①资本金。资本金是经营者承担日常经营风险、保持清偿率和体现其实力的根本。商业银行可以用资本金承担损失、清偿债务,还可以通过发行债券或股票增加流动性,增强还款能力。

②收益能力。收益能力与风险有着密切的联系,收益不仅可以弥补损失,而且收益的大小决定着红利的分配和承受负债成本的能力,也影响了吸引资金的能力。在风险识别中,我们可以用损益表来分析收益能力,因为损益表反映了经营者的财务状况。通过分析比较损益表中收入与支出金额,可以掌握银行的收入来源、各类收入的大小与稳定性、各种成本和其他管理成本,从而找出潜在的问题。在实务中,常用利差收益率、资

第二章　金融风险管理的框架

产盈利率、杠杆乘数、资产利用率、资金成本率、贷款名义（真实）收益率、贷款保本线、非利息支出率等指标来检验收益能力和风险状况。

③管理水平。一个经济主体的经营管理水平既直接影响着经营风险，又间接影响着其他风险。良好的管理有利于树立良好的企业形象，保证资金来源的稳定，增强竞争能力，从而有利于减少流动性风险。同时，还有利于增强抗风险能力，降低收益的不确定性。经营管理水平的定性分析主要是考察信息系统、计划系统、操作系统和控制系统等的运转效率和组成。定量分析是计算一些指标或考察其历史记录。常用指标有资产总额/职工人数、非利息支出/资产总额、占用费用支出/经营支出总额等。历史记录包括决策失误、各种故障、操作失误、亏损记录等以及资产质量中出现的问题，如逾期贷款、呆滞贷款、呆账贷款的比例等。

（4）结合具体的特性来识别金融风险。由于各种业务都由一系列要素组成，具有一定的特征。所以，在风险管理中，结合各种业务的具体特点与性质等相关因素来识别风险，既能做到及时、准确地把握风险，又能有效地发现问题的症结所在。例如，贷款的数额、期限和到期能否偿还等问题，直接影响着银行资产的流动性。贷款的定价问题又会面临利率风险。在证券投资过程中，证券收入主要是买卖差价和利息、红利。所以，在实际操作中，市场利率的变化及对证券的影响、能否在二级市场上交易、市场的活跃程度等导致证券投资面临利率风险、价格风险和流动性风险。我们还可以根据业务操作的流程来分别识别各个环节存在的问题。

（二）金融风险识别的要求

为完成这项有一定难度的工作，我们需要有警醒的态度、全面深入且连续的识别决心，还必须做到以下3点。

（1）必须及时、准确恰当地对金融风险进行识别。及时表示在发现了经济行为主体所遭受的金融风险之后仍留有足够的时间去反映和应对；从最基本的意义上来说，它的要求在于在金融风险产生之前（即在孕育过程中）或者是金融风险很小之时就发现。倘若只在金融风险扩散或者严重之时才对其有所正视，则防范或者化解风险就会变得相当困难，不但难以遏制损失的增加，还会带来较高的管理成本。

准确恰当也是金融风险识别时很关键的一个要点，倘若识别有误，将给金融风险管理对象带来不必要的麻烦甚至不可避免的损失。所以，只有及时、准确恰当地识别金融风险，把握风险的严重性，审时度势，才能采取相应精准有效的措施加以防范和化解，达到预定的风险管理目的。

（2）必须全面、深入地对金融风险进行识别。这是由于金融在现代经济社会的深入渗透性，金融风险涉及社会经济的各个层面。例如，同一项商业银行业务也可能面临着多种不同的金融风险。经济行为主体必须对自身所面临的金融风险有着清醒、全面、深入的认识；这包括对自身经营所涉及的各项业务、每项业务的各个环节以及所可能遭遇的每一种金融风险的认识。一旦忽视了任意一项重要环节，之前被认为是并不起眼的细小方面很可能会给自身带来金融风险管理的失败，承受巨大的甚至是致命的损失。因此，要进行深入的分析和研究，时刻把握自身经营状态，不漏掉任何一个潜在的风险源。

（3）必须连续、系统地对金融风险进行识别。连续地对金融风险进行识别是由金融风险的可变性所决定的。尤其在变幻无常的现代经济社会中，金融风险呈现出较强的不确定性，或从无到有，或从有到无，时而增大，时而减小。经济行为主体必须根据具体情况的变化，随时关注各种金融风险及其变化。金融风险的扩散性特征要求经济行为主体系统地识别金融风险，拥有系统观、全局观，不要将目光仅仅限定在一两种看似严重的金融风险上，而要统筹兼顾，否则将顾此失彼、得不偿失。

（三）金融风险识别的原则

金融风险属投机性风险，在识别中应把主观金融风险的识别作为重点。为确保金融风险识别的有效性和可靠性，从事金融风险的识别工作需要遵循一定的原则。

（1）全面周详原则。要准确识别风险，必须全面系统地考察、了解各种风险事件的存在和可能发生的概率、损失的严重程度，以及风险因素和风险的出现而导致的其他问题。由于损失发生的概率及其后果的严重程度，直接影响人们对损失危害的衡量，最终决定着风险政策措施的选择和管理效果的优劣。因此，必须全面了解各种风险的存在和发生及其将引起的损失后果的详细情况，以便及时、准确地为决策提供比较完备的决策信息。

（2）综合考察原则。不论是哪种经济行为主体，其面临的金融风险均是一个复杂的系统，包括不同类型、不同性质和不同程度的各种风险。这就使仅仅采用某种独立的分析方法难以对全部风险奏效，必须综合运用多种分析方法。例如，在保险中可以按照风险清单的内容，将单位、家庭和个人面临的风险损失分为3类。

①直接损失。分析直接损失可采用的方法很多，比如可向经验丰富的生产经营人员和资金借贷经营人员询问，可查看有关财务报表等。

第二章　金融风险管理的框架

②间接损失。其识别可采用投入产出、分解分析等方法。

③责任损失。这是因受害方对过失方的胜诉而产生的，只有具备熟练的业务知识和充分的法律知识，才能识别和衡量责任损失。

（3）成本效益原则。金融风险的识别和分析需要花费人力、物力和时间等，一般来说，随着金融风险识别活动的进行，识别的边际成本越来越大，而边际收益则会越来越小，所以需要权衡成本和收益，以选择和确定最佳的识别程度和识别方法。而且必须强调的是，风险识别的目的在于为风险管理提供决策依据，保证企业、单位和个人以最小支出来获得最大的安全保障，减少风险损失。因此，企业或单位在进行风险识别和衡量时，必须考虑成本因素，以保证用较小的支出换取较大的收益。

（4）科学计算原则。毋庸置疑，对金融风险识别的过程，同时就是对经济行为主体的自身生产经营状况及其所处环境进行量化核算的具体过程。金融风险的识别和衡量，需要以严格的数学理论作为分析工具，在普遍估计的基础上，进行统计和计算，以得出比较合理的分析结果。

（5）系统化、制度化、经常化原则。要保证风险分析的准确性，就必须进行全面系统地调查分析，对金融风险进行综合归类，以揭示其性质、类型及后果。否则就不可能对风险有一个总体的综合认识，就难以确定哪种风险具有发生的可能性，就难以合理地选择控制和处置风险的方法。因此，风险分析必须坚持系统化原则。同时，由于风险随时存在于单位的生产经营活动中，所以金融风险的识别和衡量也必须是一个连续不断的、制度化的过程，这就是风险识别的制度化、经常化原则。

（四）金融风险识别的方法

由于现实中金融风险识别的客体差异很大，而且还会随着时间的推移发生变化，这就决定了金融风险识别主体必须采用不同的风险识别方法随着金融风险识别客体的变化对所运用的识别方法做出及时、合理的调整。

（1）现场调查法。现场调查法是指金融风险识别主体对有可能存在或遭遇金融风险的各个机构、部门和所有经营活动进行详尽的现场调查来识别金融风险的方法，现场调查法是金融风险识别的常用方法并在金融风险管理实务中有广泛的应用。现场调查法包括以下步骤。

①调查前的准备工作。了解相关的背景、资料，确定调查目标、调查地点、调查对象，同时编制现场调查表，以确定调查内容；确定调查步骤和方法；根据调查的内容与时效性等确定调查需要花费的时间及调查开始的时间。由于调查前的准备工作是确保现场调查成功的前提和基础，

其中的关键是确定调查需要花费的时间以及调查的开始时间,核心是确定现场调查的内容,这可以通过编制一个现场调查表反映出来。

②现场调查。现场调查时风险管理人员可以通过访问、实地观察业务活动及查阅相关文件档案等方式完成先期编制的现场调查表所列举的项目,当然也可以根据现场调查中发现的新信息适时调整需要调查的项目和关注的重点,为尽可能成功地完成风险识别后续工作获得准确、全面的资料和信息。

③调查报告。现场调查完后,风险管理人员应立即对现场调查的资料和信息进行整理、研究和分析,在此基础上根据现场调查的目的撰写调查报告。

现场调查法能够在金融风险识别中得到广泛应用不仅是因为该方法简单、经济,更主要的是通过现场调查可以直接获得进行金融风险识别的第一手资料,在某种程度上可以确保资料和信息的可靠性。然而,现场调查法也有一些缺陷,如进行现场调查需要花费大量的人力、物力,同时现场调查没有固定的方法可循,因而需要调查人员具有敏锐的观察力等,而且更重要的是风险调查人员的能力和水平在一定程度上决定了调查的结果,这对调查人员来说是比较大的挑战。

(2)流程图法。流程图法是按照业务活动的内在逻辑关系将整个业务活动过程绘制成流程图,并借此识别金融风险的方法。根据业务活动的不同内容、不同特征及其复杂程度,可以将风险主体的活动绘制成不同类型的流程图,如按照业务内容可以绘制成生产流程图、销售流程图、会计流程图等。一般而言,风险主体的规模越大,业务活动越复杂,流程图分析就越具有优势。流程图法包括以下4个方面。

①分析业务活动之间的逻辑关系。

②绘制流程图。

③对流程图做出解释。

④风险管理部门通过观察流程图,识别流程中各个环节可能发生的风险以及导致风险的原因和可能引发的后果。

流程图法最大的优点是能把复杂问题分解成若干个简单明了、易于识别和分析的单元。缺点是绘制流程图往往需要绘制人员充分了解和把握业务活动之间的逻辑关系及业务流程的各个阶段,并具有抽象、概括、提炼主要流程的能力,而且由于一些业务流程非常复杂,可能导致流程图的绘制很难顾及所有细节,而流程图绘制过程中的任何疏漏和错误都有可能导致金融风险识别时出现不准确、不全面的情况。

(3)幕景分析法。幕景分析法也称为"情景分析法",是一种识别引致风险的关键因素及其影响程度的方法。幕景分析法的操作过程为：先利用有关数据、曲线及图标等资料对未来状态进行描述以便于考察引起有关风险的关键因素及其影响程度,然后再研究当某些因素发生变化时,又将出现何种风险以及将导致何种损失与后果。幕景分析主要包括情景构造和情景评估。

①情景构造是情景分析的基础,主要包括历史模拟情景法、典型情景法和假设特殊事件法。

②情景评估是指完成情景构造后,评估该情景的发生对资产组合价值变化的影响和后果。

幕景分析的结果大致分为两类：一类是对未来某种状态的描述,另一类是描述一个发展过程,及未来若干年某种情况一系列的变化。它可以向决策者提供未来某种机会带来最好的,最可能发生的和最坏的前景,还可能详细给出3种不同情况下可能发生的事件和风险。

幕景分析法研究的重点是：当引发风险的条件和因素发生变化时会产生什么样的风险,导致什么样的后果等。幕景分析法可以扩展决策者的视野,使决策者能充分考虑不利情景的影响,重视评估偶然事件,特别是极端事件的危害。在金融风险管理中,压力试验方法就是常用的一种可测定极端事件风险的幕景分析法。

幕景分析的主要优点在于可以识别和测定资产组合所面临的最大可能损失。主要缺陷可以从幕景分析的操作过程和结果来观察：从操作过程来看,该方法的实施效果很大程度上依赖于有效情景的构造和选择,而有效情景的构造和选择需要良好的判断能力、丰富的经验和技巧；从结果来看,情景分析不能给出不同情景实际发生的可能性,只是指出了特定情景产生的损失大小。

（4）故障树分析法。故障树分析法是把所研究系统的最不希望发生的故障状态作为故障分析的目标,然后找出直接导致这一故障发生的全部因素,再找出造成下一级事件发生的全部直接因素,直到故障机理已经搞清楚基本因素为止。通常把最不希望发生的事件称为顶事件,不再深究的事件为基本事件,而介于顶事件与基本事件之间的一切事件称为中间事件,用相应的符号代表这些事件,再用适当的逻辑把顶事件、中间事件和基本事件联结成树形图,即得故障树。

它表示了系统设备的特定事件(不希望发生事件)与各子系统部件的故障事件之间的逻辑结构关系。以故障树为工具,分析系统发生故障的各种原因、途径,提出有效防止措施的系统可靠性研究方法即为故障树分析法。故障树分析法利用图解的形式将可能出现的、比较庞大复杂的故障分解成不同层次的小故障,并对各种引起故障的原因进行不同层次的分解。

当直接经验很少时,可以考虑运用故障树分析法进行风险识别,该方法适用于对复杂系统的风险描述和风险识别,而且该法由于基于客观事实因而具有很大的可靠性。当然,该法也存在一定的缺陷,主要在于对于该法的掌握和使用需要花费大量的时间,而且一旦对于某个环节或层次上的小故障或原因的识别存在偏差,就有可能导致最后结论出现大的偏差。

除了前述常见的金融风险识别方法外,还可以采取风险清单分析法,按照直接损失风险、间接损失风险和责任损失风险来编制记载人们已经识别的、最基本的各类损失风险的风险清单表,运用规范的方法,检查风险管理对象所面临的风险,并视情况采取各种措施的方法;财务报表分析法,通过分析资产负债表、利润表和现金流量表三大财务报表的各类数据来分析风险管理对象的各类财务信息,从而发现所面临的金融风险的方法;因果图法,从导致风险事故的因素出发,推导出可能发生的结果的方法等。

二、金融风险的度量

在了解金融风险的度量之前,先熟悉有关风险度量的基本知识。

(一)风险度量的含义

风险度量就是对风险存在及发生的可能性,风险损失的范围与程度进行估计和衡量,其基本内容为运用概率统计方法对风险的发生及其后果加以估计,得出一个比较准确的概率水平,为风险管理奠定可靠的数学基础。风险度量的具体内容包括3个方面。

(1)确定风险事件在一定时间内发生的可能性,即概率的大小,并且估计可能造成损失的严重程度。

(2)根据风险事件发生的概率及损失的严重程度估计总体损失的大小。

(3)根据以上结果,预测这些风险事件的发生次数及后果,为决策提供依据。

风险度量包括风险分析和风险评估两个部分。

1. 风险分析

(1)风险分析的内容。金融风险分析主要包括两方面的内容:一是分析金融风险的影响;二是分析金融风险的诱因。

第二章 金融风险管理的框架

其一,分析金融风险的影响。对金融风险影响进行分析,是为了评估金融风险所可能产生的损失大小、对经营管理的影响以及管理成本等,以决定是否进行风险管理。金融风险可能导致的损失,主要取决于暴露的大小和经济变量的不确定性。通过对金融风险的识别,金融机构可以清楚自己拥有的各种交易部位中哪些部分存在着金融风险,存在着何种金融风险。进一步地通过对暴露部位大小的分析,人们可以估量可能发生的损失的大小。一般而言,在同一种风险状态下,暴露越大,发生的损失就越大;反之,就越小。经济变量的变化幅度越大,可能受到的损失就越大;反之,就越小。当然,对经济变量的不确定性的把握是一件相当困难的事情。因此,在分析金融风险的时候,多数金融机构都只是进行粗略的估计。如果需要进行精确的预测,则必须从各方面综合起来考虑,甚至通过建立模型来分析。

金融机构在分析金融风险可能导致的损失后,必须估量自己的承受能力及其对经营管理的影响。如果金融风险导致的损失将对它的收益产生较明显的影响,会影响其声誉和股权的市场价值。

哪些项目存在金融风险,受何种金融风险影响?

各种资产或负债受到金融风险影响的程度如何?

通过对风险暴露的分析,管理者就能决定哪些项目需要进行金融风险管理,哪些项目需要加强金融风险管理,并根据不同的金融风险制订不同的方案,以取得最经济最有效的结果。

其二,分析金融风险的诱因。金融风险是由于经济生活中的一些不确定性因素引起的,不同的金融风险具有不同的诱因。一种货币的汇率风险最根本的原因是该货币在国际市场上的供求不平衡。而这种不平衡又取决于这个国家的货币购买力、经济发展水平、经济政策的变化,另一个国家甚至全世界的经济、贸易、政治以及市场预期等因素。利率风险最根本的因素是金融市场上的资金供求关系。而这种供求关系又取决于货币供应量、货币政策和财政政策、通货膨胀率、经济周期等因素。价格风险、商品价格风险也都取决于市场的供求。

信用风险和经营风险则主要取决于经营管理能力。信用风险的主要成因是授信对象的经营管理水平、收益能力等;而经营风险的主要成因是经济主体自身的经营管理水平、防范措施等。通过对风险成因的诊断,管理者就可以分清哪些金融风险是可以规避的,哪些金融风险是可以分散的,哪些金融风险是可以转移的,哪些金融风险是可以自担的。

(2)风险分析的方法。常见的方法包括以下几种。

其一,风险逻辑法,即从最直接的风险开始,层层深入地分析导致风险产生的原因和条件。

其二,指标体系法,即通过财务报表的各种比率、国民经济增长指标等工具进行深入分析,或者以图表形式判断趋势和总体规模。

其三,风险清单,即全面地列出金融机构所有的资产、所处环境、每一笔业务的相关风险,找出导致风险发生的所有潜在原因和风险程度,借此来分析风险发生的原因和风险可能产生的影响。

2. 风险评估

风险评估的内容包括两方面:一是给出风险发生的概率;二是预测风险结果。事故风险,如火灾、交通阻断等,或发生或不发生,风险结果也是离散的。而非事故性风险,如利率变动、汇率变动等,其风险发生的各种可能性是连续的,所以这些风险的估计要求连续的概率分布,因此各种可能变动下的风险结果也是连续的,这些就使非事故性风险更为复杂。概率分析有主观概率法、时间序列预测法、累积频率分析法三种方法。

(1)主观概率法。对于既无确定性规律也无统计性规律的风险,只能由专家或管理者根据主观判断来分析和估计其概率。这种估价一般很难定量,即使运用模糊数学方法,系统误差也比较大。

(2)时间序列预测法。此方法利用风险环境变动的规律性和趋势性来估计未来风险因素的最可能范围和相应概率。其中移动平均法、回归法等都能对有规律的波动或者趋势性变动进行预测,其假设前提是本期受到前一期至几期的影响,总体是有规律的随机过程。

(3)累积频率分析法。静态风险的概率分析利用大数法则,通过对原始资料的分析,依次画出风险发生的直方图(以频率为纵坐标,以损失程度为横坐标),由直方图估计累计频率分布。根据统计学知识,只要样本互相独立且足够大,这种频率分布能够以很小的误差逼近真实的概率分布。但是,由于此方法的统计假设是样本取自同一随机主体,因此它只适合于稳定的风险环境。

风险度量通过对实际可能出现的损失后果,即对不同程度损失发生的概率、损失的严重程度予以充分地估计和衡量,有助于选择有效的工具处置风险,并实现用最少费用支出获得最佳风险管理效果的目的。

(二)金融风险度量的方法

金融风险的核心内容是风险的计量问题,只有对风险进行准确的测量,才能确定风险危害的严重性,并采取相应的措施。目前,世界各国的投资银行和一些国际性的金融组织,都致力于金融风险度量的研究。在此先介绍金融风险度量方法的结构框架,然后具体介绍几种常见的金融

第二章 金融风险管理的框架

风险度量方法。

每一种金融风险度量方法都具有一定的针对性,都有其优越性与局限性。例如,目前广泛应用于金融领域的 VaR 方法,主要适用于金融市场风险的测量,对于信用风险等就很难加以定量研究。因此,有必要对金融风险的计量方法进行有效的划分归类,确定各种风险的逻辑与层次关系,这将十分有利于对不同的风险进行有针对性的计量。

概括而言,金融风险的测量方法可以分为定性与定量两种计量方法。当一些影响因素不能量化,或者影响因素过多,难以使用严格的数学模型进行量化分析时,只能用定性方法对金融风险做出计量。定性分析方法主要有经验判断法与专家调查法。定量分析则主要是通过构建精确的数学模型,对金融风险进行计量。目前,常用的定量分析方法主要有方差法、Downside-Risk 法以及信用矩阵等方法。当然上述介绍的方法又可以衍生出不同的方法。下面具体介绍经验判断法,专有调查法以及信用矩阵系统方法。

1. 经验判断法

所谓经验判断法,主要就是根据个人以往的经验,对金融风险进行主观判断分析。这种方法适用于涉险资产额度较小,但是涉及的风险因素却较多,很难使用或者没有必要使用定量的分析或其他复杂的定性分析方法对风险做出准确计量的情况。例如,证券市场的大多数中小散户进行证券投资时,是不可能对所投资的证券使用定量或者其他复杂的定性方法进行风险计量的,投资者仅仅凭借个人以往的经验以及对未来的一种基本判断,给出大致且比较模糊的风险水平。这种方法最主要的特点就是主观随意性很强,不同的人给出的风险水平有较大差异,判断结果十分粗糙,只是对风险程度的感性认识。

2. 专家调查法

所谓专家调查法,是指将专家们各自掌握的较为分散的经验和专业知识,汇聚成专家组的经验与知识,从而对金融资产的风险水平给出主观的预测。这里的专家主要是指对相关领域的对于金融风险有丰富的实践经验和独到的个人见解的人员。根据具体调查方式不同,专家调查法又分为专家个人判断法、专家会议法以及德尔菲法。

(1) 专家个人判断法与经验判断法有相似之处,主要的区别在于判断主体的知识结构与知识层次的差异,导致判断结果之间的差异,一般而言,专家对于金融风险水平的判断更加接近实际情况。这种方法的优点在于能够最大限度地发挥专家个人的能力。其主要的缺点是判断结果容易受到专家具体的知识面宽度、深度以及所占有信息量多寡的影响,此外这种方法还会受到专家个人的经历和个人风险偏好的影响,使得判断结果具有一定的片面性。

(2)专家会议法是指将一定数量的专家集中在一起,通过讨论或者辩论的形式,互相启发,取长补短,求同存异。由于参加会议的专家人数较多,占有的信息量明显大于个人的信息量,考虑的各种因素会更加全面,因此比较容易得出正确的结论。这种方法最主要的缺点是面对面的讨论,各专家容易受到其他专家的影响,甚至不愿意发表自己的真实想法,这些都不利于得出正确结论。

(3)德尔菲法是在专家个人判断与专家会议的基础上发展起来的一种专家调查方法。它主要是采用匿名函询的方法,通过一系列调查征询表对专家进行调查,通过一定的反馈机制,取得尽可能一致的意见,给出最后的金融风险水平。这种方法最早由美国兰德公司将其应用于战略预测之中,之后该方法得到了迅速的发展。该方法最主要的优点是简单易行,费用较低,适用于复杂的社会、经济领域,特别是金融领域。但是,由于德尔菲法是建立在专家的主观判断基础之上,因此专家自身的知识结构、心理偏好,会对结果产生较大的影响,使得预测结果不够稳定。

考虑到影响金融风险的因素十分繁杂,简单使用定性的数学模型往往达不到预期目的,因此在实际应用中,主要还是采取定量与定性相结合的方法,对金融风险的水平给出较为合理的度量。

3. 信用矩阵系统方法

信用矩阵系统方法主要用于测量金融市场的信用风险,近几年一些大银行认识到信用风险仍然是关键的金融风险,并开始关注信用风险测量方面的问题,试图建立测量信用风险的内部方法与模型。其中以摩根的 CreditMetries 和 Credit Suisse Financial Products(CSFP)的 CreditRisk + 两套信用风险管理系统最为引人注目。

信贷矩阵模型是以信用评级为基础,计算某项贷款或组合贷款违约的概率,然后计算上述贷款同时转变为坏账的概率。该模型通过 VaR 数值的计算,力图反映出:银行某个或整个信贷组合一旦面临信用级别变化或拖欠风险时所应准备的资金数值。该模型覆盖了几乎所有的信贷产品,包括传统的商业贷款、信用证和承付书、固定收入证券、商业合同如贸易信贷和应收账款,以及由市场驱动的信贷产品如掉期合同、期货合同和其他衍生产品。继摩根银行推出信贷矩阵、风险矩阵模型后,许多大银行和风险管理咨询和软件公司已开始尝试建立新一代的风险测量模型,即一体化模型。其中有些公司已经推出了自己的完整模型和

第二章　金融风险管理的框架

软件(如 AXIOM 软件公司建立的风险监测模型),并开始在市场上向金融机构出售。

三、风险管理对策的选择和实施方案的设计

目前,金融风险管理已经成为各个经济主体所普遍面临的问题。在风险管理对策的选择上,具有形形色色的方案,根据对策的性质和特点来分,金融风险管理对策主要分为6种。

(一)预防策略

1. 预防策略的定义

所谓预防策略,是指金融风险尚未发生时,人们预先采取一定的防备性措施,以防止金融风险发生的策略。它是风险管理的传统策略。

2. 预防策略的应用

在银行和其他金融机构中,预防策略是一种常见的策略。它主要用于信用风险的管理和流动性风险的管理。该策略是一种主动、积极的策略,所应对的是那些可以预防或者可以避免的风险。

(1)在信用风险中的应用。在信用风险管理中,我国银行信贷管理中实行的信贷"三查"制度实际上就是一种比较典型的预防策略。银行在发放贷款之前通过调查借款人的信誉、资本金、经营状况及偿债能力,审查贷款发放的程序,检查和监督贷款的运用情况,可以准确地做出贷款决策。一旦发现问题,银行可及时地调整贷款方案,要求借款人改善经营状况,或变更还款计划。银行通过控制各种风险源,消除了潜在的隐患,避免了风险的发生。

(2)在流动性风险中的应用。为了防止流动性风险的发生,保证日常业务的正常进行,银行必须保持一定的准备金。准备金分为第一、第二和第三线准备金。其中,第一线准备金主要包括现金和存在中央银行的存款。第二、第三线准备金主要包括短期政府债券、可转让定期贷款等。正是这些第二、第三线准备金有效地防范了流动性风险,是银行和其他金融机构防范流动性风险的一种预防策略。

与其他对策相比,预防策略具有安全可靠、成本低廉、社会效果良好等优点。尤其值得肯定的是,这种策略比较有效地做到了防患于未然。因此,该策略得到广泛应用。由于风险与收益成正比,所以人们在利用预防策略来避免金融风险时,有时将难免要以牺牲一定的收益为代价。

（二）规避策略

1. 规避策略的定义

规避策略是指人们根据一定的原则,采用一定的技巧,来自觉地规避开各种金融风险,以减少或避免这些金融风险所引起的损失。在各种投资活动中,规避策略是一种重要的风险管理策略。由于风险与收益往往成正比变动,因而投资者在选择投资项目时必须对风险与收益同时兼顾、全面权衡。

2. 规避策略的应用

规避策略是一种被动、消极的策略,所对付的则是那些无法预防或业已存在的金融风险。

（1）在风险厌恶者中的应用。对于一个风险厌恶者来说,他在进行投资活动的时候会尽量减少风险,选择风险小的项目进行投资,而放弃收益与风险并存的项目。

（2）在外汇风险管理中的应用。为了规避外汇风险,人们总是力求持有"硬货币"。所以,人们在对外金融贸易中会遵循这样的原则:在出口或发生对外债权时应争取采取硬货币;而在进口或发生对外债务时应采取软货币。规避外汇风险的另一种做法就是"配对管理"。所谓"配对",是指将出口收款及其他外汇收入全部存入外汇账户,以供进口付款及其他外汇支出使用。这样在外汇收支平衡的条件下,汇率的变动风险可以得到抵消。

（3）应用于银行和其他金融机构的头寸管理。这种策略主要有以下3种做法。

第一,由于利率变动是不确定的,对利率的预测未必是准确的,所以为求收入的稳定,银行和其他金融机构一般总是通过对资产和负债的品种、期限、数量等的调整,尽量缩小乃至消除利率敏感性缺口或持续期缺口,以规避利率风险。

第二,通过资产结构的调整,如缩短资产的平均期限或提高短期资产在总资产中所占的比重,来规避流动性风险和信用风险。

第三,尽量减少外汇持有头寸,以规避外汇风险。

（三）分散策略

1. 分散策略的定义

分散策略是指投资者在进行正确投资时,并不是把全部资本集中投资于某一种特定的证券,而是将其资本分散地投资于多种不同的证券。

第二章 金融风险管理的框架

通过投资分散化,投资者可用其中一些证券的意外收益来弥补另一些证券的意外损失,从而可在总体上达到风险抵消的目的。投资分散化之所以可以抵消风险是因为一些证券价格上涨而使其获得了盈利,这些盈利可以部分或者全部弥补另一些证券价格下降而使其所受的损失。

2. 分散策略的应用

除了定义中提到的分散策略可以分散证券投资的风险外,该策略还可以在外汇风险管理和信用风险管理中应用。

(1) 在外汇风险管理中的应用。为了防止汇率的不确定性变动带来的损失,各种金融机构及其他经济主体常常保持多种货币头寸,以使一些货币的贬值所造成的损失为另一些货币的升值所带来的盈利所抵消。对一个国家来说,实现储备资产多元化,以防范汇率变动所引起的储备风险,实际上就是一种分散策略。

(2) 在信用风险管理中的应用。为了避免因个别贷款者(尤其是贷款金额巨大者)无力偿还贷款而遭受巨额损失,一些银行通过贷款销售的方式,或与其他金融机构组成银团贷款的方式,使得自己的授信对象多样化,从而分散风险。因为分散策略是一种人们运用得较早,并被长期的实践证明是一种行之有效的策略,所以该策略深入人心,被普遍运用到金融风险管理中。

(四) 转嫁策略

1. 转嫁策略的定义

转嫁策略是指人们利用某些合法的交易方式或业务手段,将自己所面临的金融风险转移给其他经济主体承担的一种策略。

2. 转嫁策略的应用

(1) 在外汇风险管理中应用。在外汇风险管理中,转嫁策略是一种较常见的策略。在对外贸易或金融活动中,人们可通过提前或推迟外汇的支付来转嫁外汇风险。当预期外币将升值时,进口商及其预定在未来进行外汇支出的经济主体应尽可能提前支付,而出口商及其预定在未来有外汇收入的经济主体可能会推迟收款;当预期外币将贬值时,进口商及其预定在未来进行外汇支出的经济主体应尽可能推迟付款,而出口商及其预定在未来有外汇收入的经济主体可能会提前收款。

当然,在利用这种策略时,我们必须注意以下几个问题。

第一,在什么时候收款或付款,不能由任何一方决定,所以必须以合理合法为原则,以对方同意或接受为前提。

第二,提前收付款只是将自己的风险加以消除,另一方并没有承担这种风险,因此并不存在转嫁的问题。而只有在推迟支付条件下,由自己承担的风险因这种推迟而转嫁给了对方。

第三,提前或推迟收付来管理风险要建立在预测准确的基础上才行,否则可能会弄巧成拙。

(2)在各种投资活动中的应用。转嫁策略也可以应用于各种投资活动中,如在资产定价中,投资者可以通过提高名义利率,即可将购买力风险转嫁给筹资者。又如在股市下跌时,股票持有者将股票即时抛出,则可将风险转嫁给买者。

这种策略最重要、最显著的特征就是:转嫁风险必须以有人承担为条件。该策略只是改变了风险的承担者,并没有从根本上消除风险。

(五)保值策略

自20世纪70年代以来,保值策略是运用得最多的风险管理策略。保值策略有广义和狭义之分,广义的保值策略包括各种金融风险管理策略;狭义的保值策略只包括其中的套期保值策略。

1. 套期保值策略的定义

套期保值策略一般是指人们通过一定的金融交易方式,来冲销自己所面临的某种金融风险的一种策略。

2. 套期保值策略的主要形式

(1)远期交易。远期交易是一种传统的交易形式。简单地说,它是指交易对方在成交后约定在未来某日期依成交时所确定的汇率交割一定数量的某种外汇的交易形式。分为固定交割日的远期交易(交割日是在成交时固定好的)和择期交易(将规定的一段时间内任何一个营业日选为交割日)。

(2)掉期交易。所谓掉期交易,是指人们在外汇市场上同时做两笔交易,其中一笔是买进,另一笔是卖出。这两笔交易的货币相同,金额也相同或接近相同,但期限不同。例如,投资者买入1 000美元现汇的同时,又卖出1 050美元的期汇。这两笔交易中,一笔是因为人们从事某种投资活动的需要而进行的,另一笔是为了前一笔所承担的风险的需要而进行的。所以,这一期间无论汇率如何变动,他们均可以用一笔交易的盈利来弥补另一笔交易的损失,从而实现保值。

(3)金融期货交易。金融期货交易是指人们在集中性的市场,以公开竞价的方式所进行的标准化的金融期货合约的交易。之所以期货交易能起到保值的作用,是因为现货价格和期货价格受到相同因素的影响,价格变动是基本一致的。所以,在金融期货市场上建立一种与其现货市场方向相反的部位,并在期货合约到期前通过反向交易而将此部位冲销。人们总可以在一个市场获利,而在另一个市场受损,以获利弥补损失,达到保值目的。

（4）金融期权交易。金融期权交易也是一种新的套期保值策略。所谓金融期权,是指人们在支付少量期权费之后所获得的、可在未来某特定时间以协定价格买进或卖出一定数量的某种金融工具或衍生金融工具的一种权利。与掉期交易和金融期货交易有很大不同的是,该策略既能将潜在的损失控制在有限的、已知的范围内,又能在相当程度上保住可能获得的意外收益。

（六）补偿策略

1. 补偿策略的定义

补偿策略是指人们通过一定的途径,对业已发生或将要发生的金融风险损失,寻求部分或全部的补偿,以减少或避免实际损失的一种策略。

2. 补偿策略的应用

（1）在外汇风险管理中的应用。人们通常实行的"加价保值"和"减价保值",实际上就是一种补偿策略。其实质是通过进出口价格的调整来补偿自己在汇率变动中所受的损失。加价保值适用于出口收汇的场合,即若出口商愿意接受软货币,则可在出口价格中加进预期该货币贬值的因素,从而通过出口价格的提高来弥补货币贬值的损失。而减价保值适用于进口付汇的场合,即若进口商愿意支付硬货币,则可在进口价格中减去预期该货币升值的因素,从而用降低的价格来补偿货币升值带来的损失。

（2）在信用风险管理中的应用。在银行和其他金融机构的信用风险管理中,担保和抵押也是被普遍运用的补偿策略。在贷款合同中带有担保人的,如果债务人到期不能还清全部债务,则担保人必须按合同规定承担连带责任,代为清偿债务。如此,银行或其他金融机构即可避免债务人违约或丧失偿债能力而造成的损失。在抵押贷款中,若借款人不能如数还清本息,银行有权处理抵押物品,由于抵押物的价值一般高于被抵押资产的价值,因此,通过抵押,银行和其他金融机构因信用风险而造成的损失可得到全部补偿。

（3）在利率风险管理中的应用。各种利率协议实际上也是人们比较常用的补偿策略。例如,借款人为了避免因利率上升而遭受损失,便向某金融机构买进一份利率上限协议。日后,若市场利率升至协议规定的上限以上,则超过部分就由出售该协议的金融机构给予补偿。

补偿策略的另一种形式就是保险。保险是指人们通过购买保险,将风险转嫁给保险公司,当发生损失时由保险公司给予补偿,从而避免或者减少实际损失的一种形式。风险严重程度与发生频率的关系见图2-5。

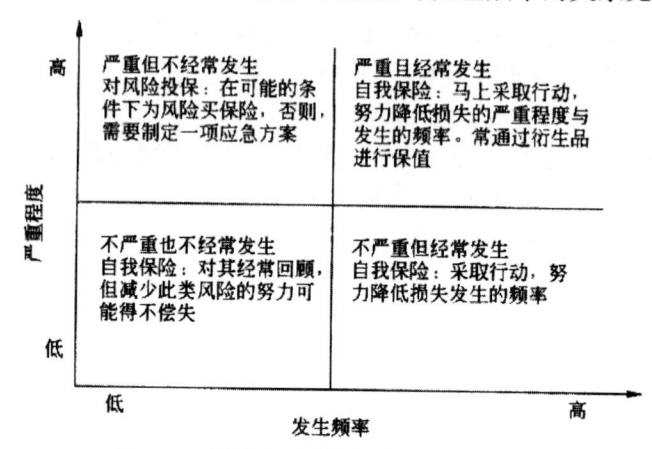

图2-5 风险严重程度与发生频率的关系

注：(资料来源：高晓燕,2012)

（七）风险管理方案

1. 风险管理方案的定义

风险管理方案是指金融风险策略、金融风险工具、金融风险管理程序等的统称。

2. 风险管理方案的内容

风险管理的方案包括以下两项。

（1）风险管理结构：包括风险管理的任务、职责、责任、政策、方法、控制和信息工具。

（2）风险管理质量：包括公司哲学、文化、培训、意识和如何加强有利的行为。

四、金融风险管理方案的实施

金融风险管理方案的实施是指实施所选择的风险管理对策并不断地通过各种信息反馈检查风险管理决策及其实施情况,并视情形不断地进行调整和修正,以此更加接近风险管理的目标。风险管理方案的实施过程包括前台、中台和后台3个环节,能够对所有商业交易相关方面进行执行、获得、记录、过程化和处理。

第二章　金融风险管理的框架

五、风险报告

（一）风险报告的定义与意义

1. 风险报告的定义

风险报告是公司定期通过其管理信息系统将风险报告给其监管者和股东的程序。

2. 风险报告的意义

风险报告是风险管理的一个重要组成部分，它是了解风险管理结果的窗口和企业风险情况沟通的工具。风险报告程序的开发是一个循序渐进的过程，随着市场、业务和方法的变化，需要不断增加报告的种类和方法。

（二）风险报告的要求与类型

1. 风险报告的要求

风险报告应符合以下条件。

（1）输入的数据必须准确有效。

（2）报告具有实效性。

（3）具有很强的针对性。

2. 风险报告的类型

经常使用的风险报告包括资产组合报告、风险分解报告、最佳套期保值报告、最佳资产组合复制报告。

六、风险管理的评估

金融风险管理的评估，是对风险度量、选择风险管理工具、风险管理决策以及金融风险管理过程中业务人员的业绩和工作效果进行全面的评价总结，为以后更好地进行风险管理做准备。其中最为普遍的方法就是事后检验，事后检验是一个有用的评估市场风险测量和方法集合的工具。事后检测的结果出来后，需要采取相应的措施，或是对模型进行调整，或是重新评估定价和损益行为。

事后检验过程包括以下两个方面。

第一，用以汇总和测量总的资产组合风险的风险价值方法与实际的经验损益数字进行比较。

第二，比较理论和实际的损益，检验每一个用于估价和控制公司头寸风险的模型是否覆盖所有的风险要素。

七、风险确认和审计

风险确认和审计包括内部和外部审计员对风险管理程序的检查要求。风险管理作为内部一项独立的业务,它的发展对于公司内部和外部审计员的职责、任务产生了很大影响。对外部审计员来说,这意味着工作重点从检查公司财务记录的完整性扩展到评价其风险信息完整性的方法。

（一）风险确认

风险确认指确认公司正在使用的风险管理系统和技术是有效的。风险确认包括以下两个方面。

（1）正规的风险管理检修。

（2）复核风险管理程序。

（二）风险审计

（1）内部审计:是指内部审计人员对风险管理的审计,主要检查风险管理程序的完整性。

（2）外部审计:是指外部审计人员对风险管理的审计,主要检查公司财务记录的完整性。

第三章　信用风险管理

在金融市场中,信用风险是最重要且最古老的一种风险形式之一,是经济活动顺利持续的基础。从一个国家的角度说,信用风险决定着国家的宏观决策与经济发展,甚至还在一定程度上影响着全球经济的稳定发展。本章就对信用风险管理进行分析。

第一节　信用风险概述

一、信用风险的内涵

信用指的是一种经济信用,也就是以"信用"为基础,展开一定的价值活动,从而让债权人以有条件让渡的形式,贷出或赊销商品,债务人则按约定的日期偿还借款或货款,并支付利息。一般情况下,信用都和经济收益与风险相联系,并通过多种信用表达形式作用在人民的经济活动当中。

信用风险又称为"违约风险",是指在以信用关系为基础的交易基础上,交易的一方因种种原因不愿或无力履行合同条件而构成违约,致使交易对方遭受损失的可能性。[①]

传统的观点认为,信用风险是指交易对象无力履行的风险,也就是只有交易对手在到期时未能履约这种行为给经济主体造成损失时,经济主体才会遭受到信用风险的损害。

随着社会的发展,大家对信用风险的定义也不尽相同。现如今,很多人倾向于将信用风险从广义和狭义两个角度进行分析。

从广义的角度说,信用风险指所有因客户违约(不守信用)所引起的风险,如资产、业务中的借款人不按时还本付息引起的资产质量恶化;负债业务中的存款人大量提取款形成挤兑,加剧支付困难;表外业务中的交易对手违约引致或有负债转化为表内负债等。

---

① 赵玉洁.金融风险管理[M].北京:对外经济贸易大学出版社,2015:95.

从狭义的角度说,信用风险则通常是指信贷风险。

在现代经济的发展下,通过合约为基础进行生产或交易已经成了经济生活的重要形式,对于经济的有序进行有着积极的影响作用。在经济活动中,以银行信用为主导的信用制度也成了影响经济运行的关键因素。

经济中的风险和信用风险相关,只要信用关系存在,那么信用风险就存在。

二、信用风险的分类

信用风险根据不同的角度可以分为不同的类型。

(一) 根据性质进行分类

根据信用风险的性质,可以将其分为违约风险、信用评级降级风险和信用价差增大风险。

(1) 违约风险(default risk)指的是借款人或者交易对手违约从而给金融结构带来的风险。

(2) 信用评级降级风险(credit rating downgrade risk)是指借款人信用评级变动造成的债务市场价值变化的不确定性。

(3) 信用价差增大风险是指资产收益率波动、市场利率等因素变化导致信用价差增大所带来的风险。

(二) 根据业务种类进行分类

根据信用风险所涉及业务种类,可以将其分为表内风险与表外风险。

(1) 表内风险(the risk from business in the balance sheet)指的是源于表内业务的信用风险,如传统的信贷风险。

(2) 表外风险(the risk from business outside the balance sheet)指的是源于表外业务的信用风险,如商业票据承兑可能带来的风险。所谓表外业务是指商业银行所从事的、按照现行的会计准则不记入资产负债表内、不形成现实资产负债但能增加银行收益的业务。

(三) 根据风险产生部位进行分类

根据信用风险所产生的部位,可以将其分为本金风险和重置风险。

(1) 本金风险指的是当交易对手不按约足额交付资产或价款时,金融机构有可能收不到或不能全部收到应得的资产或价款而面临损失的可能性。

(2) 重置风险指的是当违约违法而造成交易不能实现时,未违约方为购得金融资产或进行变现就需要再次交易,这将有可能遭受因市场价格不利变化而带来损失的可能性。

（四）根据可分散性进行分类

根据信用风险是否可以分散,可以将其分为系统性信用风险和非系统性信用风险。

（1）系统性信用风险(systemic credit risk)源于系统性风险因素,如经济危机导致借款人无力偿还贷款,

（2）非系统性信用风险(non-systemic credit risk)是指特定行业或公司的特殊因素导致借款人不愿或无法履行合同给金融机构带来的信用风险。

（五）根据受险主体进行分类

根据信用风险受险主体分类,可以将其分为企业信用风险、金融机构信用风险和个人信用风险。

企业作为受险主体,其面临的信用风险主要来自其他企业和金融机构。当一家企业的客户要求对商品或服务延期付款时,该企业就会面临来自该客户的信用风险。一旦客户到期拒付,潜在的信用风险就会变为实际损失;如果客户要求推迟偿付,信用风险程度就会加深。企业也可能面临来自银行等金融机构的信用风险。

如果一家企业的资金充裕并将其全部存入一家银行,当该银行破产清算时,企业存款就会损失。金融机构主要包括银行、保险公司、证券公司等。金融机构作为受险主体,所面临的信用风险主要来自企业、个人与国家。

个人作为受险主体,其信用风险主要来自民间借贷、金融投资。来自民间借贷的信用风险是指借款人到期不还本付息。来自金融投资的信用风险包括企业发行的股票和债券风险、中介机构信用风险和购买国债的风险。

三、信用风险的特征

和其他风险相对比,信用风险的特征主要表现在以下几个方面。

（一）系统性

信用风险受到宏观经济因素的影响,会有一定的不确定性。因此,这种影响作用使得信用风险不以人的意志为转移,从而具有系统性特征。

（二）主观性

信用风险还带有主观性的特征，因此无法用客观数据与事实进行证实。正是因为主观性的存在，所以加大了信用风险管理的难度。

（三）不对称性

当某一个主体承受一定的信用风险时，该主体的预期收益和预期损失是不对称的。

（四）累积性

累积性指的是信用风险会不断累计。当信用风险超过一定的临界点时就会突然爆发从而引发金融危机。

（五）综合性

信用风险的综合性指的是不同类型的金融风险都会通过信用风险体现出来，从而出现信用交易中的违约行为。

（六）传递性与扩散性

在具体的经济活动中，交际一方的信用风险可能导致另一方的信用风险，而另一方的信用风险又可能导致第三方的信用风险。这种传递性与扩散性构成了信用风险链。

（七）隐蔽性与突发性

信用风险可以通过安排新的负债从而得到一定的缓解，从而使信用关系暂时得以维持。因此，即使是发生信用风险，在最初也很难显现出来。

四、信用风险的成因

信用风险的出现，主要原因是经济运行过程中债务人与债权人在偿还能力、偿还意愿、债务管理方面出现问题时的违约情况。

（一）债务人的主观因素

债务人形成信用风险的主观因素主要有两种情况。

第一是债务人有能力归还本息但故意逃避责任，不予归还。

第二是债务人暂时没有能力偿还，但是没有主动承担义务的责任感，一直拖着欠账，不努力改进。

这两种情况都和债务人的品行有很大关系，是一种很大的信用风险，往往对债权人造成严重的经济损失。

(二)债务人的客观因素

在信用活动中,债务人并不总是能够履行债务契约,按时还本付息的。由于种种原因,即使债务人主观上愿意早日清偿债务,但客观原因却使之不可能。原因主要表现在以下几个方面。

1. 未预期的利率和汇率变动

未预期的利率变动会造成信用工具价格的下跌,这被称为"资本风险"或"市场风险",它还可能增加债务人的负担,使其无法按时还本付息,从而造成违约风险。当信用活动涉及不同国家的借贷时,未预期的汇率变动正如未预期的利率变动一样,会使债权人面临一定的信用风险。

2. 未预期的通货膨胀

在信用风险中,未预期的通货膨胀给债权人带来的风险常被称为"购买力风险"。由于通货膨胀率的水平高于人们预期的水平,无论是利息收入还是本金在最终得到支付时所具有的购买力都会低于最初投资时所预期的购买力。

所以,在一国发生高通货膨胀时,信用秩序常常比较混乱,旧的信用关系不能得到很好的解决,新的信用关系很难建立,债权人在这种情况下往往不愿意进行新的借贷,这就是购买力风险对信用活动的冲击。

3. 未预期的宏观经济形势变动

因经济周期变动、产业结构变动等宏观经济因素的影响,债务人所在产业或行业遭受较大的冲击或调整,从而影响其偿债能力。

4. 资金使用不当

债务人常常由于资金使用不当而无法偿还债务本息。例如,当债务人具有长期资金而进行多次短期投资时可能出现实际利息收入低于预期收入的情况,这在信用风险里常被称为"收入风险"。另外,也可能由于债务人投资项目选择失误、投资方向错误(如投资于某种价格将下跌的股票)等,债务人依法偿还债务本息。

第二节 信用风险的度量

信用风险的度量主要经过了3个阶段。

(1)专家判断阶段。

(2)信用评分模型阶段。

（3）违约概率模型阶段。

一、信用风险的传统度量方式

传统意义上的信用风险的度量方式主要包括以下几种。
（1）专家系统。
（2）信用评级模型。
（3）Z评分模型等。

这种度量方式主要采用的手段包括：分散投资、防止授信集中化、加强对借款人的信用审查和动态监控，要求提供抵押或担保的信用强化措施等。

传统的信用风险度量方式在多年的发展下，其手段愈加成熟，甚至有些已经制度化，成了金融机构风险内控体制中的重要组成部分。但是从根本上说，这些传统的信用风险管理方法主要还是基于定性分析。

二、信用风险的现代度量方式

在时代的影响下，传统度量方式变得不够精确。尤其是20世纪80年代后，随着现代科学技术的发展和世界市场的一体化，运用高级数量经济方法度量和管理风险在国际中成为一种趋势，信用风险量化模型在国际金融界得到重视，并迅速发展，出现了如Credit Metrics、RORAC模型、KMV等更加精确、更加科学的现代信用风险量化管理模型。

现代信用风险模型主要是通过数理统计手段对历史数据进行统计分析，从而对有关群体或个体的信用水平进行定量评估，并对其未来行为的信用风险进行预测，提供信用风险防范的有效依据和手段。

巴塞尔管理委员会鼓励有条件的商业银行使用基于内部评级的方法来计量违约概率、违约损失率和违约风险暴露，并据此计算信用风险监管资本。

三、信用风险的度量方法介绍

（一）信用评分模型

20世纪40年代末至50年代初出现了信用评分。1956年，工程师Bill Fair和数学家Earl Isaac共同研发出了著名的FICO评分方法，并成立了Fair Isaac公司，成为世界上第一家提供信用评分数学模型的公司。

1958年，Fair Isaac公司发布了第一套信用评分系统。19世纪60年代,相继出现了许多专门提供客户信用报告和信用分数的信用管理局,如美国著名的 3 大信用管理局。尤其在近十几年中,全球信用评分市场领域得到更加蓬勃的发展,出现了许多信用评分公司和信用管理局。

信用评分模型是指根据客户的信用历史资料,利用一定的信用评分模型,计算出不同等级的信用分数,根据客户的信用分数,来决定客户可以持有的金额权限或者将客户归入不同的违约风险等级中,从而保证还款等业务的安全性。

影响客户信用分数的主要因素有:毁誉记录;过去 12 个月中开设的账户数;信用历史长短;透支使用信用卡历史;使用自己信用额度的饱和程度;关于拖欠税款、法院诉讼判决和个人破产的公共记录;是否过于频繁地进行贷款咨询;持有周转账户数等。信用评分模型的基本原理是确定影响违约概率的因素,然后给予权重,计算其信用分数。

（二）RAROC 模型

20 世纪 80 年代,国际金融领域发生了一系列变化,这些变化加深了市场的不确定性,加大了银行管理的难度。新变化使银行面临着巨大的挑战,同时使得银行越来越重视风险的分析和管理。

信孚银行(1998 年被德意志银行收购)在这个问题上的认识先人一步,它于 20 世纪 70 年代末就开始着手研究一套方法来识别和计量风险。这就是风险调整资本收益模型。目前,全世界的大银行几乎都仿造 RAROC 原则建立了自己的风险管理制度。

众所周知,商业银行根据银行的全部风险来准备对应的资本,即风险调整资本。理论上银行资产的非预期损失有多少,就应该预留多少风险调整资本以弥补非预期损失。因为预期损失已经以准备金的形式被计入了银行的经营成本,它就不再构成真正的风险。所以,非预期损失才是真正的风险,需要银行资本消化,因此应该对它进行分配才能直接反映银行的风险状况。

根据银行业务单位或者产品的风险分配资本,并用该资本评价风险和收益,就得到了资本的风险调整收益率。于是,我们就得到 RAROC 模型的公式。

RAROC ＝调整后的收入 ÷ 风险调整后的资本

银行根据这个公式得到的 RAROC 与银行净资产收益率(ROE)进行比较。贷款通过审批的前提是贷款对应的 RAROC 必须大于银行股东要求的回报率 ROE,此时发放贷款银行的股东价值才会增加。

RAROC 在实际运用中通常假设各笔贷款之间不具有相关性,在此基础上,银行的经济资本(实际可用于弥补风险的资本)按照贷款风险的大小被分配于各项贷款中。

RAROC 可以广泛应用于银行管理,如利率风险管理、汇率风险管理、股权管理、产品风险和信用风险管理等。

(三) 期权模型

KMV 公司(2002 年被穆迪公司收购)将 Black-Scholes 期权定价模型的思想运用到信用风险监控中,提出了信用风险的期权模型。

信用风险期权模型的核心思想是:当一家企业通过债权融资来筹集资金时,它就得到了一种非常有价值的期权:违约还是偿还?

也就是说,如果债务人因项目投资失败而无力偿还债务,那么他可以选择违约,然后将所有的剩余资产交付给债权人(由于股东的有限责任,债务人的损失仅限于他在企业的股本)。另外,如果投资顺利,那么债务人会选择偿还,在偿还承诺的本息后,他还将拥有大部分的投资收益。也就是说,从股东角度来看,企业的股权价值可以看成是持有企业资产的看涨期权。而所借人的债务则是看涨期权的执行价格。我们可以根据这种思想计算违约概率。

(四) KMV 资产组合管理者模型

以往银行在贷款决策时曾经长时间忽视借款公司股票市场价值。1997 年,美国旧金山市 KMV 公司建立 KMV 资产组合管理者(Portfolio Manager)模型(简称 KMV 模型),用来估计借款企业违约概率。

该模型以借款公司股票市场价值为基础,认为给定负债情况下,借款信用风险由债务人资产的市场价值决定。但资产并没有真实地在市场上交易,资产市场价值不能直接观测到。为此,模型转而从借款公司股票市场价值角度考虑资产市场价值,进一步考虑贷款归还问题。

KMV 的创新之处就是扭转了看待银行贷款问题的视角,从借款企业的权益视角来看贷款偿还问题。换句话说,它将股东公司的股权看成一种期权,所以 KMV 实际上是一个由买入期权推演而来的度量信用风险的期权模型。

在债务到期日,如果公司资产的市场价值高于公司债务值(违约点),则公司股权价值为公司资产市场价值与债务值之间的差额;如果此时公司资产价值低于公司债务值,则公司变卖所有资产用以偿还债务,股权价值变为零。

KMV 模型的优势在于以现代期权理论基础做依托,采用的主要是股票市场的数据,因此是一种动态模型。它将市场信息纳入了违约概率,充分利用资本市场的信息而非历史账面资料进行预测,更能反映上市企业当前的信用状况,也更具有前瞻性,是一种"向前看"的方法,这是对传统方法的一次革命。尽管很少有银行在贷款定价中将KMV模型作为唯一的信用风险指示器,但很多银行将其用于信贷风险等级的早期报警工具。

(五)贷款损失率模型

贷款损失率模型是现代资产组合理论的一种应用,它建立在历史贷款损失率的基础上。它将行业贷款损失率(每季度)和金融机构总贷款损失率(每季度)进行时间序列回归,从而估算出某一行业(按标准产业划分)的整体贷款损失风险相对于金融机构总贷款资产组合损失风险比重。

第三节 信用风险监测和控制——以商业银行为例

一、信用风险监测

信用风险监测是指风险管理人员通过各种监控技术,动态捕捉信用风险指标的异常变动,判断其是否已经达到关注的水平或已经超过阈值。如果达到关注水平或者超过阈值时就应该及时地调整授信政策、优化资产组合结构、利用资产证券化等分散或转移信用风险,将信用风险损失降到最低。

(一)风险监测的对象

1. 单一客户的信用风险监测

客户信用风险是由企业的内生变量和外生变量共同决定的。从客户风险的外生变量来看,借款人的生产经营活动不是孤立的,而是与其主要股东、上下游客户、市场竞争者等"风险域"企业持续交互影响的。这要求对单一客户风险的监测,需要从个体延伸到"风险域"企业。而企业的内生变量主要包括基本面指标和财务指标。

(1)基本面指标。这主要包括以下3个方面。

其一,品质类指标,包括企业的合规性、公司治理结构、经营组织框架、管理层素质和信用记录等。

其二,实力类指标,包括资金实力、技术及设备的先进性、人力资源、资质等级、运营管理、重大投资影响、对外担保因素影响等。

其三,环境指标,包括市场竞争环境、政策法规环境、外部重大事件、信用环境等。

(2)财务指标,包括企业偿债能力指标、盈利能力指标、营运能力指标和增长能力指标。

2. 组合风险监测

组合层面的风险监测把多种信贷资产作为投资组合进行整体监测。组合监测能够体现多样化带来的分散风险的效果,防止国别、行业、区域、产品等维度的风险集中度过高,实现资源的最优化配置。商业银行组合风险监测有两种主要方法。

(1)传统的组合监测方法。传统的组合监测方法主要是对信贷资产组合的授信集中度和结构进行分析监测。授信集中是指相对于商业银行资本金、总资产或总体风险水平而言,存在较大潜在风险的授信。结构分析包括行业、客户、产品、区域等的资产质量、收益(利润贡献度)等维度。商业银行可以依据风险管理专家的判断,给予各项指标一定权重,得出对单个资产组合风险判断的综合指标或指数。

(2)资产组合模型。商业银行在计量每个敞口的信用风险,即估计每个敞口的未来价值概率分布的基础上,就能够计量组合整体的未来价值概率分布。估计各敞口之间的相关性,从而得到整体价值的概率分布。

(二)风险监测指标

风险监测指标体系通常包括潜在指标和显现指标两大类,前者主要用于对潜在因素或征兆信息的定量分析,后者则用于显现因素或现状信息的定量化。中国银监会对原国有商业银行和股份制商业银行按照三大类七项指标进行评估,具体包括经营绩效类指标、资产质量类指标和审慎经营类指标。有关资产质量的主要指标包括以下几个方面。

(1)不良贷款率。公式为:

不良贷款率=(次级类贷款+可疑类贷款+损失类贷款)/各项贷款 ×100%

(2)预期损失率。公式为:

预期损失率=预期损失/资产风险敞口 ×100%

预期损失是指信用风险损失分布的数学期望,代表大量贷款或交易组合在整个经济周期内的平均损失,是商业银行已经预计到将会发生的损失。

$$预期损失 = PD \times LGD \times EAD$$

上述公式中,PD 为借款人的违约概率,LGD 为违约损失率,EAD 为违约风险暴露。

（3）单一（集团）客户贷款集中度。公式为：

单一（集团）客户贷款集中度＝最大一家（集团）客户贷款总额/资本净额×100%

该指标计算本外币口径数据。最大一家（集团）客户贷款总额是指报告期末各项贷款余额最高的一家（集团）客户的各项贷款的总额，客户是指取得贷款的法人、其他经济组织、个体工商户和自然人，各项贷款的定义与不良贷款率指标中的定义一致，资本净额定义与资本充足率指标中定义一致。

（4）关联授信比例。公式为：

关联授信比例＝全部关联方授信总额/资本总额×100%

上述公式中，全部关联方授信总额是指商业银行全部关联方的授信余额，扣除关联方提供的保证金存款以及质押的银行存单和我国中央政府债券。

（5）贷款风险迁徙。风险迁徙类指标衡量商业银行信用风险变化的程度，表示为资产质量从前期到本期变化的比率，属于动态指标。风险迁徙类指标是建立在贷款五级分类基础上的一种监测指标。

贷款五级分类是国际金融业对银行贷款质量的公认标准，通过对借款人现金流量、财务实力、抵押品价值等因素的连续监测和分析，判断贷款的实际损失程度。风险迁徙类指标包括正常贷款迁徙率和不良贷款迁徙率。

其一，正常类贷款迁徙率。

正常类贷款迁徙率＝期初正常类贷款向下迁徙金额/（期初正常类贷款余额－期初正常类贷款期间减少金额）×100%

该指标计算本外币口径数据。期初正常类贷款向下迁徙金额，是指期初正常类贷款中，在报告期末分类为关注类、次级类、可疑类、损失类的贷款余额之和。

其二，关注类贷款迁徙率。

关注类贷款迁徙率＝期初关注类贷款向下迁徙金额/（期初关注类贷款余额－期初关注类贷款期间减少金额）×100%

其三，次级类贷款迁徙率。

次级类贷款迁徙率＝期初次级类贷款向下迁徙金额/（期初次级类贷款余额－期初次级类贷款期间减少金额）×100%

其四，可疑类贷款迁徙率。

可疑类贷款迁徙率＝期初可疑类贷款向下迁徙金额/（期初可疑类

贷款余额−期初可疑贷款期间减少金额）×100%

下面以商业银行为例展开说明。

假设商业银行当期期初共有1 000亿元贷款，其中正常类、关注类、次级类、可疑类、损失类贷款分别为900亿元、50亿元、30亿元、15亿元、5亿元。该年度银行正常收回存量贷款150亿元（全部为正常类贷款），清收处置不良贷款25亿元，其他不良贷款形态未发生变化，新发放贷款225亿元（截至当期期末全部为正常类贷款）。

至当期期末，该银行正常类、关注类贷款分别为950亿元、40亿元。则该银行当年度的正常贷款迁徙率为：该行期初正常贷款余额为900＋50＝950亿元，期内减少额为150亿元，期末正常贷款为950＋40＝990亿元，其中来自原正常贷款的为990−225＝765亿元。期内贷款迁徙为不良贷款的金额为950−150−765＝35亿元，所以正常贷款迁徙率为：35/（950−150）×100%＝4.38%。

其五，不良贷款拨备覆盖率。

不良贷款拨备覆盖率＝（一般准备＋专项准备＋特种准备）/（次级类贷款＋可疑类贷款＋损失类贷款）

其六，贷款损失准备充足率。

贷款损失准备充足率＝贷款实际计提准备/贷款应提准备×100%

二、信用风险控制

（一）贷前管理

贷前管理包括限额管理、贷款定价、信贷审批和信用风险缓释。由于信用风险缓释将在本章下一节中展开详细研究，故此处仅针对前三项进行分析。

1. 限额管理

商业银行授信制度决定了商业银行对信用风险的认识和控制能力，构成商业银行信贷管理的主要内容。授权是指商业银行对其所属业务职能部门、分支机构和关键业务岗位开展业务权限的具体规定，授权制度是商业银行内部控制机制的重要组成部分。统一授信是指商业银行对单一法人客户或地区统一确定最高综合授信额度，要求商业银行在授信活动中，做到授信主体的统一、授信对象的统一、不同币种授信的统一和授信形式的统一。

最高授信额度是商业银行实施统一授信的有效工具，是指商业银行在对某一客户（单一法人或集团法人）所确定的、在一定时期内商业银行能够接受的最大信用风险暴露,它与金融产品和其他维度信用风险暴露的具体状况、商业银行的风险偏好、经济资本配置等因素有关。

(1)单一客户限额管理。针对单一客户进行限额管理时,首先需要计算客户的最高债务承受能力,即客户凭借自身信用与实力承受对外债务的最大能力。一般来说,具体决定一个客户(个人或企业/机构)债务承受能力的主要因素是客户信用等级和所有者权益,由此可得:

$$MBC = EQ \times LM$$
$$LM = f(CCR)$$

上述公式中,MBC(Maximum Borrowing Capacity)是指最高债务承受额;EQ(Equity)是指所有者权益;LM(Lever Modulus)是指杠杆系数;CCR(Customer Credit Rating)是指客户资信等级;$f(CCR)$是指客户资信等级与杠杆系数对应的函数系数。

商业银行在考虑对客户授信时不能仅仅根据客户的最高债务承受额提供授信,还必须将客户在其他商业银行的原有授信、在本行的原有授信和准备发放的新授信一并加以考虑。

在实际业务中,商业银行决定客户授信额度还受到其他相关政策的影响,如银行的存款政策、客户中间业务情况、银行收益情况等。此外,确定客户信贷限额还要考虑商业银行对该客户的风险容忍度,可以用客户损失限额(Customer Maximum Loss Quota,CMLQ)表示。

(2)集团客户限额管理。集团统一授信一般分"三步走"。

第一步,根据总行关于行业的总体方针和集团客户与授信行的密切关系,初步确定对集团整体的总授信额度。

第二步,按单一客户最高综合授信额度定量计算,初步测算关联企业各成员单位的最高综合授信额度的参考值。

第三步,分析各个授信额度使用单位的具体情况,调整各成员单位的最高授信额度,同时使每个成员的授信额度之和控制在集团公司整体的总授信额度范围之内,并最终核定各成员单位的授信使用额度。

此外,对其授信时应注意以下几点:统一识别标准,实施总量控制;掌握充分信息,避免过度授信;主办银行牵头,协调信贷业务;尽量少用保证,争取多用抵押;授信协议约定,关联交易必报。

(3)组合的限额管理。组合的限额管理可以分为授信集中度限额和总体组合限额。

其一,授信集中度限额是相对于商业银行资本金、总资产或商业银行总体风险水平而言,按照不同维度进行设定,其中行业、产品、风险等级和担保是最常用的组合限额设定维度。

其二,总体组合限额是在分别计量贷款、投资、交易和表外风险等不同大类的组合限额的基础上计算得出的。

设定组合限额具体步骤如下。

第一步:按某组合维度确定资本分配权重。

第二步:根据资本分配权重,对预期的组合进行压力测试,估算组合的损失。

第三步:将压力测试估算出的预计组合损失与商业银行的资本相对比。如组合损失小于银行资本,则可以接受组合的资本权重分配;如组合损失大于银行的资本,则必须重新进行资本权重。

第四步:根据资本分配的权重,确定各个组合(按行业、产品等)以资本表示的组合限额:

$$以资本表示的组合限额=资本 \times 资本分配权重$$

第五步:根据资本转换因子,将以资本表示的组合限额转化为计划授信的组合限额。

2. 贷款定价

贷款的定价是指如何确定贷款的利率、确定补偿余额,以及对某些贷款收取手续费。贷款如何合理定价是银行长期以来颇感困扰的问题。定价过高,会驱使客户从事高风险的经济活动以应付过于沉重的债务负担,或是抑制客户的借款需求,使之转向其他银行或通过公开市场直接筹资;定价过低,银行无法实现盈利目标,甚至不能补偿银行付出的成本和承担的风险。

贷款定价的形成机制比较复杂,市场、银行和监管机构这三方面是形成均衡定价的3个主要力量。贷款定价通常由以下因素来决定:贷款最低定价=(资金成本+经营成本+风险成本+资本成本)/贷款额

资金成本包括债务成本和股权成本。经营成本以所谓的部门成本包括在价格计算中。风险成本一般指预期损失。资本成本主要是指用来覆盖该笔贷款的信用风险所需要的经济资本的机会成本。在数值上等于经济资本与股东最低资本回报率的乘积。

RAROC 在贷款定价中应用的一般公式为:

RAROC =(某项贷款的一年收入-各项费用-预期损失)/监管或经济资本式中,预期损失代表商业银行为风险业务计提的各项准备,而经济资本则是用来抵御商业银行的非预期损失所需的资本。

3. 信贷审批

信贷审批是在贷款前调查和分析的基础上,由获得授权的审批人在规定的限额内,结合交易对方或贷款申请人的风险评级,对其信用风险暴

露进行详细的评估之后做出信贷决策的过程。

信贷审批或信贷决策应遵循的原则包括：审贷分离原则；统一考虑原则；展期重审原则。

（二）贷后管理

1. 计提贷款损失准备金

贷款损失准备金（Loan Loss Reserves）是预留应付坏账的款项（包括客户违约、需要重新磋商贷款条款等）。商业银行提取的贷款损失准备金一般有3种：一般准备金、专项准备金和特别准备金。

（1）一般准备金是商业银行按照贷款余额的一定比例提取的贷款损失准备金。我国商业银行现行的按照贷款余额1%计提的贷款呆账准备金就相当于一般准备金。

（2）专项准备金应该针对每笔贷款根据借款人的还款能力、贷款本息的偿还情况、抵押品的市价、担保人的支持度等因素，分析风险程度和回收的可能性合理计提。我国现行的《贷款损失准备金计提指引》规定，专项准备金要根据贷款风险分类的结果，对不同类别的贷款按照建议的计提比例进行计提。

（3）特别准备金是针对贷款组合中的特定风险，按照一定比例提取的贷款损失准备金。特别准备金与普通和专项准备金不同，不是商业银行经常提取的准备金。只有遇到特殊情况才计提特别准备金。

贷款准备金是指对各商业银行发放的贷款征缴贷款准备金。可分为信贷增量准备金和存量准备金两部分。信贷增量准备金政策是指，以某一时间点信贷总量为基数，商业银行此后所有新增贷款都向央行交纳一定比例的准备金。如规定，以各金融机构2005年1月1日信贷总量为基数，所有超出部分缴纳0～100%的贷款准备金。这一比例可以根据情况调整，对商业银行不同的信贷类别实行差别信贷准备金率，央行就可以选择性地控制商业银行信贷的流向。基数也可以调整。信贷存量准备金政策结合增量准备金政策效果会更好，具体操作如下：首先要设定一个基准的年信贷增长率，如16%，然后对所有信贷总量增收一定比例的（较小，如0.5%）基本准备金率；如果金融机构的信贷增长率每超过央行所规定的增幅一次，那么基本准备金率就提高一个百分比，如每超过1%，信贷存量准备金率就要比原来提高10%（即多0.1%），当然根据情况可高可低。

2. 贷款重组

贷款重组是指在借款人发生及预见其可能发生财务困难或借款人、

保证人发生资产重组,致使其不能按时偿还贷款的情况下,为维护债权和减少损失,在切实加强风险防范的前提下,与借款人达成修改贷款偿还条件的协议,对借款人、保证人、担保方式、还款期限、适用利率、还款方式等要素进行调整。

贷款重组是依据贷款五级分类的基础上的,贷款重组一般不会引起贷款分类结果的变化,被重组的贷款至少应划分为次级贷款,重组贷款仍然逾期至少应划分为可疑贷款。

(1)贷款重组遵循的原则。

其一,有效重组原则。贷款重组能够对降低信贷风险和减少贷款损失产生积极效果。

其二,规范操作原则。贷款重组必须严格按照规定的条件和程序进行操作和审批。

其三,适当宽让原则。贷款重组可以在政策允许范围内实行一定的宽让,以利于促进贷款的回收。

(2)贷款重组方案的基本内容。

贷款重组条件和效果的评估。通过审查借款人提供的资料和项目具体情况,对该项贷款是否符合贷款重组基本条件,重组能否对借款人生产经营和财务状况产生积极影响,能否维护银行债权、促进贷款回收等进行客观评价和分析预测,为贷款重组决策提供依据。

降低风险的措施,主要包括:将贷款转移给具有良好资信和清偿能力的新借款人;增加或更换担保人、改变担保方式;接受借款人以实物资产抵偿部分贷款;其他降低风险的措施。

贷款结构的调整,主要包括:贷款期限的调整;贷款偿还的安排;重组贷款的适用利率;其他事项。

3. 贷款转让

贷款转让是指贷款银行不改变贷款协议的情况下,将其享有的贷款债权让与第三人享有的法律行为。贷款银行称为出让行,而该接受转让贷款的第三人则称为受让行。

贷款转让的程序主要包括以下6个步骤。

第一步,挑选出具有同质性的待转让单笔贷款,并将其放在一个资产组合中。

第二步,对该资产组合进行评估。

第三步,为投资者提供详细信息,使他们能够评估贷款的风险(该贷款组合的预期违约率)。只有在该贷款组合名义价值的折现值至少能覆盖预期违约损失、可能存在的折扣、再融资成本以及所需要的股权收益率时,投资者才会考虑购买该资产组合。

第四步,双方协商(或投标)确定购买价格。

第五步,签署转让协议。

第六步,办理贷款转让手续。

组合贷款转让的难点在于资产组合的风险与价值评估缺乏透明度,买卖双方很难就评估事项达成一致意见,因为买方一般很难核实所有信息,特别是有关借款人信用状况的信息。各单笔贷款的转让则相对容易,因为与资产组合相比,其风险和价值一般更容易被评估,但转让过程的复杂性使得单笔贷款转让的费用相对较高,意味着只有转让足够高金额的贷款才具有经济意义。因此,选择以资产组合的方式还是单笔贷款的方式进行转让,应根据收益与成本的综合分析确定。

第四节　信用风险缓释和转移

识别、评估、度量和监测信用风险不过是掌握风险性质及风险大小的手段而已,最终目的在于是否采取以及采取何种技术手段有效缓释风险,这是信用风险管理周期中唯一直接影响实际风险状况的环节。采用哪种信用风险控制方法,首先要分析信用风险的性质和大小。一般有风险规避、风险缓释和转移、组合管理等方法。

一、信用风险缓释

信用风险缓释(Credit Risk Mitigate,CRM)是指商业银行运用合格的抵质押品、净额结算、保证和信用衍生工具等方式转移或降低信用风险。商业银行采用内部评级法计量信用风险监管资本,信用风险缓释功能体现为违约概率(PD)、违约损失率(LGD)或违约风险敞口(EAD)的下降。信用风险缓释技术(Credit Risk Mitigation Technique,CRMT)被全面有效地运用于授信业务,可使银行节约资本资源。

巴塞尔协议体系鼓励银行运用合格信用风险缓释工具,并按照风险缓释程度,降低监管资本要求;银行若能合理评估缓释技术作用,运用合格缓释工具的种类和范围可相应地扩大。不过巴塞尔协议体系也明确指出信用风险缓释技术本身也可能带来新的风险,因此对信用风险缓释技术降低资本要求提出了最低标准要求。

当前,信用风险缓释技术已成为银行从事信用风险管理的重要组成部分,尽管很早以前银行便已采用了抵押、担保等信用风险缓释工具,但直到巴塞尔协议Ⅱ发布以后,银行监管机构才将信用风险缓释工具的使用规范化和系统化,并鼓励银行有效运用信用风险缓释工具,降低信用风险。

自巴塞尔协议Ⅱ之后,迄今为止在初级内评法(FIRB)下认可的风险缓释工具包括:抵质押交易、表内净额结算、保证与担保、信用衍生工具。具体信用风险缓释工具特征如图3-1所示。

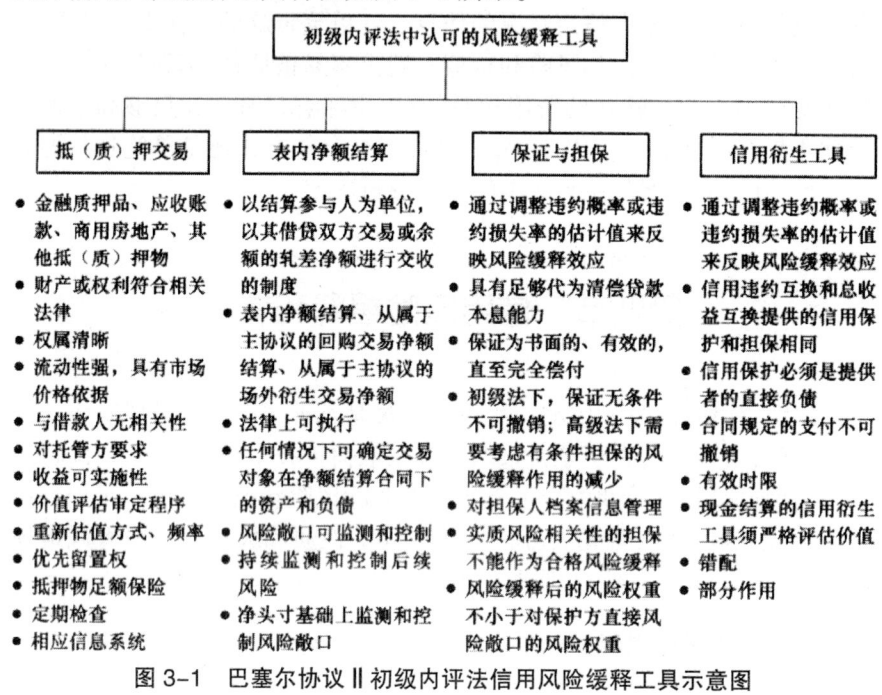

```
                初级内评法中认可的风险缓释工具
    ┌───────────────┬───────────────┬───────────────┬───────────────┐
    抵(质)押交易      表内净额结算       保证与担保        信用衍生工具
```

抵(质)押交易
- 金融质押品、应收账款、商用房地产、其他抵(质)押物
- 财产或权利符合相关法律
- 权属清晰
- 流动性强,具有市场价格依据
- 与借款人无相关性
- 对托管方要求
- 收益可实施性
- 价值评估审定程序
- 重新估值方式、频率
- 优先留置权
- 抵押物足额保险
- 定期检查
- 相应信息系统

表内净额结算
- 以结算参与人为单位,以其借贷双方交易或余额的轧差净额进行交收的制度
- 表内净额结算、从属于主协议的回购交易净额结算、从属于主协议的场外衍生交易净额
- 法律上可执行
- 任何情况下可确定交易对象在净额结算合同下的资产和负债
- 风险敞口可监测和控制
- 持续监测和控制后续风险
- 净头寸基础上监测和控制风险敞口

保证与担保
- 通过调整违约概率或违约损失率的估计值来反映风险缓释效应
- 具有足够代为清偿贷款本息能力
- 保证为书面的、有效的,直至完全偿付
- 初级法下,保证无条件不可撤销;高级法下需要考虑有条件担保的风险缓释作用的减少
- 对担保人档案信息管理
- 实质风险相关性的担保不能作为合格风险缓释
- 风险缓释后的风险权重不小于对保护方直接风险敞口的风险权重

信用衍生工具
- 通过调整违约概率或违约损失率的估计值来反映风险缓释效应
- 信用违约互换和总收益互换提供的信用保护和担保相同
- 信用保护必须是提供者的直接负债
- 合同规定的支付不可撤销
- 有效时限
- 现金结算的信用衍生工具须严格评估价值
- 错配
- 部分作用

图3-1 巴塞尔协议Ⅱ初级内评法信用风险缓释工具示意图

注:(资料来源:王勇、隋鹏达、关晶奇,2014)

(一)运用抵质押品缓释信用风险

1.运用抵质押品缓释信用风险的基本原则

银行开展授信业务中,常使用的抵质押品分为金融质押品、应收账款、商用/居住用房地产以及其他抵质押品。抵质押品是通过对风险分散和补偿,提高贷款偿还可能性。贷款抵押并不一定能确保贷款得到偿还,取得贷款担保也并不能保证贷款如期偿还。银行可影响或控制一个潜在还款来源,但并不能确保会产生足够的现金流量来偿还贷款。被迫处置抵押物,如将其出售或转让,资产的现金价值往往会受到侵蚀,因为资产在处理时,只能按照清算价值进行转让。此外,一旦银行被迫出售抵押物或向保证人行使追索权,其花费的成本与精力将使一笔贷款由盈利

变为亏损。因此,银行控制的作为第二还款来源的担保,并不能保证有足够的现金来偿还债务。担保形式主要有抵押、质押、保证和附属协议。

贷款抵押是指借款人或第三人在不转移财产占有权的情况下,将财产作为债券的担保。银行持有抵押财产权益,当借款人不履行价款合同时,银行有权以该财产折价或以拍卖、变卖该财产的价款优先受偿。银行采用多项技术缓释信用风险,资金敞口可以通过第一优先资产的全部或部分现金和证券做抵押,可使用第三方担保,可通过购买信用衍生工具缓释,也可以使用交易对手的存款进行冲销。为使用风险缓释技术获得资本转让,一方面应确保所有交易、表内净额结算、担保和信用衍生工具使用的法律文件对所有交易方具有约束力,并确保在所有相关国家内可执行;另一方面使用各项风险缓释技术须满足监管当局检查要求。

各家银行要求借款人为贷款提供抵押物的政策都有相关规定。一般来说,假如借款人的信用状况不是特别好,都应要求借款人提供价值充足的抵押物,而且用作抵押的财产应是在市场上易变现、流动性好、质量稳定、便于监控的财产。对于贷款抵押,应从两方面进行分析和评估:一是法律方面,即贷款抵押的合法性和有效性,包括抵押物是否真实、合法,抵押物的权属;二是经济方面,即贷款抵押的充分性和可靠性,包括抵押物的评估、抵押物的流动性,抵押物的变现价值,银行对抵押物的管理等。

抵押物的变现主要有拍卖、折价和变卖3种方式。影响抵押物变现的因素主要有抵押物品质、抵押物损耗、抵押物专用性、变现原因以及变现时的经济状况和市场条件。此外,抵押物的保险情况、抵押物变现过程中所花费的时间和费用,以及银行处理同类抵押物的经验,都影响抵押物出售时能够实现的价值。由于存在各种影响抵押物变现的因素,银行抵押物实际获得的现金,扣除全部销售成本后,很可能会大大低于预期价值。银行确认借款人提供的抵押物具有合法性、真实性和有效性后,才与借款人订立抵押合同。银行应当保证抵押合同真实反映了双方意愿,合同格式合规,主要条款清楚,法律责任明确,合同签字双方是合法、有效的法定代表人或其他授权委托人,合同要素应完整齐全。抵押合同应由双方在银行或借款人主要营业场所当面共同签订。抵押合同签订后,银行应密切关注抵押物的风险因素变化,密切关注抵押物财产权变动情况,注意抵押物存在状态及其情况,建立抵押物安全保管措施,对抵押物进行定期估价,不仅要对抵押物的账面价值和数量进行核对,而且要对抵押物的实际价值、内在质量以及市场价格变动情况进行跟踪,对处分抵押物的费用因素等进行科学认定,当抵押物价值低于借款合同规定的水平时,应要求借款人补充新抵押物。

贷款质押是指借款人或者第三人将其动产或权利移交银行占有,将该动产或权利作为债券的担保。当借款人不履行债务时,银行有权将该动产或权利折价出售来收回贷款,或者以拍卖、变卖该动产或权利的价款优先受偿。

银行要关注质物是否与贷款种类相适应,要对质物的品质进行审查,如动产质物是否易封存、易保管,权利质押中权利凭证的真伪是否易辨别,还要审查对质物的估值是否合理,质物变现是否方便,从控制风险的角度出发,银行对质物的市场价值应持保守态度。考虑到贷款到期后市场供求状况、变卖时价格因素和转让难易程度等因素,中国的银行一般规定动产质押的质押率(即贷款金额与质物的价值比)不得超过60%或70%。

在质权存续期间,银行如使用、出租、处分质物,要经借款人同意,否则要对借款人的损失承担赔偿责任;如债务履行期届满,借款人请求银行及时行使权利,而银行怠于行使权利致使质物价格下跌而造成的损失,则应由银行承担赔偿责任,因此质物管理好坏对银行利益有直接影响。银行应密切关注质物风险因素变化,并建立相应的安全保管措施。

贷款保证是由保证人以自身财产提供的一种可选择的还款来源,并且只有当保证人有能力和意愿代替借款人偿还贷款时,贷款保证才是可靠的,因此,对贷款保证的分析和评估也分法律和经济两方面:前者包括保证人是否具有合法资格、保证期间、保证合同的法律效力,后者包括保证人的资信状态、代偿债务的能力以及保证的履约意愿。

由于担保合同是主合同的从合同,具有从属性,又由于在一般责任保证中,保证人享有先诉抗辩权,只有在债权人对债务人提起诉讼或仲裁并强制执行后仍未得到清偿的情况下才需对未清偿部分承担责任。因此在主合同发生变更的情况下,势必影响到担保合同。一般情况下,保证合同采用的形式有3种,即保证合同、保证条款以及保证人单方面出具书面承诺。一份完整的保证合同应包括以下内容:被保证的主债权的种类、数额;债务人履行债务的期限;保证方式;保证担保的范围;保证期间;当事人需要约定的其他事项等。如果没有约定,当事人可以做出补充约定,或者按照法律推定。

在银行的公司授信业务中,存在很多最高限额担保合同,即在最高授信额度内,保证人对基于授信额度协议或者一揽子授信协议提供保证而签订的保证合同。它除具有一般保证合同的特征外,还具有以下特征。

(1)最高限额保证所担保的债务可能已经发生,也可能没有发生,即最高限额保证的生效与被保证的债务是否发生无关。

（2）最高限额保证所保证的债务为一定期间内发生的债务，普通保证所保证债务通常为确定债务，而最高额保证则是对债务人在一定时期内所发生的若干个债务提供保证，保证范围不受债权笔数影响，其债务发生具有多次性，存在多个实际发生债务。

（3）最高额保证是对所承担保证责任的最高约定，没有约定最高额的是普通保证。最高额保证是对债务人在一定时期内连续发生的多笔债务提供担保，但其所承担的保证责任以最高额为限。

（4）最高额保证所担保的不是多笔债务的简单累加，而是债务整体，即最高额保证决算后，被保证的多笔债务的余额构成最高额保证的保证范围。该范围为一整体，最高额保证人对该债务整体承担责任。

（5）最高额保证合同一般适用于债权人与债务人因经常性的、同类性质的业务往来，多次订立合同而形成的债务，如经常性借款合同或某项商品交易合同关系等。

保证人的财务实力是保证人履约的基础，一些银行在保证的资格条件中，对保证人的偿债能力做了限定，如信用等级低的公司提供的保证必须经贷款审批委员会审查批准；出现资不抵债、有逾期或拖欠利息的公司，不能作为贷款保证人；对借款人的全资下属公司或参加借款人合并报表的下属公司提供保证的，要审查确认其保证能力。

2. 合格抵质押品的认定和处理

巴塞尔协议Ⅱ不仅认可实物资产和应收账款作为抵押品，还认可金融抵押品。抵押品本身的价值容易波动，如金融担保容易受到担保人信用状况的影响，而房地产等非金融抵押品的价值也是经常上下波动的。因此，巴塞尔协议Ⅱ建议使用"估值折扣"来调整金融资产抵押品的价值，即将抵押品价值在其市场价值的基础上进行扣减。设定估值折扣的合理性在于需要考虑抵押品价值可能随着时间不断发生变化。因此，估值折扣的大小取决于抵押品的类型、交易条款、抵押品流动性，以及抵押品重新定价的频率等因素。

根据巴塞尔协议Ⅱ，使用初级内评法计量信用风险资本要求的银行，除了标准认定的合格抵押品外，初级内评法其他形式的抵押品在内部评级法中也被视为合格抵押品，包括应收账款，特定商用或个人居住的房地产，以及其他抵押品。

3. 商用或个人住房抵押认定和处理

商用或个人居住房作为抵押，必须符合以下监管要求。

第一，合格商用或个人居住房作为抵押品，尽管要考虑宏观经济因素影响抵押品价值和借款人的表现,但其借款人风险实质上不取决于财产或项目的表现,而取决于借款人从其他来源偿还债务的能力。同样,贷款的偿还实质上不取决于作为抵押品的商用房地产或个人住房的现金流。

第二,商用房地产或居民住房作为债权的抵押品,必须在法律上具有可实施性,必须具备抵押品生效的抵押品协议和法律过程,可在合理时间内实现抵押品价值;抵押品必须按照当前的公平价值或低于公平价值来估值;必须根据市场状况对抵押品经常性(至少每年一次)予以持续监控,一旦信息显示抵押品市价降低或发生信用事件(如违约),合格专业人员必须及时评估。

第三,合格抵押品通常被局限于贷款方对抵押品具有第一占有权。毫无疑问在抵押品的债权法律上可实施,同时抵押又是有效风险缓释工具的情况下,也可考虑次级留置。

第四,银行接受抵押品贷款政策必须清晰记录在文件中,必须采取步骤保证作为抵押品的财产足额保险,以防损害和变质;必须连续监控允许在处置抵押品之前的债券(如税收)范围;必须正确监控抵押品环境负债风险,如房地产上存放有毒物质等。

对于购买不动产贷款来说,监管抵押是最为常见的担保形式,但各国抵押不动产的取消赎回权或清算方面的做法可能各不相同。在取消不动产的赎回权时,银行发生时间和金钱两方面的成本。一旦得到不动产,还将产生不动产维护和营销方面的连带成本。在许多国家,通过法院变现被抵押不动产的过程,非常冗长,由于法律制度的缺陷或低效率的破产程序,可能花费数年时间,这使债权人对拖欠债务的借款人无法采取有效的法律行动。在没有法院干涉的情况下,一些国家允许银行销售抵押品,取消赎回权和销售质押财产的不同做法和法律要求,使抵押品的价值差异很大。

4. 应收账款的抵押认定和处理

对应收账款作为抵押品的认定和处理须满足以下基本监管要求。

第一,合格的金融应收账款是对初始期少于或等于1年,而通过借款人抵押资产的商品流或资金来还款的债权,合格应收账款抵押品必须还满足法律确定性及相关的风险管理要求,必须建立连续的监控过程、抵押的应收账款的分散化和非相关性等。

第二,银行必须建立确定应收账款信用风险的合理程序。过程应包括对借款人经营状况、行业情况、借款人客户类别的分析。依赖借款人确定客户信用风险的银行,必须检查对借款人的信贷政策,搞清楚借款人的稳健性和可信度。

第三章　信用风险管理

第三,借款数量和应收账款价值之差必须反映所有适当的因素,包括清收成本、单个借款人抵押的应收账款池内的风险集中度以及银行总贷款中潜在的集中性风险。

第四,借款人抵押的应收账款应分散化,不应与借款人的相关性过高。当两者关系过高时,如应收账款的发行人依赖于左右其生存的借款人或借款人和发行人都属于同一行业,在设定抵押品整体效益时,应该考虑两者的伴生风险。来自借款人分支结构的应收账款,不可作为风险缓释工具。

第五,对经济困境情况下的应收账款,银行应建立成文的程序。即使是银行一般情况下对借款人进行清收,有关清收的各项措施必须完善。银行必须建立确定应收账款信用风险的合理过程。过程应该包括对借款人经营状况、行业情况、借款人客户类别的分析。依赖借款人确定客户信用风险的银行,必须检查对借款人的信贷政策,搞清楚借款人的合理性和可信度。

对于抵押品用来作为风险缓释工具的特定贷款,银行必须建立连续的(或者是及时的、偶然的)监控过程。这个过程包括账龄报告、贸易单据的控制、借款证、对抵押品经常审计、账户的确认、对付款账户收益的控制、稀释状况的分析(借款人给发行人的贷款),特别是少量大规模的应收账款作为抵押品时对借款人和应收账款发行人常规的财务分析。银行全面的集中性限额的遵守情况应该被监控。此外,对是否遵守贷款合约、环境方面的限制及其他法律要求也应进行常规性检查。

5. 对其他合格实物抵押品处理

其他实物抵押品由监管当局认定,但必须满足两个标准,一是存在及时、经济、有效处置抵押品和流动性强的市场;二是存在公开、可得的抵押品市场价格。

银行认定的其他实物抵押品,除必须满足上述合格的商用房地产/居民住房抵押品的所有操作要求外,还必须满足以下条件:优先受偿权、贷款协议中应详细规定抵押品情况及重新估值的方式和频率、内部信贷政策和程序中明确可接受的抵押品种类、操作方法、抵押品的适当水平、顺利清算抵押品的能力、客观确定价格或市场价值的能力、评估价值的频率、抵押品价值的波动等。对存货(如原材料、在建工程、成品、交易商汽车存货)及设备,定期评估的过程必须包括对抵押品实物的检查。

(二)运用净额结算协议缓释信用风险

表内净额结算(netting)是指银行使用交易对象的债权(存款)对该

交易的债务(贷款)做扣减。根据巴塞尔协议Ⅱ,在标准法下,如银行有法律上可执行贷款和存款净额结算安排,在符合相关条件下,可进行表内净额结算,计算净风险敞口资本要求。这些条件包括如下几点。

(1)无论交易对象是无力偿还债务还是破产,有完善法律基础确保净额结算协议实施。

(2)在任何情况下,能确定同一交易对象在净额结算合同下的资产和负债。

(3)在净头寸基础上监测和控制相关敞口。

(4)监测和控制后续风险,在净头寸基础上监测和控制相关敞口。

二、信用风险转移

(一)信用风险转移的定义

信用风险是商业银行在经营管理中面临的主要风险,信用风险转移(Credit Risk Transfer, CRT)是指金融机构,一般是指商业银行通过使用各种金融工具把信用风险转移到其他银行或其他金融机构。随着金融及市场的发展,非金融机构也可能进入信用风险转移市场进行交易。信用风险转移市场的参与机构还主要是各种金融机构。其主要的市场参与者包括商业银行、各种机构投资者和证券公司。

在信用风险转移市场出现以前,商业银行在发放贷款以后只能持有至贷款违约或到期日,信用风险管理方式主要是贷前审查、贷后监督和降低信贷集中度等手段,而信用风险转移市场的出现使得商业银行可以根据自身资产组合管理的需要对信用风险进行转移,从而更主动灵活地进行信用风险管理。

在信用风险转移市场,那些把信用风险转移出去的机构称为信用风险转出者(或称"保险购买者、风险出售者或被保险者"),那些接受信用风险的机构称为信用风险接受者(或称"保险出售者、风险购买者或保险人"),主要的信用风险转移工具包括贷款销售、资产证券化以及近年来发展迅速的信用衍生产品。

(二)信用风险转移的方式

1.融资型信用风险转移

融资型信用风险转移是指在向金融市场或金融机构转移信用风险的同时实现资金的融通。工商企业可以通过办理保理业务或者福费廷业务,将应收账款无法收回所带来的信用风险转移给专业性的金融机构。保理

第三章 信用风险管理

业务是为以赊销方式进行销售的企业设计的一种综合性金融业务,企业通过将应收账款的票据卖给专门办理保理业务的金融机构而实现资金融通。福费廷业务是指在延期付款的大型设备贸易中,出口商把进口商所在地银行担保的远期汇票或本票,无追索权地售给出口商所在地的金融机构,以取得现款。商业银行利用外部市场转移资产业务信用风险的融资型手段有贷款出售和贷款资产证券化两种。贷款出售指商业银行将贷款视为可销售的资产,将其出售给其他机构。

贷款资产证券化是贷款出售的更高发展形式,是资产证券化的主要内容之一,在资产证券化中,发起人将资产出售给特殊目的机构(Special Purpose Vehicle, SPV),并转化成以资产产生的现金流为担保的证券,通过证券的发售而实现资产的流动变现。商业银行利用资产证券化,在将资产转移出去达到融资目的的同时,也转移了资产的信用风险。

2. 非融资型信用风险转移

与融资相分离的信用风险转移手段有信用担保、信用保险和信用衍生产品。

(1)信用担保是灵活的信用风险转移工具,通过双边合约,担保人作为信用风险的承担者,当第三方(债务方)不能履行其义务时,承担相应的补偿或代为支付的义务,金额限于潜在风险敞口的损失。

(2)信用保险就是企业通过和保险机构签订保险合同,支付一定的保费,从而在指定信用风险范围内蒙受损失时获得补偿。

(3)信用衍生产品是指一种双边的金融合约安排,在这种安排下,合约双方同意互换事先商定的或者是根据公式确定的现金流,现金流的确定依赖于预先设定的在未来一段时间内信用事件的发生。信用事件的定义非常严格,当前主要采用国际掉期和衍生品协会的定义,通常与违约、破产登记、价格出现较大的下跌等情形相联系。

信用衍生产品转移信用风险的过程可以通过信用衍生产品市场最常见的品种——信用违约互换来说明。信用违约互换是指交易双方达成合约,交易的买方(信用风险保险的买方)通过向另一方(信用风险保护的卖方)支付一定的费用,获得在指定信用风险发生时对其贷款或证券的风险敞口所遭受损失进行补偿的安排。

从某种意义上讲,一份信用违约互换合约类似于一份信用保险合同,但信用违约互换合约所指的信用事件所涵盖的信用风险远远广于信用保险合同的涵盖范围。更重要的是,信用保险合同一般是不能转让的,而信用违约互换合约可以在市场上转让,从而使信用管理具有流动性,体现其转移信用风险的基本功能。

商业银行是信用衍生产品市场上最重要的买方。商业银行利用信用衍生产品可以使自己在借款方不知情的情况下转移贷款的信用风险,又不必将该笔资产业务从资产负债表中转出,从而和客户的关系不受影响。此外,为防止贷款过于集中而造成的过大信用风险敞口,商业银行也必须控制对老客户和重点客户的贷款,由此就会面临控制和分散风险与业务发展扩张之间的进退两难的困境,即"信用悖论"。信用衍生产品市场有利于商业银行走出"信用悖论"。商业银行可通过信用衍生产品市场购买信用保护,转移信用风险,在发展信贷业务的同时,实现对信用风险的有效管理。

信用衍生产品市场的发展,使信用衍生产品的供需关系得到了最新界定,也使信用风险在现代金融市场有了更丰富的内涵。信用风险不仅指传统的交易对手直接违约而引起损失的可能,而且包括交易对手信用评级的变动和履约能力的变化而导致其债务市场价值变动所引起损失的可能性。更为重要的是,信用衍生产品使信用风险从贷款、融资、债券交易中分离出来,从而将资产业务的信用风险和市场风险真正分开,为独立地管理信用风险创造了条件。

(三)信用风险转移的工具

信用风险转移的工具可以从两个方面进行分类:一是转移的信用风险是单笔贷款还是贷款组合;二是风险的接受方是否出资。在二级市场出售贷款是出资的风险转移,而某些信用风险转移工具如保险合约,虽然将风险进行了转移,但在风险被转移时接受方并不提供资金。

1. 信用风险转移的工具类别

(1)不出资风险转移。是否出资的信用风险转移工具可以从风险出让者或风险承受者角度来区分,从前者看就是风险出让者是否在交易中收到资金,从后者看就是风险承受者在交易中是否提供前端资金。如果从风险承受者角度界定出资风险转移概念,其主要的工具为信用违约互换。信用违约互换的结构非常接近于担保的结构,但是它们有3个重要的区别:一是引发支付的信用事件的范围在衍生合约下更广;二是不要求风险出让者证明自己已经遭受了损失以获得支付;三是信用违约掉期是以标准化的文件为基础以鼓励交易。

①担保。担保是一种双边合约,合约下风险承担者(担保人)有义务为风险出让者的利益尽力。担保是灵活的风险转移工具,因为它们可以根据需要设计成抵补具体的敞口或交易。通常,担保人要尽力履行债务人的义务,如果后者不能履行,则金额限于潜在敞口的损失。担保需严格

遵循债务人与风险出让者之间合约的性质与内容。

②保险产品(保险债券、信用保险和金融担保保险)。保险债券一般是由美国的保险公司提供,以支持一项债务的受益人的业绩,包括对银行的金融业务。信用保险一般由专业保险公司提供,支持交易信贷而且经常被受益人使用,以取得银行对应收账款的融资。

③不出资的合成证券化(组合信用违约互换)。合成证券化将证券化技术与信用衍生产品融合在一起,在组合违约互换中,通过一系列的单笔CDO或可供组合中所有信贷参照的单个信用违约掉期,实现风险转移而没有潜在资产合法所有权的变化。不出资的合成证券化(一篮子信用违约互换)与违约互换类似,其中信用事件是一个具体的信用篮子中的某种组合的违约。这种设置可以非常灵活,如以整体篮子第一次违约产品为例,则参考该篮子中的第一笔信用违约发生作为支付的条件。也有第二违约或第三及其他次序违约作为支付条件的。相应的,次序越靠后,这种合成证券化对债权人的保护越弱,因而其收取的"保费"也越低。

(2)出资风险转移。这方面涉及以下内容。

①贷款交易。在二级贷款市场中,单笔贷款被出售时,需要得到借款人的同意。原始贷款人对借款人是唯一的直接贷款人,并与另一机构签订合约以划分敞口中不符合其偏好的部分。出资的合成证券化(信用联结票据,Credit Linked Notes,CLN)是出资的资产负债表资产,该资产提供对参考资产组合的(合成)信用敞口。CLN将信用衍生品嵌入风险出让者发行的证券。票据的表现并不与参考集合的表现直接联系。投资者接受零息支付,该支付包括风险升水和到期的平价赎回。随着票据发行的收入被直接交给风险出让者,风险承担者面临着风险出让者的交易对手风险,但不是反之亦然。如果风险承担者要避免交易对手风险就要利用特殊目的机构,从而就变成了合成CDO。

②资产抵押证券(Asset Backed Security,ABS)。在传统的证券化结构中,发起人组合中的贷款、债券或应收账款被转移到特殊目的机构那里,作为抵押持有支持向投资者发行的证券。资产的信用风险从发起者转移到投资者,保护是前端出资,证券发行的收入则被转移到发起者处。资产抵押证券的结构性特征与高级CDO类似,但潜在的资产集合如抵押或信用卡应收账款是更同质的。为了使发行的证券得到更高的评级,多数证券化结构具有信用和流动性增强。外部信用增强(Credit Enhancement),一般简称增信,包括高级别银行或保险公司的信用证或担保。当潜在资产的期限与发行证券的期限不吻合时,流动性增强用于弥补现金流的不匹配,以补偿利息支付的不安全同步或抵补滚动风险。

2. 次级抵押贷款产品的设计和交易分析

（1）资产证券化的基本参与者。次级抵押贷款就是一种典型的资产证券化产品。一般来说，资产证券化的基本参与者包括：发起人（通常是金融机构，也可以是一般企业）、特殊目的机构（SPV，购买发起人的原始资产，整合后包装出售证券）、承销商（投资银行承担，获取发行收入）、增信机构（可以是母公司、子公司、担保公司、保险公司或者其他金融机构；属于第三方实体，按比例收取服务费）、信用评级机构、托管人、投资者等。

总体上看，其交易结构是：发起人将交易的金融资产组合与发起人完全剥离，过户给特殊目的机构进行运作，特殊目的机构将金融资产经过信用评级后在资本市场上发行资产支持证券，确保有关资产现金流收入在不太理想的情况下向投资者的本息回报的流向仍然畅通。

（2）资产证券化的基本运作程序。资产证券化的基本运作程序主要包括以下几个步骤。

①确定资产证券化目标（target），组成资产池（asset pool）。

②组建特殊目的机构，实现资产真实地由原始贷款人处出售，该资产移出原始贷款人资产负债表。

③完善交易结构，进行信用增级。信用增级包括内部信用增级（超额抵押、利差账户、优先/次级结构等）和外部信用增级（第三方担保、保险公司保险、银行开具信用证等）。

④资产证券化的评级。资产证券化的评级与一般债券评级相似，但有自身特点。信用评级由专门评级机构应资产证券发起人或投资银行的请求进行。评级考虑因素不包括由利率变动等因素导致的市场风险，而主要考虑资产的信用风险。被评级的资产必须与发起人信用风险相分离。由于出售的资产都经过了信用增级，一般地，资产支持证券的信用级别会高于发起人的信用级别。

⑤安排证券销售，向发起人支付购买价格。在信用增级和评级结果向投资者公布之后，由投资银行负责向投资者销售资产支持证券，销售的方式可采用包销或代销。特殊目的机构从投资银行处获取证券发行收入，再按资产买卖合同中规定的购买价格，把发行收入的大部分支付给发起人。

⑥证券挂牌上市交易，资产售后管理和服务。

（3）次级抵押贷款的贷款、还款与 ABS 出售流程。次级抵押贷款的贷款、还款与 ABS 出售流程如图 3-2 所示。

第三章 信用风险管理

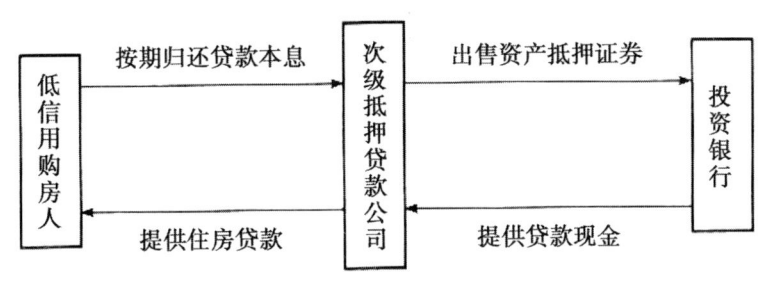

图 3-2 次级抵押贷款的贷款、还款与 ABS 出售流程

注：（资料来源：王勇、隋鹏达、关晶奇，2014）

在美国，住房抵押贷款按照对借款主体信用条件的评级好坏主要分为 3 类：一是优质抵押贷款（prime loan）；二是"Ah.A"抵押贷款；三是次级抵押贷款（subprime loan）。次级抵押贷款，主要是指一些贷款机构向信用程度较差和收入不高的借款人提供的贷款，其服务对象为债务与收入比例较高、信用低、发生违约概率较高的贷款购房者。

（4）次级抵押贷款的资产证券化。次级抵押贷款公司为了分散风险和拓展业务，通过资产证券化的方式把次级抵押贷款出售给投资银行。资产支持证券的核心是寻找能够有稳定现金流的资产作为支持，来发行债券并获得直接融资。基于次级抵押贷款而发行的资产支持证券，就是次债。次级抵押贷款的资产证券化流程如图 3-3 所示。

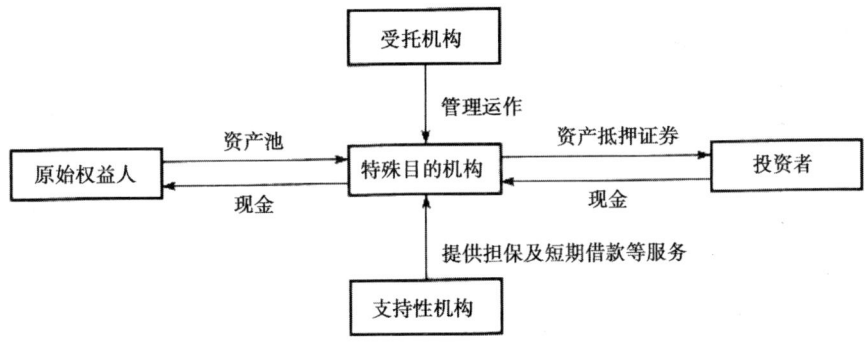

图 3-3 次级抵押贷款的资产证券化流程

注：（资料来源：王勇、隋鹏达、关晶奇，2014）

（5）担保债务凭证。担保债务凭证是一种固定收益证券，它以一个或多个类别且分散化的抵押债务为基础，重新分配投资回报和风险，以满足不同风险偏好投资者需要的衍生品。信用评级与 CDO 的风险结构及收益如图 3-4 所示。

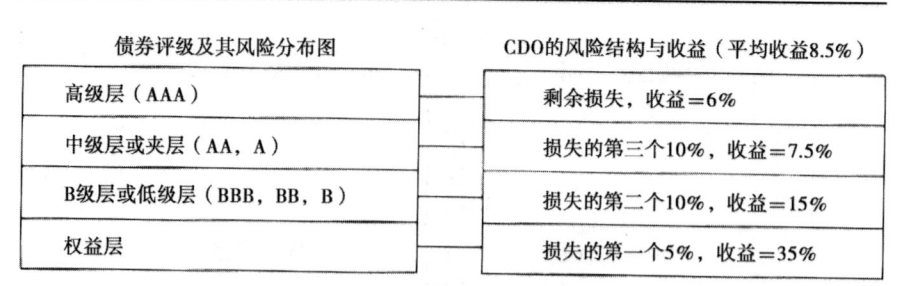

债券评级及其风险分布图	CDO的风险结构与收益（平均收益8.5%）
高级层（AAA）	剩余损失，收益=6%
中级层或夹层（AA，A）	损失的第三个10%，收益=7.5%
B级层或低级层（BBB，BB，B）	损失的第二个10%，收益=15%
权益层	损失的第一个5%，收益=35%

图3-4　信用评级与CDO的风险结构及收益

注：（资料来源：王勇、隋鹏达、关晶奇，2014）

第四章 市场风险管理

20世纪60年代初,资产组合理论和期权定价模型的发展使得人们开始了解市场风险因素分析,并逐渐奠定了风险价值模型的基础。市场风险在大多数银行风险敞口中仅占很小比例,在数量上无法与信用风险敞口相提并论。但从发展趋势来看,银行参与市场交易活动日益频繁,在从事传统的贷款业务的同时,涉足新兴金融业务。因此,随着金融机构参与这些业务的加深,市场风险会逐渐产生和扩大,深化对市场风险管理的认识具有十分重要的意义。

第一节 市场风险概述

一、市场风险的定义

一般来说,市场风险有广义和狭义两种定义。

广义的市场风险是指金融机构在金融市场的交易头寸由于市场价格因素的变动而可能遭受的收益或损失。广义的市场风险充分考虑了市场价格可能向有利于自己和不利于自己的方向变化,可能带来潜在的收益或损失,对于正视市场风险、不避讳市场风险乃至利用市场风险具有积极作用。

狭义的市场风险是指金融机构在金融市场的交易头寸由于市场价格因素的不利变动而可能遭受的损失。在实务中,投资部门会更多地关注市场风险带来的收益性,而传统的风险管理部门可能会更加关注市场风险的损失性。

国际清算银行定义市场风险是资产负债表内和表外的资产价格由于股票、利率、汇率、商品价格的变动而发生变化的风险。

1990年,J. P. 摩根公司给出市场风险的定义是指由市场条件的改变而引起金融机构收入的不确定性。定义中的市场条件主要是指资产价格、市场波动、利率、市场流动性等。

2004年12月16日,中国银行业监督管理委员会颁布的《商业银行市场风险管理指引》中对市场风险给出了全面而完整的定义:市场风险是指因市场价格(利率、汇率、股票价格和商品价格)的不利变动而使商业银行表内和表外业务发生损失的风险。市场风险存在于商业银行的交易和非交易业务中。

二、市场风险的分类

(一)利率风险

利率风险是市场利率变动的不确定性给金融机构造成损失的可能性。金融机构所面临的利率风险主要有以下两种情形。

(1)期限不匹配的组合利率风险,如以存贷款业务为主的商业银行资产和负债的期限结构上通常是不匹配的,这就意味着利率的上升或下降会带来银行价值和收益的巨大变动。

(2)利率不匹配的组合利率风险,如贷出资金采用浮动利率而借入资金采用固定利率,若此时利率不断下降,金融机构的利差利益会因此而不断减少,甚至出现利息倒挂的亏损现象。

以风险来源为标准,利率风险主要包括下面几种类别。

1. 收益率曲线风险

收益率曲线风险,也称利率期限结构变化风险,指的是由于收益曲线斜率的变化导致期限不同的两种债券的收益率之间的差幅发生变化而产生的风险。收益率曲线是由不同期限但具有相同风险、流动性和税收的收益率连接而形成的曲线,用于描述收益率与到期期限之间的关系。通常情况下,金融产品的到期期限越长,收益率越高。

然而,由于重新定价的不对称性,收益率曲线的斜率和形态会发生变化(即出现收益率曲线的非平行移动),对金融机构收益和内在价值产生不利影响,从而形成收益率曲线风险。

2. 期权性风险

期权性风险是一种越来越重要的利率风险,来源于金融机构资产、负债和表外业务中所隐含的期权。

一般而言,期权赋予其持有者买入、卖出或以某种方式改变某一金融工具或金融合同的现金流量的权利,而非义务。期权可以是单独的金融工具,如场内(交易所)交易期权和场外期权合同,也可以隐含于其他的标准化金融工具之中,如债券或存款的提前兑付、贷款的提前偿还等选择性条款。期权和期权性条款都是在对买方有利而对卖方不利时执行,因

第四章 市场风险管理

此,此类期权性工具因具有不对称的支付特征而给卖方带来风险。例如,若利率变动对存款人或借款人有利,存款人就可能选择重新安排存款,借款人可能选择重新安排贷款,从而对银行产生不利影响。

如今,越来越多的期权品种因具有较高的杠杆效应,还会进一步增大期权头寸,可能会对银行财务状况产生的不利影响。

3. 重新定价风险

重新定价风险也称为久期错配风险,是最主要和最常见的利率风险形式,来源于银行资产、负债和表外业务到期期限(就固定利率而言)或重新定价期限(就浮动利率而言)所存在的差异。这种重新定价的不对称性使银行的收益或内在经济价值会随着利率的变动而变化。

例如,如果银行以短期存款作为长期固定利率贷款的资金来源,当利率上升时,贷款的利息收入仍然是固定的,但存款的利息支出却会随着利率的上升而增加,从而使银行的未来收益减少和经济价值降低。

4. 基准风险

基准风险也称为利率定价基础风险,是另一种重要的利率风险来源。在利息收入和利息支出所依据的基准利率变动不一致的情况下,虽然资产、负债和表外业务的重新定价特征相似,但因其现金流和收益的利差发生了变化,也会对银行的收益或内在经济价值产生不利影响。

(二)汇率风险

汇率风险也称"外汇风险"或"外汇暴露",是指由特定货币敞口或者特定货币资产的不完全对冲而引起的风险。汇率风险的产生可能是由于因客户需求或金融机构自营需要进行外币业务操作在不同币种的相互折算或兑换中,由于汇率在一定时间内发生的不利变动。汇率风险因产生的原因主要分为两类。

1. 外汇结构性风险

金融机构资产负债表中各种负债、资产之间因货币币种之间不畅通的匹配性而产生的外汇结构性风险。

2. 外汇交易风险

金融机构由于自身对某种外币未来走势的判断而持有的短期没能抛售的外汇敞口头寸,或因满足客户需求未能及时进行对冲的外汇敞口头寸。

(三)信贷息差风险

信贷息差风险通常指息票和期限合理调整后的政府债券和公司债务

之间的收益差额。信贷息差风险是用来衡量发债人/借款人由于信贷息差的变化而对债券持有机构所产生的影响。该风险根植于交易员所进行的公司债券交易中,相应的避险工具包括各种信贷衍生品,如信贷违约掉期、总收益互换和信贷期权。

（四）商品价格风险

商品价格风险是指所持有的各类商品及其衍生头寸商品因价格发生了不利变动而给金融机构带来可能性损失的风险。这里的商品是指在二级市场上交易的一些实物产品,如农产品、矿产品以及某些实物商品,尤其以商品期货形式为主。商品价格波动取决于国家宏观经济形势、商品市场供求情况和国际炒家的投机行为等。

值得注意的是,商品价格风险中所述的商品不包括黄金这种贵金属。因为黄金曾经长时间在国际结算体系中发挥国际货币职能,充当外汇资产。随着布雷顿森林体系的崩溃,黄金不再充当法定国际货币,但是黄金仍然是各国外汇储备资产的一种重要形式。所以,黄金价格的波动被纳入金融机构汇率风险范畴。

另外,与金融产品不同,商品"入账"交易通常会发生成本,因为商品合约要设定交割的形式和地点,比如铜的合约规定用于交割铜块的纯度、形状和仓库地址等。在远期合约定价中,运输、储藏和保险都是影响因素。

（五）股票价格风险

股票价格风险是指金融机构在一段时期持有的股票等有价证券或期货等金融衍生品因其价格发生不利变动,给金融机构带来未预期损失的市场风险。由于造成股票价格的波动既有宏观经济的因素,又有许多行业中观、企业微观等因素。相对于汇率和利率的波动来说,股票等有价证券的价格变动更难寻找规律,也不易被金融机构风险管理者察觉。

第二节　市场风险管理的核心：风险价值

一、传统市场量化工具简介

随着以银行为主的金融机构的不断发展,尤其是在金融自由化、全球化、融资证券化等发展趋势中,金融风险管理者不再仅仅将目光局限于银行账户下的信用风险,对交易账户乃至银行账户下的市场风险,尤其是利率风险和汇率风险均给予了高度的重视。

第四章　市场风险管理

幸运的是,相对于其他风险而言,市场风险的度量工具相对比较丰富且数据基础较好。而在众多的市场风险度量工具中,传统的市场风险管理工具里既有价格灵敏度测度指标,如久期和凸性,也有计算资产收益分布的波动性指标,如标准差和方差这种基本可适用于多种市场风险的通用计量方法,还有针对特定金融产品的市场风险的计量方法,如希腊字母体系,如 delta、gamma、rho、theta 等。这些量化工具经过了近一百年的发展,已得到了理论界和实务界的高度认可,在风险管理者及交易员手中焕发着历久弥新的活力。

但是,随着可以市场化的资产结构变得越来越复杂,以及市场形式的发展,使得传统的风险管理技术的局限性日益暴露出来,主要体现在以下几个方面。

(1)由于不能汇总不同市场因子、不同金融机构的风险敞口,传统风险量化技术无法适用于在市场风险管理和控制中具有核心作用的中台和后台,无法帮助其全面了解业务部门和金融机构所面临的整体风险,这一点对于需要并表计算的跨国金融机构而言更是严峻挑战,以致无法展开有效的风险控制和风险限额设定。

(2)传统风险量化技术不可能给出一定数量的损失发生概率,在这种情况下,交易者或风险管理者只能根据自身经验来进一步判断每天某种损失发生的可能性。

(3)传统风险量化技术无法量化金融交易中普遍的、由类型不同的资产构成的整个资产组合的风险。

(4)传统风险量化技术在量化风险时,无法考虑投资组合的风险分散效应。

可以说,在传统风险量化技术的使用中,风险管理者同时既是微观的科学家又是宏观的艺术家,对于风险管理经理的资质要求极高。换言之,挑战也是极大的。在这种情况下,对于风险一致性度量的需求一直都是非常迫切的。

二、风险价值 VaR 概念的提出

风险价值 VaR 是一种能够全面量化复杂投资组合风险的方法,它可以解决传统风险量化技术所不能解决的问题。VaR 方法是由 J. P. 摩根公司率先于 1993 年提出的,含义是"处在风险中的价值",简称"风险价值",是指在市场的正常波动条件下,某一金融资产或投资组合在未来特定的一段时间内(1 天、1 周或 10 天等)和一定的置信水平(如 95%、99% 等)下可能发生的最大损失。其表达式为:

$$\text{Prob}(\triangle P > \text{VaR}) = 1 - \alpha$$

上述表达式中，$\triangle P$ 表示投资组合在持有期 $\triangle t$ 内的损失；VaR 为在置信水平 α 下处于风险中的价值。

例如，某项资产组合的风险敞口在 95% 的置信水平下，每日 VaR 值为 100 万元，即意味着在市场未发生异常波动的情况下，在 100 个交易日中，该资产组合的日实际损失超过 100 万元的情况最多只有 5 天，或者说，我们有 95% 的把握在未来一天中该项资产组合损失不会超过 100 万元。这里 5% 的概率反映了金融资产管理者的风险厌恶程度，可根据不同的投资者对风险的偏好程度和承受能力来确定。

应该注意到，在 VaR 定义中，有两个重要的参数：持有期和置信水平。任何 VaR 只有在给定这两个参数的情况下才具有意义。另外，观察期间（observation period）也是非常重要的一个参数。

持有期用于确定计算 VaR 的时间周期。由于波动性和时间长度呈正相关，一般 VaR 会随着持有期的增加而增加。通常的持有期有一天、一周、两周、一个月或更长。一般来讲，金融机构使用的最短持有期是一天，但理论上可以使用小于一天的持有期。

选择持有期时，往往需要考虑以下 4 种因素。

（一）头寸的可调整性

在实际的金融活动中，投资管理者会根据市场状况对其头寸和组合进行不断调整。如果某一种头寸不断地出现发生损失的情况，管理者会把这种头寸调整为其他头寸。例如，在熊市中，资产管理者往往会将股票头寸调整为债券、货币市场工具等头寸，而随着持有期越长，投资管理者改变组合中头寸的可能性也就越大。在 VaR 计算中，往往假定在给定持有期中组合的头寸保持不变，因此，持有期越短越容易满足组合头寸保持不变的假定。

（二）收益的分布特性

在计算 VaR 时，最通常的做法是假定收益呈正态分布。金融经济学的实证研究表明，时间跨度越短，实际的收益分布越接近正态分布。因此选择较短的持有期更符合收益呈正态分布的假设。时间跨度过长，则可能展现出不同的分布形态。

（三）金融市场的流动性

影响持有期选择的第一个因素是金融机构所处的金融市场的流动性。在不考虑其他因素的情况下，如果交易头寸能够快速流动，则可以选

第四章　市场风险管理

择较短的持有期；如果流动性较差，由于交易时确定交易对手的时间较长，则选择较长的持有期更加合适。一般情况下，金融机构大多在多个市场上同时持有各种头寸，而在不同市场上达成交易的时间差别往往很大。这样，金融机构很难选择一个能最好反映交易时间的持有期。实务中，金融机构往往根据资产组合中比重最大的头寸的流动性来确定持有期。

（四）数据及信息的限制

VaR 的计算往往需要大量不同资产收益的历史样本数据，以估计收益率的方差和波动性。选择的持有期越长，所需数据的历史时间跨度越长，获取该时间跨度一直存在的数据的难度也就越大。因此，VaR 计算的数据样本量要求表明，持有期越短，得到大量样本数据的可能性越大。

置信区间也称"置信水平"，对其选择主要依赖对 VaR 模型验证的需要、内部风险资本需求、外部监管要求以及在不同机构之间进行比较的需要。同时，正态分布或其他一些具有较好分布特征的分布形式（如 student-t 分布）也会影响置信区间的选择。

当考虑 VaR 的有效性时，需要选择较低的置信水平；而内部风险资本需求和外部监管要求则需要选择较高的置信水平。此外，对于统计和比较的目的，则需要选择中等或较高的置信水平。

观察期间是对给定持有期限的回报的波动性和关联性考察的整体时间长度，是整个数据选取的时间范围，有时又称数据窗口（data window）。例如，选择在未来 6 个月或是 1 年的观察期间内，考察某资产组合每周回报率的波动性（风险）。这种选择要在历史数据的可能性和市场发生结构性变化的危险之间进行权衡。

为克服商业循环等周期性变化的影响，我们希望历史数据越长越好，但是时间越长，收购兼并等市场结构性变化的可能性越大，历史数据因而越难以反映现实和未来的情况。巴塞尔银行监管委员会目前要求的观察期间为 1 年。

VaR 的计算有历史模拟法（historical simulation method）、德尔塔正态法（Delta normal method）和蒙特卡洛（Monte Carlo）方法。

三、风险价值 VaR 的意义

VaR 一经推出后便受到三十人集团（Group of Thirty）的重视，其简洁的定义和直观的风险描述，已经广泛地应用于金融监管机构和金融机构。近几年来，VaR 已经成为金融界和金融数学界研究的热门课题。

在 VaR 的基础上，基于 VaR 具有非凸性和多极值等不利特性，又出现了条件 VaR,记为 CVaR（Conditional Value at Risk）,其含义为投资组合在一定的持有期内、给定的置信水平下超出 VaR 部分损失的平均值,它是对组合价值超过 VaR 损失的一致性度量。由于 CVaR 具有许多优于 VaR 的数学性质,目前已成为风险管理和控制研究的一个热点。

VaR 之所以具有吸引力是因为它把银行的全部风险概括为一个简单的数字并以价值计量单位来表示风险管理的核心——潜在亏损。这对计量经济资本,对金融机构的风险进行管理是具有非常重要的意义的。

（一）VaR 的优点

VaR 的优点主要体现在以下几个方面。

（1）确定必要资本及提供监管依据。VaR 为确定抵御市场风险的必要资本量提供了科学的依据,使金融机构资本安排建立在精确的风险价值基础上,也为金融监管机构监控银行的资本充足率提供了科学、统一、公平的标准。VaR 适用于综合计量包括利率风险、汇率风险、股票风险以及商品价格风险和衍生金融工具风险在内的各种市场风险。因此,这使得金融机构用一个具体的指标数值（VaR）就可以概括地反映整个金融机构或投资组合的风险状况,大大方便了金融机构各业务部门对有关风险信息的交流,也方便了机构最高管理层随时掌握机构的整体风险状况,因而非常有利于金融机构对风险的统一管理。同时,监管机构也得以对该金融机构的市场风险资本充足率提出统一要求。

（2）可以事前计算,降低市场风险。不像以往风险管理的方法都是在事后计量风险大小,VaR 模型不仅能计算单个金融工具的风险,还能计算由多个金融工具组成的投资组合风险。综合考虑风险与收益因素,选择承担一定水平风险下能带来最大收益的组合,具有较高的经营业绩。

（3）VaR 模型测量风险简洁明了,统一了风险计量标准,管理者和投资者较容易理解掌握。风险的测量是建立在概率论与数理统计的基础之上,既具有很强的科学性,又表现出方法操作上的简便性。同时,VaR 改变了在不同金融市场缺乏风险统一度量,使不同术语（如基点现值、现有头寸等）具有统一的比较标准,使不同行业的人在探讨其市场风险时有共同的语言。

另外,有了统一标准后,金融机构可以定期测算 VaR 值并予以公布,增强了市场透明度,有助于提高投资者对市场的把握程度,增强投资者的投资信心,稳定金融市场。

（二）VaR 的应用

VaR 在风险管理中的应用主要体现在以下几个方面。

1. 估算风险性资本

以 VaR 来估算投资者面临市场风险时所需的适量资本,风险资本的要求是国际清算银行对金融监管的基本要求,其中 VaR 值被视为投资者所面临的最大可接受(可承担)的损失金额,若发生时须以自有资本来支付,防止公司发生无法支付的情况。

2. 用于业绩评估

在金融投资中,高收益总是伴随着高风险,交易员可能不惜冒巨大的风险去追逐巨额利润。公司出于稳健经营的需要,必须对交易员可能出现的过度投机行为进行限制。所以,有必要引入考虑风险因素的业绩评价指标。

3. 用于风险控制

目前已有超过 1 000 家银行、保险公司、投资基金、养老金基金以及非金融公司采用 VaR 方法作为金融衍生工具风险管理的手段。利用 VaR 方法进行风险控制,可以使每个交易员或交易单位都能确切地了解他们在进行多大风险的金融交易,风险管理者可以将这些交易的风险简明清晰地与董事会、高管层沟通,并且可以为每个交易员或交易单位设置 VaR 限额,以防止过度投机行为的出现。事实上,如果执行了严格的 VaR 管理,一些金融交易的重大亏损也许就可以完全避免。

第三节　金融机构市场风险管理

一、以银行为主的金融机构市场风险管理基本流程

真正理解市场风险要点,是 20 世纪 60 年代初资产组合理论和 20 世纪 70 年代期权定价模型的发展,它使人们开始了解市场风险因素分析,并逐渐奠定了风险价值模型的基础。

市场风险在大多数银行风险敞口中仅占很小的比例,在数量上无法与信用风险敞口相提并论。不过从发展趋势来看,银行参与市场交易活动日益增多,银行在从事传统存贷款业务的同时,又涉入新兴金融业务。在混业经营中,越来越多的银行开始涉足债券市场、期货市场、股票市场,

这使银行面临着市场利率、外汇汇率、商品价格、股票价格不利变化导致损失的风险。银行交易头寸对金融市场变化敏感性增加,市场风险也日益增加。

银行账户以结构性市场风险为主体,主要是利率风险、汇率风险和流动性风险;交易账户以交易性市场风险为主体,主要是利率风险、汇率风险、股价风险以及商品风险。银行账户和交易账户中的利率风险、汇率风险在驱动因素上基本一致,所以按驱动因素导致的风险将利率风险细分为基差风险、重新定价风险、收益曲线风险以及期权风险等;将汇率风险细分为交易风险、折算风险、经济风险或经营风险等。市场风险分类示意图如图4-1所示。

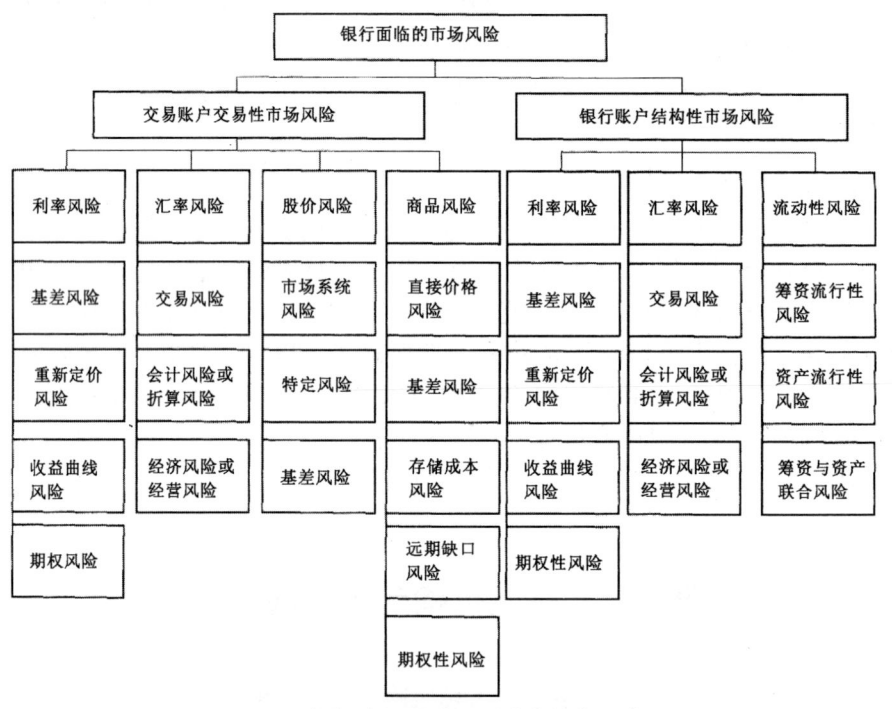

图 4-1 银行市场风险识别分类结构示意图

注:(资料来源:王勇、隋鹏达、关晶奇,2014)

银行家必须实施定性和定量相结合的方式来管理市场风险。定性管理应在董事会和高级管理层监督指导之下,建立完善的治理机制、组织结构、政策程序、管理流程、信息报告、内审流程等,主要集中在以下6个方面。

(1)建立健全与时俱进的市场风险管理政策和程序。

(2)建立适应业务性质和流程的市场风险组织架构。

（3）建立内部市场风险监督审核机制和对外信息披露机制。

（4）建立高素质市场风险管理队伍。

（5）确立由董事会主导的统一的市场风险管理理念。

（6）明晰市场风险报告路径、报告频率和反馈机制。

一般来说，市场风险定量管理包括以下5个步骤。

第一步：收集全部交易数据记录。

第二步：汇总交易记录形成交易组合。

第三步：将决定组合价值的因子分解成基本潜在的风险因子。

第四步：用相关风险因子的现行市价为分解后的资产组合定价并确定组合收益。

第五步：通过运用一套模拟市场价格对资产组合进行重新定价来计量风险大小。

银行所承担的市场风险应与资本实力相匹配。市场风险内部计量模型必须整合到业务管理流程中，参照内部模型和风险计量系统结果，结合管理经验，才能适时进行科学决策。

（一）确定市场风险预算

市场风险预算是指董事会及高级管理层所确定的对于收入和一个给定时期内（通常为1年）由市场风险所带来的资本损失的承受程度。风险预算分为以下两种类型。

（1）头寸约束。用于对未来市场价格不利变动所导致的潜在损失进行控制，这类市场风险控制政策就是头寸限额政策。

（2）止损约束。它控制由于盯市规则产生的现有头寸相对于基准组合的累积损失。

这两种类型对于把损失限制在确定水平上（风险预算）都很必要。

风险总预算通过设定止损约束来实现。影响风险预算分配的因素主要包括以下几个方面。

（1）这些风险相关性如何？

（2）预期一年当中如何利用这些风险？

（3）资产组合中的最显著市场风险是什么？

一般来说，来自不同市场和风险承担者的风险头寸并非完全相关，并且单个止损约束总和可能超过风险预算。为了与止损约束保持一致，需要经常对业绩进行评估。业绩评估是对风险预算使用以及是否与止损约束一致进行监督的关键数据。但是，头寸约束的功能是对价格和回报率发生的不利变化所导致的潜在损失进行限制。

（二）设置市场风险限额

市场风险限额是根据业务性质、规模、复杂程度和风险承受能力，按照各类和各级限额的内部审批程序和操作规程，定期审查和更新的交易限额、风险限额、止损限额等，并且可以按地区、业务单元、资产组合、金融工具和风险类别进行分解。银行应根据不同限额控制风险的作用及其局限性，建立不同类型、不同层次、相互补充的限额体系，有效控制市场风险，银行总的市场风险限额以及限额种类、结构应由董事会批准。

用于限额控制的数据必须符合以下4个标准。

（1）数据必须与银行的正式记录保持一致，以确保统一性。

（2）数据来源必须独立于交易前台部门。

（3）数据的形式必须能使风险得到准确的计量，如采用VaR的形式。

（4）代入模型的数据必须是合并后的数据。

设置风险限额体系应考虑以下8个基本要素。

（1）交易业务性质、规模和复杂程度。

（2）业务经营部门的既往业绩。

（3）银行自身资本实力和能承担的市场风险水平。

（4）定价、估值及市场风险计量系统。

（5）工作人员专业水平和从业经验。

（6）压力测试结果。

（7）外部市场发展变化情况。

（8）银行内部控制水平。

设置市场风险限额是按程序完成9个基本步骤，包括风险战略设定、风险概念定义、预算分配止损限额、风险分析计量方法、风险评估限额设定、风险报告路径设定、风险限额监控、定期检查、事件调整等。

银行应设置一级限额和二级限额，一级限额应包括对每类资产适用的风险价值限额以及压力测试限额和最高限额下的累计损失；二级限额应包括已审批的市场/货币工具限额。

金融交易单元与风险管理单元应充分了解并确认每种金融产品的价格风险特征因素。风险管理人员应尽可能明确所有会产生价格风险的市场因素，并定期确认金融工具评估公式的正确性与适用性。金融产品交易中带来价格风险的市场因素，见表4-1。

第四章 市场风险管理

表4-1 影响金融产品交易价格变动的市场因素

产品/市场因素	汇率	本国利率	国外利率	利率波动性	汇率波动性
即期外汇	√				
远期外汇	√	√	√		
货币市场		√			
债券市场		√			
远期利率协议		√			
互换		√			
交叉货币交换	√	√	√		
汇率期权	√	√	√		√
利率期权		√		√	
利率期货		√			
互换期权		√		√	
债券期权		√		√	
国外交易	√	√	√		

注：（资料来源：王勇、隋鹏达、关晶奇，2014）

不论哪种金融产品，价格风险量化指标主要有以下两项。

（1）最高潜在损失，即金融工具或投资组合在特定期间内在一定置信度下可能出现的最大损失额。

（2）价格因素敏感度，即市场因素变动一单位，金融工具或投资组合价值会有多大幅度的变化。

二、以银行为主的金融机构市场风险计量基本方法

（一）市场风险识别的基本方法

银行对每项业务和产品的市场风险因素进行分解，及时、准确地识别所有交易和非交易业务中市场风险的类别和性质。识别市场风险方法主要有以下几种。

1. 人工神经网络法

人工神经网络（Artificial Neural Network，ANN）是在现代神经生物学研究成果的基础上发展起来的一种基于模拟生物大脑的结构和功能而构成的信息处理系统。它不但具有处理数值数据的一般计算能力，而且还具有处理知识的思维、学习和记忆能力。其信息处理的过程可以看成是从输入空间到输出空间的一个非线性映射，通过调整权重和阈值来"学习"或发现变量之间的关系，实现对事物的分类，有效解决非正态分布、

非线性的风险评估问题。

人工神经网络是由大量简单的处理单元广泛连接组成的复杂网络，每个神经元可以看作是神经网络的基本运算单元，它以非线性的方式对信息进行处理，而整个神经网络的信息处理也都是通过这些神经元之间的相互作用而实现。人工神经元模型如图 4-2 所示。

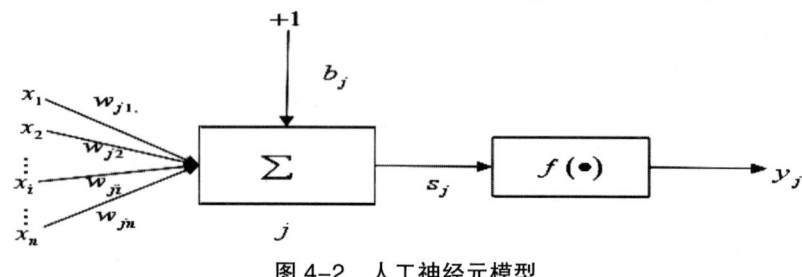

图 4-2　人工神经元模型

注：（资料来源：翟万里，2013）

图 4-2 中第 j 个神经元（节点）模仿了生物神经元所具有的 3 个最基本也最重要的功能：加权、求和与转移。其中 x_1、$x_2 \cdots x_i \cdots x_n$ 分别代表来自神经元 $1,2 \cdots i \cdots n$ 的输入；$w_{j1} w_{j2} \cdots w_{ji} \cdots w_{jn}$ 则分别表示神经元 $1,2 \cdots i \cdots n$ 与第 j 个神经元的连接强度，即权值；j_b 是阀值，主要对神经元的输入输出进行调节；$f(\cdot)$ 是传递函数；y_j 是第 j 个神经元的输出。其中，第 j 个神经元的净输入值 s_j 为：

$$s = \sum_{i}^{n} w_{ji} * x_i + b_j = W_j X + b_j$$

净输入 s_j 通过传递函数 $f(\cdot)$ 后，便得到第 j 个神经元的输出：

$$y_j: \quad y_j = f(s_j) = f\left(\sum_{i=0}^{n} w_{ji} * x_i + b_j\right) = F(W_j X)$$

同生物元细胞具有的信息承载限度一样，人工神经元的传递的信号亦不能无限增加，必有一最大值，公式中 $f(\cdot)$ 应是单调上升的有界函数。

人工神经网络的运算过程具有学习和工作两个阶段。在学习阶段，将要教给神经网络的信息作为输入、预期目标作为输出来训练网络，使网络参数（包括权值、阈值等）调整到最佳。在工作阶段，对于已经训练好的神经网络，网络参数不变，将一组新的样本作为输入变量输入到网络中，通过运用神经网络已获得的运算规则进行处理，得到相应的输出结果。同时，人工神经网络在学习过程中具有自学习与自适应能力，能够朝着误差减少的方向，逐步改变各层次神经元的权重值，以适应周围环境的要求。通常情况下，神经网络具有两种不同的学习训练方式，一种是有导师的学习算法，主要利用给定的样本标准来调整各神经元的权值系数，以

第四章 市场风险管理

达到对样本数据进行分类或模仿的目的;另一种是无导师的学习算法,只规定学习方式或学习规则,具体的学习内容随输入信号不同而不同,系统能自动发现并学习和储存环境特征及规律,可以自动地调整连接权值,以便对输入样本分组聚集,这种学习方法更接近于人脑的功能。

人工神经网络法是应用神经网络技术分析识别市场风险。神经网络模型是自有分布,特别是当变量从未知分布中取出且和协方差结构不相等时,神经网络能够提供良好的分类准确性。变量之间存在微妙关系,如同数据不连续或不完全一样,均可被系统识别并生成定性评估。具有自适应功能,能够处理那些有噪声或不完全的数据,具有泛化功能和很强的容错能力。概括来说,人工神经网络法的特点主要体现在以下几个方面。

(1)具有极强的非线性映射能力。神经网络的运算过程实质上是实现从输入层到输出层的映射功能,理论上,对于具有足够多隐含层神经元的三层及以上的人工神经网络,具有实现任何复杂的非线性映射的能力,这使得它特别适合于求解内部机制复杂的问题。

(2)强大的计算、处理实际问题的能力。它运用分布并行的信息处理方式,对信息的提取采用联想记忆的方法,能充分调动全部的相关神经元,具有对外界刺激和输入信息进行联想记忆的功能。通过"有导师"的学习方式,对学习样本的规则进行自适应训练并储存记忆规则,当新的无规则样本加入时,该模型可以从不完整的信息和噪声干扰中运用事先储存的规则对样本信息进行联想记忆,实现完整的原始信息的恢复,具有良好的容错性以及较强的抗干扰能力。特别适合内容庞杂、特征不明显的复杂模式的识别问题。

(3)较强的样本识别与分类能力。强大的非线性处理能力,使神经网络能够很好地处理非线性样本的数据分类。作为一个非线性优化算法,神经网络具有强大的优化计算能力,它可以在已知的约束条件下,寻找一组参数组合,使目标函数快速达到极小值。

(4)良好的泛化能力。神经网络采用全局逼近的学习算法,具有较好的泛化能力。经过训练后的网络,运行速度极快,可对相似的问题进行实时处理。

2. 流程图法

流程图法(flow charts method),是按照业务活动的内在逻辑关系将整个业务活动过程绘制成流程图,并借此辨识金融风险的方法。根据业务活动的不同内容、不同特征及其复杂程度,可以将风险主体的业务活动绘制成不同类型的流程图,如按照业务内容可以绘成生产流程图、销售流程图、会计流程图、放贷流程图等。一般地,风险主体的规模越大、业务活动越复杂,流程图分析就越具有优势。

概括地说,流程图法的应用步骤主要包括以下 4 个方面。

(1)分析业务活动之间的逻辑关系。

(2)绘制流程图。当分析对象涉及多个子流程时,可以先绘制各个子流程,再组成综合流程图。

(3)对流程图做出解释。流程图本身只能反映生产、经营过程的逻辑关系,在实际应用时还需要对流程图做进一步的解释、剖析,并编制流程图解释表。

(4)风险辨识。风险管理部门通过察看流程图及其解释表,识别流程中各个环节可能发生的风险以及导致风险的原因和后果。

流程图法的最大优点是能把一个复杂问题分解成若干个较为简单明了、易于识别和分析的单元。以金融机构为例,风险管理人员可以借助于流程图法将较为复杂的财务会计流程、放贷流程分解成一个个简单、易于分析和识别金融风险及其影响范围的单元。

当然,流程图法在金融风险辨识方面同样存在缺陷。

第一,绘制流程图往往需要耗费大量的人力、物力和时间。

第二,要准确绘制流程图,需要绘图人员充分了解和把握业务活动之间的逻辑关系以及业务流程的各个阶段,并具有抽象、概括、提炼主要流程的能力,这对绘图人员来说其实并非想象的那样简单。

第三,由于一些业务流程非常复杂,这可能导致流程图的绘制很难把握或顾及所有细节,而流程图绘制过程中的任何疏漏和错误又有可能导致金融风险辨识时出现不准确、不全面的情况。

图 4-3 是中国农业银行某市支行绘制的放贷流程图。从图中可以看出,放贷流程中任一环节如果出现调查数据不真实或分析不准确等情况,都可能导致之后的程序分析结果出现差错。例如,如果对企业所在行业前景分析失误,那么后续工作都将无效,这既耗费了风险管理成本,又使得银行面临决策风险和信贷风险。

3. 因子分析法

因子分析法又叫"因素分析法",是 20 世纪心理学领域开发的一种多变量统计技术,主要目的是将一群相关变量浓缩减少成相互独立的因素,以较少维度代表原先的资料结构,且能够保存原来资料结构的大部分信息。在资产定价过程中常用的套利定价理论(Arbitrage Pricing Theory,APT)的原理即基于此。

因子分析法起源于 20 世纪初,它的根本目的就是用少数几个因子去描述许多因素或指标之间的联系,核心思想在于把几个密切相关的变量归在同一类中,每一类变量就成为一个公因子,用最少的相互独立的因子来反映原有变量的绝大部分信息。

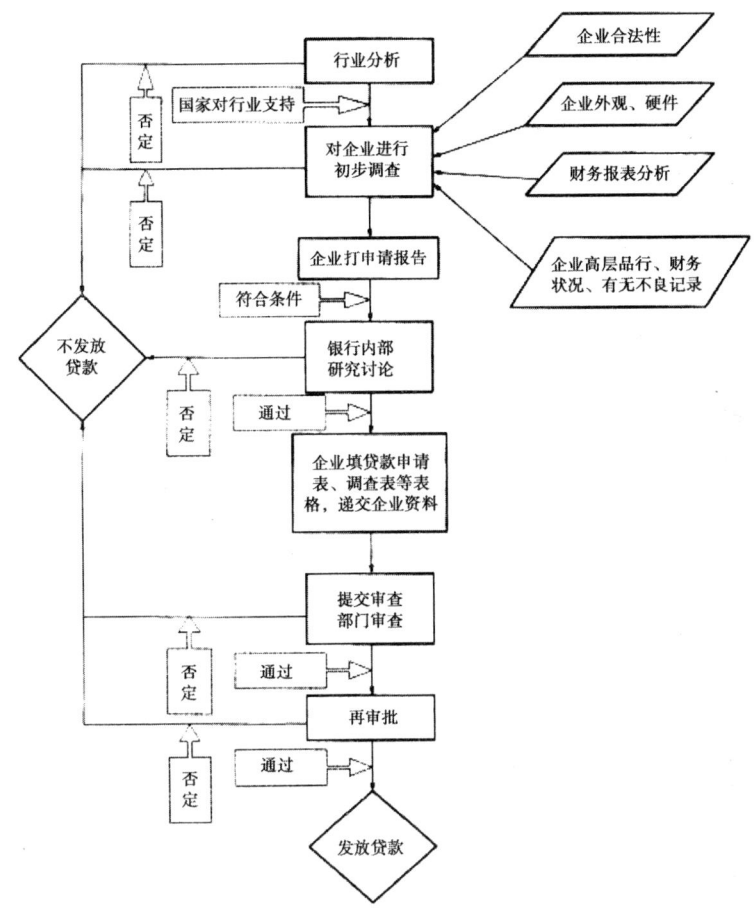

图 4-3 中国农业银行某市支行对企业发放贷款的流程图

注:(资料来源:张金清,2009)

通常,因子分析法中的因子具有3个特点。

(1)因子的个数小于原有变量的个数。从众多的原有变量中提取出少数几个公因子后,因子分析过程中的计算量便缩减了。

(2)提取出的公因子反映了原始变量的绝大部分信息。在提取公因子时,是对原有的变量用特定的方式进行重组,而不是对原有的变量进行简单的取舍,所以不会大量丢失原有变量的信息。

(3)提取出来的因子之间的线性关系不显著。在进行因子分析时,提取出来的公因子之间的线性关系比较弱,就不会存在评价体系中变量之间有多重共线性的问题。

因子分析主要是用较少的不相关的变量代替众多的原始变量,把原始变量中多余的或者高度相关的变量去除掉。因子分析法在解决问题时有很多种提取因子的方法,比较常用的一种是主成分法提取因子,即根据变量对方差的解释程度来不断地选择公因子,而且要保证公因子之间没有相关性,直到选择出的公因子的数目和原始数据中变量的个数相同。但是在实际应用时,几个公因子就基本能够解释绝大部分的方差变动,那么也就会用这几个公因子来代替原始变量。

因子分析法的优点就体现在,因子分析法在提取公因子的时候,遵循了原始数据信息丢失最少的原则,在不损失对于问题解释有效性的基础上大大简化了分析工作。更关键的一点是,因子分析法对于各个公因子赋予了客观的权重,克服了一般分析方法中主观赋权造成分析结果有失公允的缺陷。在因子分析法中,公因子的方差贡献率大的,被赋予的权重就相对较大,方差贡献率较小的,被赋予的权重就相对较小,从而增强了因子分析结果的科学性。还有,随着现代计算机技术的高速发展和普及,因子分析的整个过程都可利用计算机来进行,这样,不仅减轻了很多工作量,节省了大量的数据计算时间,也提高了计算结果的准确度。这个优点使因子分析法的利用领域大大拓展。

4. 专家调查法

专家调查法(method of specialist investigation),主要是利用专家的集体智慧辨识金融风险的方法。专家调查法主要包括头脑风暴法(brainstorming method)和德尔菲法(Delphi method)。

(1)头脑风暴法。头脑风暴法最早由 Alex F. Osborn 于 1939 年提出,是一种刺激创造性、产生新思想的技术。应用头脑风暴法的一般步骤是:先召集有关人员构成一个小组,然后以会议的方式展开讨论。该法的理论依据是群体智慧多于个体智慧,最主要的特点是尽量避免成员间的批评,最大限度地展现智慧以及相互刺激和启发,以提出创造性的想法、主意和方案。

一般情况下,头脑风暴法小组开会的人数不宜太多,少则五六人,多则十来人,以便让与会者都有充分发表意见的机会,如果想多听意见也可以分组讨论。会议时间不要太长,以免令人疲倦、厌烦而不能实现预期效果。

头脑风暴法适合于问题单纯、目标明确的情况。如果问题牵扯面太广、包含的因素太多,可先将问题分解,再实施头脑风暴法。

头脑风暴法的优点是比较容易获得结果,而且节省时间,所以运用广泛。但与此同时,目前也有大量研究表明,头脑风暴法可能由于某些原

第四章　市场风险管理

因反而会阻碍一些创造性的思考,从而导致"生产力损失"。Diehl等人(1987)指出有3个原因可能导致"生产力损失":一是"评价焦虑",小组参与者可能由于担心别人的评价而不能充分表达自己的想法;二是"搭便车",由于在集体工作中每个人的责任比起单独工作时小,所以就会付出更小的努力;三是"产出阻碍",倾听别人发言会妨碍自己的思考,从而阻碍了想法的产生。Mullen等人(1991)的研究表明,权威人物在场会进一步加大"生产力损失"。

(2)德尔菲法。德尔菲法由美国著名的咨询机构兰德公司发明,最早用于军事领域的预测。当时美国空军委托该公司研究一个典型的风险辨识课题:若苏联对美国发动核袭击,其袭击的目标会选择在什么地方?后果会怎样?由于这种问题很难用数学模型进行精确计算,于是兰德公司提出了一种规定程序的专家调查法,当时为了保密而以古希腊阿波罗神殿所在地德尔菲命名,即称为"德尔菲法"。

应用德尔菲法的一般程序如下。

第一步,把一组具有特别形式、非常明确、用笔和纸可以回答的问题以通讯的方式寄给专家,或在某会议上发给专家,问题的条目可由组织者、参加者或双方共同确定。

第二步,对专家进行多轮反复问询,每一次问询后都要对每个问题的专家反馈意见进行统计汇总,包括计量中位值和一些离散度数值,甚至需要给出全部回答的概率分布,等等。

第三步,根据统计结果及时调整前述问题中不合理的成分,把调整后的问题和汇总意见匿名发给各位专家,对于偏离大多数人意见一定程度的回答者,将被请求更正其回答或陈述理由。

第四步,随着对每个问题一次又一次的反复问询、反馈、更正等过程,从专家处可获得的信息量将越来越少,组织者可视具体情况确定何时停止反复。

德尔菲法用于风险辨识和分析时,需要注意下列问题。

第一,采取匿名制,避免所邀请的专家相互知道对方。

第二,避免个人权威、资历、压力,尤其是主持人或组织者的倾向性意见等因素的影响。

第三,应按合理的次序和方式将问题集中列好,以引起专家的兴趣和注意力。

第四,尽量避免所提问题出现交叉和组合的情况。例如,如果一个问题包含两方面内容,一方面是专家同意的,而另一方面是专家不同意的,这时专家就难以做出正确判断和回答。

第五,应控制问题的数量,一般认为 20～25 个为宜,过多的问题不仅排列困难,也容易引起交叉和组合。

第六,应对结论进行反复分析、验证,这是因为若问题提问、排列、回答的方式不同,对专家反馈意见的统计整理方法有差异,则对应的结论就会有所不同。

与传统的圆桌会议、头脑风暴法或仅遵循某一个人的意见相比,运用德尔菲法所得结论的准确度和可信度会更高一些,而且既可以避免各个专家之间的直接冲突或相互影响,又能引导他们进行独立思考,从而有助于逐渐形成一种统一意见。如果实验的目的是量化估计,即使开始时各个专家的意见不一,但随着实验的反复进行,专家们的意见也将由于经过反复表格化、符号化、数字化的科学处理而逐渐达到统一,并便于统计分析。

但是,德尔菲法也存在很多缺点。

首先,选择合适的专家是准确运用德尔菲法的关键,但这并不容易解决。

其次,正如 Mehr(1970)等人指出的一样,德尔菲法不能完全消除问题陈述的模糊性、专家经验的不确定性以及专家可能下意识或故意给出带偏见的答案等。

此外,田军(2004)等人的观点也值得注意。

第一,德尔菲法通过"专家意见形成—统计反馈—意见调整"这样一个多次与专家交互的循环过程可能会使专家将自己的意见调整到有利于统计分析的方向,从而削弱了专家原有见解的独立性。

第二,德尔菲法对群体意见的一致性缺乏判断标准。

第三,对集成结果缺乏可信的测度,从而难以检测集成结果的可靠度。

第四,应用德尔菲法时一般需要经过四到五轮的调查统计,过程烦杂,所以存在最后结论不收敛的风险。

5. 聚类分析法

聚类就是把一组个体按照相似性归成若干类别。它是一种常见的数据分析工具,是将一个包含一些抽象的和物理的对象的集合,分组成多个类的过程,所谓的类,就是类似。

聚类分析是研究数据间逻辑上或物理上的相互关系的技术,它通过一定的规则将数据集划分为在性质上相似的数据点构成的若干个类。聚类分析的结果不仅可以揭示数据间的内在联系与区别,同时也为进一步的数据分析与知识发现提供了重要的依据,如数据间的关联规则,分类模式以及数据的变化趋势等。

一般来说,聚类分析方法主要包括以下几种。

(1)层次聚类方法。层次聚类方法是对给定的数据对象集合进行层次的分解。分为两类,自底向上的方法和自顶向下的方法也可以称为凝聚和分裂。自底向上的方法是一开始将每个所要研究的对象作为单独的一个小组,然后进行合并相近或者相类似的对象或小组,一直到所有的组合并为一个层次或者达到一个终止条件为止。自顶向下的方法是一开始将所有的所要研究的对象归并至一个簇中,然后进行迭代,在迭代的每一步中,每一个簇都会被分裂为更小的簇,一直到最终每个研究对象在单独的一个簇中或者达到一个终止条件为止。

(2)划分聚类方法。划分聚类方法首先给定一个数据库,然后进行划分,划分方法的构建是依靠数据的划分,每个划分表示一个聚类簇,可以在划分区间移动来改进对象的划分。划分不是有固定模式的,而是要应用适合的数据挖掘方法,选择对的方法就可以划分出一个好的划分,一个好的划分都是依据一个原理,那就是在不同类中的对象之间尽可能远离或不同,同一个类中的对象之间尽可能接近或相关。

(3)基于密度的聚类方法。基于密度的聚类方法是要邻近区域的密度值,即对象或者是数据点的数目,如果超出某个值就继续聚类。简单地说,也就是在一个给定的区域范围中对给定类中的每个数据点进行聚类,但是数据点必须包含一定数目的点,这样的方法可以用来除去噪音数据以及孤立点数据。

(4)模糊聚类方法。模糊聚类方法利用模糊集理论来处理分类问题,它对经济领域中具有模糊特征的两态数据或多态数据具有明显的分类效果。适用于数据属性多、杂、没有具体的衡量数据量化的属性,也就是说属性较为模糊。

(5)基于模型的聚类方法。基于模型的聚类方法是通过构建数据点空间分布,然后反映其空间分布的密度,运用函数,最后来定位聚类的。每个簇就可以假定一个模型,要做的工作就是寻找对给定模型的数据最佳拟合。

(6)基于网格的聚类方法。首先,基于网格的聚类必须在一个网格结构中,即量化后的一个空间上进行,把研究的对象空间量化为有限个数目的单元格,最终形成一个网格结构。

6.幕景分析法

幕景分析法(method of scenarios analysis)也称为"情景分析法",是一种辨识引致风险的关键因素及其影响程度的方法。一个幕景就是对拟要考察的风险主体未来某种状态的描绘,这种描绘可通过图表或曲线等形式表现出来。

幕景分析的结果大致可分为两类:一类是对未来某种状态的描述;另一类是对未来某个发展过程或者说未来若干年某种情况变化链的描述。

幕景分析方法的操作过程为:先利用有关数据、曲线与图表等资料对未来状态进行描述,以便于考察引起有关风险的关键因素及其影响程度,然后再研究当某些因素发生变化时,又将出现何种风险以及将导致何种损失与后果。

幕景分析主要包括情景构造和情景评估。情景构造是情景分析的基础,主要方法包括历史模拟情景法、典型情景法和假设特殊事件法。情景评估是指完成情景构造后,评估该情景的发生对资产组合价值变化的影响和后果。在具体应用幕景分析法进行风险辨识时通常需要经历筛选、监测和诊断过程。筛选是依据某种程序将具有潜在危险的产品、过程、现象或个人进行分类选择的风险辨识过程;监测是针对某种险情及其后果,对产品、过程、现象或个人进行观测、记录和分析的显示过程;而诊断则是根据症状或其后果与可能的起因之间的关系进行观测、评价和判断,以发现可疑的起因并对症下药。在实际应用中,筛选、监测和诊断是紧密相连的。

幕景分析法可以扩展决策者的视野,使决策者能充分考虑不利情景的影响,重视评估偶然事件,特别是极端事件的危害。在金融风险管理中,压力试验方法就是常用的一种可测定极端事件风险的幕景分析法。

幕景分析的主要优点在于可以识别和测定资产组合所面临的最大可能损失。其主要缺陷可从幕景分析的操作过程和结果来观察:从操作过程来看,该方法的实施效果很大程度上依赖于有效情景的构造和选择,而有效情景的构造和选择需要良好的判断能力、丰富的经验和技巧,这在面临多变量和复杂情况时尤为突出,所以有效情景的构造和选择通常比较困难;从结果来看,情景分析不能给出不同情景实际发生的可能性,只是指出了特定情景产生的损失大小。

另外,一些学者还对该法指出了其他方面的一些不足。马克·洛尔(2002)等指出,情景分析法一般只能揭露整个潜在市场扰动的一个非常小的部分,并且"下一个危机将可能完全不同";童志鸣(1996)认为,这种方法存在着所谓的"隧道眼光"现象,即所有幕景分析都是围绕着分析者目前的考察角度、价值观和信息水平进行,容易产生偏差。

7. 故障树分析法

故障树分析法(method of fault tree analysis),是利用图解的形式将可

第四章 市场风险管理

能出现的、比较庞大复杂的故障分解成不同层次的小故障,或者对各种引起故障的原因进行不同层次分解的方法。

用担保贷款风险的分解为例来说明如何绘制故障树。我们用长方形节点表示所关注的不同层次的大故障、小故障或故障原因;将故障树按照树状结构绘制,把最关注的故障风险放在最上层或树的顶端,然后按照不同的因果关系依次向下绘制出不同层次的树的分支用以表示各种小故障或故障原因;对于同一层次的小故障或故障原因,当只要其中有一个发生就会引起上一层较大的故障发生时,就用"U"将它们连接起来,当只有每个故障或故障原因都发生才会引起上一层较大的故障发生时,就用"∩"将它们连接起来;长方形节点与"U"和"∩"节点之间用直线段连接。图4-4是担保贷款风险的故障树,但仅仅是示意图,并不全面,对于各种小故障或故障原因还可以做进一步分解。

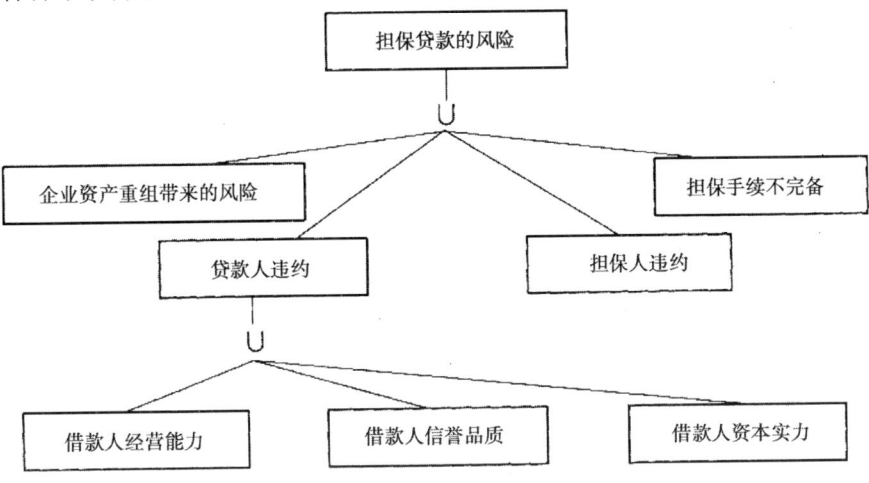

图 4-4 用故障树法辨识担保贷款的风险

注:(资料来源:张金清,2009)

当直接经验很少时,可考虑运用故障树法进行风险辨识。另外,故障树法还有更深入的用途:我们可以运用故障树法来计算故障风险的总概率,这时须找出所有引起故障的原因及原因之间的相互联系,标出各种原因发生的概率,然后进行汇总计算;我们还可以应用故障树法考察故障风险对小故障或引起故障原因变化的敏感性,以确定出哪些小故障或原因对金融风险的影响最大,从而对金融风险采取更加有针对性的控制措施。

故障树法适用于对复杂系统的风险描述和风险辨识,而且该法由于基于客观事实而具有很大的可靠性。同样,该法也存在缺陷,主要在于对该法的掌握和使用需要花费大量的时间,而且一旦对某个环节或层次上的小故障或原因的辨识存在偏差,就有可能导致最后结论出现"差之毫厘,谬以千里"的境况。

（二）银行账户市场风险计量法

对银行账户下利率风险进行管理,主要从以下两个角度进行分析。

（1）从经济价值角度考虑长期利率风险,以控制净现值为目的,关注资产负债表,从银行风险管理的战略角度出发,对应方法由易到难。

（2）从财务会计的角度考虑短期利率风险,以控制净利息收入波动为目的,关注利润表,偏重风险管理战术。

银行账户下利率风险的计量方法,主要包括缺口分析、静态模拟分析和动态模拟分析,从经济价值角度常采用久期分析、净现值模拟和风险价值等方法计量,从财务会计角度常采用重新定价缺口分析、净利息收入模拟、风险收益方法,如图4-5所示。

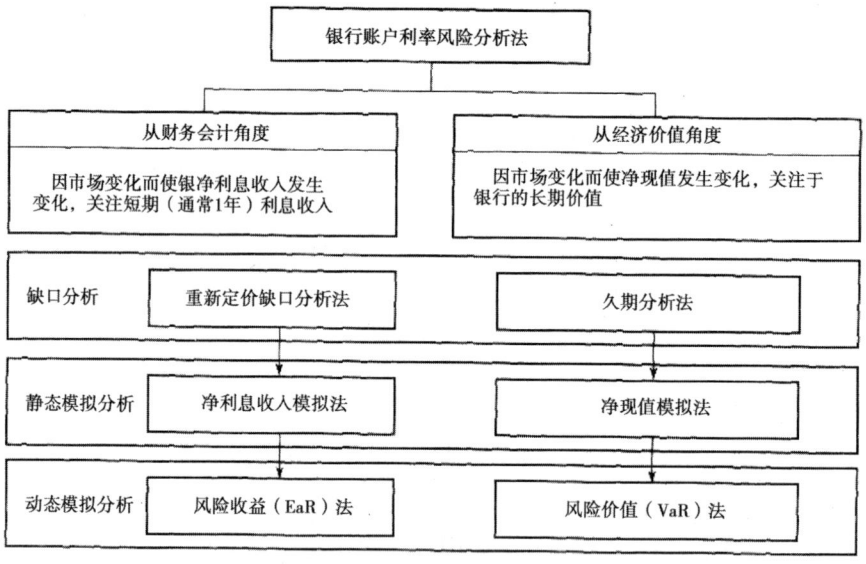

图4-5 银行账户利率风险分析法

注:（资料来源:王勇、隋鹏达、关晶奇,2014）

计量银行账户利率风险要特别注意以下4个问题。

（1）关于银行所持有的各种外币头寸所带来的利率风险。由于各币种的收益曲线不同,银行一般需要估测每一币种的风险敞口。如果具备必要的技术和经验,并存在重大多币种风险,可将基于各币种利率相关关系的各币种风险加总法纳入其风险管理机制。

（2）关于头寸的管理。主要分成两类头寸,实际期限与合同期限不

第四章 市场风险管理

一致的头寸以及使用不同外币符号表示的头寸。例如,在银行负债中,储蓄和定期存款可以既有固定的合同期限,也可以是开放式的,但存款人在这两种工具上一般有权随时提款。

此外,银行不愿依照市场利率变化而改变此类存款利率。这些因素使计量风险变得更为复杂,因为当利率波动时,头寸现值及其现金流量的时间都会改变。在银行资产中,不动产抵押贷款和不动产抵押类工具中蕴含的提前还款特性给这些头寸的现金流量带来了不确定性。

(3)关于在有关期限内,"未定头寸"所体现的未定现金流这一假设条件,对于银行账户利率风险的影响。银行通常是依据"未定头寸"过去的表现来确定假设条件。同样,银行也可使用提前还款统计模型来预期房屋抵押贷款现金流量,这种模型既可以自行开发,也可来自于对外部开发的高级模型的购买。

另外,来自银行内部管理与业务部门提供的协作也有重大影响,因为业务和重新定价规划方面的预期变化对于无期限头寸的未来现金流量会产生影响。

(4)关于计量利率变动过程中导致的当期收益和经济价值出现风险,如何处理隐含期权头寸,这一问题存在于所有计量利率风险方法。在期限/重新定价法中,银行通常假定可能的支付时间安排和头寸支取,然后按上述条件得出整个时段头寸余额。

在模拟法中,可采用更复杂的行为假定,如使用根据期权调整的定价模型,以更好地测算各种利率环境下现金流量时间安排和资金规模。

此外,模拟法还包括银行关于其今后拟对它所控制的无期限存款利率采取的措施。

(三)交易账户市场风险计量法

交易账户市场风险管理工具在正常市场情况、非正常市场情况以及检验模型准确度等三种情况下应采取不同的方法,如图4-6所示。

对交易账户头寸每日进行市值评估,并且由独立于前台的中台、后台、财务会计部门或其他相关职能人员负责,重估定价因素应当从独立于前台的渠道获得或经过独立的验证。前台、中台、后台、财务会计部门、市场风险职能部门等用于估值的方法及假设应尽量保持一致,在不完全一致下,应制订并使用一定的校对、调整方法。

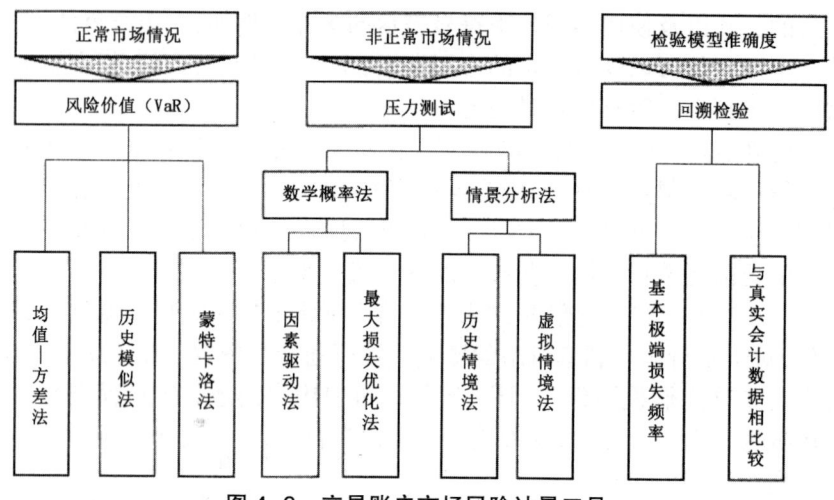

```
                  交易账户市场风险计量工具
正常市场情况 ──→ 风险价值(VaR) ──→ 均值—方差法 / 历史模拟法 / 蒙特卡洛法
非正常市场情况 ──→ 压力测试 ──→ 数学概率法(因素驱动法、最大损失优化法) / 情景分析法(历史情境法、虚拟情境法)
检验模型准确度 ──→ 回溯检验 ──→ 基本极端损失频率 / 与真实会计数据相比较
```

图 4-6 交易账户市场风险计量工具

注：（资料来源：王勇、隋鹏达、关晶奇，2014）

在缺乏可用于市值重估的市场价格时，风险管理者应在与高层管理者沟通过代用数据的标准、获取途径和公允价格计算等细节后，选择得到高层管理者支持使用的代用数据。

对于交易账户市场风险，业务复杂程度和市场风险水平较高的银行，可逐步开发和使用内部模型计量风险价值，对其承担的市场风险水平进行量化估计。根据金融工具的特点，估值可采用市价估值和模型估值两种，对那些可以从独立信息来源获得平仓价格的交易头寸，应至少每天进行市价评估，此类平仓价格来源包括交易所价格、电子报价或由独立规范的经纪人提供的报价等；而对于那些没有合适的平仓价格进行市价估值的交易头寸，则以市场参数为模型，采用模型估值法来计算公允价值。

采用内部模型法，为定期审查和调整模型技术（如方差—协方差法、历史模拟法和蒙特卡洛法）以及模型假设前提和参数，并建立和实施引进新模型、调整现有模型以及检验模型准确性的内部政策程序。对市场风险计量系统的假设前提和参数应定期评估，制订修改假设前提和参数的内部程序，重大假设前提和参数修改须经高管层审批，并按照监管当局要求进行信息披露。同时应充分认识到市场风险不同计量方法的优势与局限，并采用压力测试等其他分析方法补充。

三、以银行为主的金融机构市场风险监测基本方法

（一）市场风险报告的内容和种类

风险报告是市场风险监测的主要内容，是风险管理者用于了解和量

第四章　市场风险管理

化金融机构的风险来源、估计其市场总风险的基础。风险报告由3个阶段组成。

（1）收集市场数据构建风险头寸。

（2）用适当的方法计算风险。

（3）综合组合风险。

每个层次的风险报告能显示风险是否被限制在预先设定的内部管理限制和资本监管限制的范围内；风险报告可以用于计算交易的风险调整业绩，也可以用作对监管者、分析师、信用评级机构和公众的信息披露。

风险报告应当包括以下全部或部分内容。

（1）按业务、部门、地区和风险类别分别计量的市场风险水平。

（2）按业务、部门、地区和风险类别分别统计的市场风险头寸。

（3）对改进市场风险管理政策、程序以及市场风险应急方案的建议。

（4）市场风险限额的遵守情况，包括对超限额情况的处理。

（5）市场风险识别、计量、监测和控制方法及程序的变更情况。

（6）对市场风险头寸和市场风险水平的结构分析。

（7）市场风险管理政策和程序的遵守情况。

（8）盈亏情况。

（9）回溯检验和压力测试情况。

（10）市场风险资本分配情况。

（11）内部和外部审计情况。

（12）市场风险管理的其他情况。

向董事会提交的市场风险报告通常包括金融机构的总体市场风险头寸、风险水平、盈亏状况、对市场风险限额及市场风险管理的其他政策和程序的遵守情况等内容。向高级管理层和其他管理人员提交的市场风险报告通常包括按地区、业务经营部门、资产组合、金融工具和风险类别分解后的详细信息，并具有更高的报告频率。

风险报告的种类主要有4种。

（1）最佳风险规避策略报告，提供金融机构需要实际购买或出售的头寸规模。

（2）最佳投资组合复制报告，通过简化的投资组合来解释复杂投资组合中的主要风险来源。

（3）风险分解"热点"报告，计算每个头寸的变化率，如果变化为正即为"风险热点"，报告变化为负是"风险冷点"。

（4）投资组合报告，以总结的方式完整列示投资组合中的所有风险。

风险报告应该具有以下性质。

(1) 综合性。风险报告应该通过风险单元和资产归类体现综合风险。
(2) 准确性。准确性因其理论和实际限制而变得复杂,且并非绝对意义上的准确,但风险管理者还是应该尽力使其精确。如果风险报告不确切或不真实,那么风险管理的努力将付之东流。
(3) 及时性。风险管理着眼于事前控制,其时间价值非常重要,因此风险报告必须及时反映当前头寸的风险情况。

(二) 市场风险报告路径和频度

有关市场风险情况的报告应当定期、及时向董事会、高级管理层和其他管理人员提供。不同层次和种类的报告应当遵循规定的发送范围、程序和频率。

根据国际银行类金融机构实践,在正常市场条件下,通常每周向商业银行高级管理层报告一次,当市场发生剧烈变动时,应实时报告,这时主要通过信息系统直接报告。后台和前台所需的头寸报告,应每日提供并存档。VaR 值和风险限额报告在每日交易结束后应尽快完成,J. P. 摩根便凭借其四点一刻报告在整个金融界享有盛名。当高级管理层或决策部门有需要时,风险管理部门应当有能力随时提供相应的风险报告以供参考,故而前台数据对中台风险管理部门的透明至关重要。

四、以银行为主的金融机构市场风险控制基本方法

(一) 限额管理

通常,风险限额管理包括风险限额设定、风险限额监测和风险限额控制 3 个环节。其中,风险限额设定是整个限额管理流程的重要基础,其本身就构成一项庞大的系统工程。风险限额的设定分为 4 个阶段。

第一阶段:全面风险计量,即金融机构对各项业务所包含的信用风险、市场风险、操作风险、流动性风险分别进行量化分析,以确定各类敞口的预期损失(EL)和非预期损失(UEL)。

第二阶段:利用信息系统,对各业务敞口的收益和成本进行量化分析,其中制订一套合理的成本分摊方案是亟待解决的一项重要任务。

第三阶段:运用资产组合分析模型,对各业务敞口确定经济资本的增量和存量。

第四阶段:综合考虑监管机构的政策要求以及金融机构战略管理层的风险偏好,最终确定各业务敞口的风险限额。

市场风险限额应该在分析市场未来变动情况的基础上制订,同时考虑历史上的市场风险变动情况和金融机构管理层处置风险敞口所需要

第四章 市场风险管理

的时间,限额也可以参照利率数据的分布情况来制订。通常它使用基于 VaR 的风险资本限额和基于敏感度的风险限额。风险限额是全部预算和计划过程的一部分,是在损失发生之前就对其风险进行控制的方式,并以名义本金来表示。

常用的市场风险限额有以下 3 种。

(1)止损限额,即允许发生的最大损失额。通常,当某项头寸的累积损失达到或接近止损限额时,就必须对该头寸进行对冲交易或进行平仓。

典型的止损限额具有追溯力,即止损限额适用于一日、一周或一个月内等一段时间内的累积损失。当前台某交易员已经事实上积累了一定的损失后方对其头寸设定止损限额,则该设定为事后行为,并不能阻止损失的发生。设置止损限额的目的是试图阻止那些已经出现损失的交易员通过"双倍下注"的方式来弥补损失。

(2)风险头寸限额,即对采用一定的计量方法得到的市场风险规模设置限额,如对内部模型法得到的风险价值设定的风险价值限额(VaR 限额)、对期权性头寸设定的期权性头寸限额(limits on option position)等。

(3)交易限额,即对总交易头寸或净交易头寸设定的限额。总头寸限额对特定交易工具的多头头寸或空头头寸给予限制,净头寸限额对多头头寸和空头头寸相抵后的净额加以限制。

在实践中,金融机构通常将这 3 种风险限额结合使用。

制订出金融机构市场风险限额后,就要求有关实施部门有效地执行该政策,但是严格的限额管理并不意味着该限额权限不可能被突破。金融机构应当对超限额情况制订监控和处理程序,且应将超限额情况及时向相应级别的管理层报告。该级别的管理层应当根据限额管理的政策和程序决定是否批准,以及此超限额情况预计会保持多长时间,对未经批准的超限额情况应当按照限额管理的政策和程序处理。管理层应当根据超限额发生情况来决定是否对限额管理体系进行调整。执行委员会应当根据风险职能部门提出的建议,并考虑到相关风险的影响,定期批准汇总风险限额。必须注意的是,一旦头寸超过特定水平,限额体系应该立即引起风险管理部门的注意,并进行相应的控制和监督。

(二)市场风险对冲

现代金融业的发展和金融工具的创新为消除或转移市场风险提供了手段和条件,有效地使用相关的金融工具可以帮助金融机构乃至工业企业锁定风险、转移风险甚至从中获利。在市场风险对冲中发展最快的就是基于金融工程的衍生金融工具。衍生金融工具可以被简单地定义为一种其价值取决于另一种或多种资产或指数的价值的金融合约。它们既可以被投资者用作管理风险的工具,又可以被用来获取收益。当衍生金融工具用作风险管理工具时,投资者以风险对冲的方式转嫁了风险,但同时必须付出相应的代价。与其他风险管理手段相比,利用衍生金融工具管理风险具有以下特点。

(1)通过对冲比率的调节和金融工程方面的设计安排,可以将风险完全对冲或根据投资者风险偏好和风险承受度将风险水平调节到投资者满意的程度。这种风险管理的灵活性可以使投资者根据自己风险偏好管理投资组合,找到最适合自己风险和收益的平衡点。因此,利用衍生金融工具进行风险对冲管理除了需要对各种对冲工具和对冲对象的性质有充分而正确的理解以外,还要根据风险管理目标和所运用的衍生金融工具的性质确定适当的对冲比率。

(2)利用衍生金融工具管理风险一般采用风险对冲方式,且多用在汇率、利率和资产价格等市场风险的管理中。在市场风险管理方面,衍生金融工具在最近20多年来取得了充分的发展,并形成了以金融工程为代表的现代金融风险管理的核心内容。

(3)通过衍生金融工具的买卖,可以随着市场情况的变化,比较方便地调节风险管理策略,便于风险管理的动态进行。由于用衍生金融工具管理风险是通过衍生金融工具的交易进行的,在衍生金融工具的交易市场非常发达的今天,风险管理的动态调节也极其易于实现。因此,可以根据投资组合风险状况的变化,随时买卖期权、期货等衍生金融工具,实现风险的动态管理,如实现动态对冲等。

(4)通过选择远期或期权类的衍生金融工具,可以选择完全锁定风险或只想获得并锁定投资组合其他方面的收益,而将某一特定风险完全消除。例如,某个投资者希望在管理某种货币下降风险的同时获得该货币汇率上升的潜在收益,则可以购买该种货币的看跌期权。因此,衍生金融工具增强了风险管理的灵活性和适用性。

(5)用衍生金融工具进行风险管理本身也具有一定的风险。除信用风险、操作风险、结算风险外,运用衍生金融工具对冲风险则会产生一种独特的市场风险形式,即所谓的基差风险(basis risk)。此外,衍生金融工具用于风险管理和用于投机获利具有天然的内在联系,实践中金融机构进行衍生金融工具交易的这两种动机都同样强烈。因此,用于风险管理的衍生金融工具的交易仍需纳入风险内控和监管的框架之内。例如,2012年5月摩根大通的"伦敦鲸交易"事件即是由本该用于消弭风险的部门CIO造成的。

第四章　市场风险管理

（6）通过购买特定种类的衍生金融工具，投资者可以分离某种特定的风险并将其对冲掉，而保留其他愿意承担的风险。例如，某个国际投资者购买了一个美国股票和国债的组合，他可以通过美元期货买卖将该组合中所承受的汇率风险分离出来并对冲掉，而保留承担利率风险。

金融机构无论运用衍生金融工具进行风险对冲管理还是获取投机利润，对其自身而言均是在风险和回报之间所做的转换和选择，最终可以通过总体的投资效应进行统一的计量。但是，对于金融监管当局而言，金融机构运用衍生金融工具的不同交易动机则有完全不同的意义。了解金融机构运用衍生金融工具的动机对于金融监管当局至关重要。真正用于风险对冲的衍生金融工具交易是风险管理的一个重要组成部分，一般会得到金融监管当局的支持；用于投机的衍生金融工具交易会大大增加金融机构的总体风险，且会增加整个金融体系的系统风险，因而常常会受到金融监管当局的严密监管甚至惩罚或禁止。

衍生金融工具带来的效应是非对称的，成功的交易往往给参与交易的交易员乃至金融机构高管带来高额奖励，但亏损，尤其是导致金融机构倒闭的巨额损失，对这些高管的影响却并非很大，肇始于2008年金融危机中高管们的"黄金降落伞"即充分说明了这一点，这种巨额损失最终由市场或政府来承担。正因为这种交易的非对称性，导致参与交易者具有追逐风险的潜在天然动机，这不仅需要金融机构内部风险控制体系的严格管理，也必然需要外部监管机构的密切监督。

第五章　流动性风险管理

流动性风险是真实存在的,其与市场风险、信用风险、操作风险、法律风险等方面存在很强的相关性。因此,必须从整体上来看待流动性风险的管理,将其作为金融机构尤其是银行风险管理体系的重要组成部分来给予对待。金融机构的董事会以及高级管理层对流动性风险管理给予高度重视,他们在日常管理中会时刻关注其与其他风险之间的相互作用、传递和转化,并在内部组织架构、协调配合的制度设计中加以体现。本章就来详细研究流动性风险的管理。

第一节　流动性风险概述

一、流动性风险的内涵

（一）流动性

流动性的概念从理论上讲可以从以下3个领域或角度进行理解。

（1）在商业银行领域,商业银行经营管理理论将流动性定义为银行的偿付能力,具有较好流动性的商业银行应该具有随时能够满足客户提取存款等方面需求的能力。

（2）在微观金融领域,微观金融理论以及货币层次的划分中都将流动性概念定义为金融资产以较小成本甚至无损失而达到变现目的的能力。

（3）在经济学领域,凯恩斯的流动性偏好理论认为流动性是指与生息资产债券相对应的无息资产货币。

流动性的含义包含了3个方面的要素：资金数量、成本和时间三要素；同时流动性还应包括两个层次,分别为资产的流动性及负债的流动性。资产的流动性指的是在无损失状态时,银行资产的迅速变现能力；而负债的流动性指的是银行通过各种融资渠道能以低价格、低成本迅速

第五章　流动性风险管理

获得融资的能力。

所谓商业银行流动性,是指银行能够随时应付客户提存,满足必要贷款需求的能力,包括资产的流动性和负债的流动性。在理解银行的流动性的时候,应当明确以下几点。

(1)银行的流动性是获取可用资金的能力,它不仅包括现实的可用资金,也包括替代的可用资金;不仅涉及资产的流动性,也涉及负债的流动性。

(2)银行保有流动性的目的,不单单是为了满足客户的提存需求,同时也为了满足客户正当的贷款需求,拒绝客户尤其是基本客户的正当贷款要求,不仅会影响到银行的利息收入及为客户提供多方位服务而带来的费用收入,而且还会失去客户对该银行的忠诚,进而影响银行未来的存贷款业务的增长。

(3)银行保有流动性要充分考虑到由此而形成的各类成本费用,银行要根据各种条件和经营状况,对各种流动性来源渠道做最经济的安排。

资产流动性是指银行持有的资产在不发生损失的情况下迅速变现的能力。传统的资产流动性资源包括现金和准备金,同业拆出,政府短期债券,商业票据、银行承兑汇票等,资金回购,具体见表5-1。

表5-1　商业银行传统的资产流动性资源

项目	说明
现金和准备金	反映银行的现金状况,主要包括:多余收入;有多余代理行存款;有应收未达票款;存款下降少的准备金需要,其值等于存款下降额×(1-法定准备金需求率)
同业拆出	银行将超额准备金出售给其他银行,以增加收益,同业拆借(包括同业拆入和同业拆出),以一天为期,但容易续借
政府短期债券	具有期限短;偿还风险小;买卖活跃等特点
商业票据、银行承兑汇票等	这是通过货币市场经纪人买卖的借款单位债务凭证,信用等级较高,在二级市场通常以折扣交易
资金回购	临时性买入政府债券和其他有价证券,同时以约定价格和时间卖出,买卖差价构成资金回购收益。资金回购实际上是银行向交易对方借出短期资金
其他流动性资产	符号以下条件的资产:到期期限和银行流动性需求一致;如有必要,银行可以很容易地减少这些资产规模

注:(资料来源:朱淑珍,2015)

负债流动性是指银行能以较低的成本在市场上随时获得所需要的追加资金。传统的流动性资金来源主要包括再贷款(含再贴现和中央银行垫款)、同业拆入、大额可转让定期存单、证券回购等,具体见表5-2。

表 5-2　商业银行传统的负债流动性资源

项目	说明
再贷款（含再贴现和中央银行垫款）	中央银行向各类金融机构发放的短期贷款，其利率采用再贴现率，对经常使用再贷款或使用太多再贷款的银行采取惩罚。申请再贴现或中央银行垫款需提供合格票据
同业拆入	买入其他银行的短期资金
大额可转让定期存单（CDs）	银行可以向拥有多余现金的公司发放大额可转让定期存单，在这种债务形式上银行通常提供高于市场利率的利率
欧洲货币和外国货币资源	许多银行可以在欧洲货币市场上以及外国资金市场上筹集资金。欧洲货币指存放在境外银行的货币。银行开展此项业务必须将有关风险控制在自己能够承受的范围内
证券回购	临时性卖出政府债券或其他有价证券，同时以约定时间和约定价格买回。证券回购实际上是银行向交易对方借入短期资金
其他负债	包括资本票据、不规范的银行承兑票据等。银行能否买去这种方式获取资金取决于：银行支付较高利率的能力；债权人对银行的信心

注：（资料来源：朱淑珍，2015）

（二）风险

风险的核心是不确定性。具体到风险的含义，不同研究领域有着不同的解释，几种具有代表性的观点如下所述。

（1）风险是事件未来可能结果发生的不确定性。

（2）风险是损失发生的不确定性。

（3）风险是指可能发生损失的损害程度的大小。

（4）风险是指损失的大小和发生的可能性。

（5）风险是由风险构成要素相互作用的结果。

（6）利用对波动的标准差统计方法定义风险。

（7）利用不确定性的随机性特征来定义风险。

无论如何定义，风险都具有普遍的特征，即普遍性、客观性、损失性、不确定性和社会性，并且也都具有风险的 3 个构成要素，分别为风险因素、风险事故和损失。风险可分为广义和狭义两个层次，广义风险定义为预期事件的不确定性。通常广义分为风险收益和损失两种情况，即预期不确定性所致的意外风险收益以及预期不确定性所致的风险成本或风险损失。狭义风险指后者，即仅仅指预期不确定性所致的风险成本。

（三）流动性风险

流动性风险是指银行因无力为负债的减少和资产的增加提供融资，而造成损失和破产的可能性。流动性风险管理是商业银行资产负债管理

第五章 流动性风险管理

的重要组成部分,通过对流动性进行定量和定向分析,从资产、负债和表外业务等方面对流动性进行综合管理。商业银行的流动性状况直接反映了其从宏观到微观的所有层面的运营状况及市场商誉。当商业银行没有足够的现金来弥补客户取款需要和未能满足客户合理的贷款需求或其他即时的现金需求,就可能引发流动性风险。

商业银行的流动性风险有狭义和广义之分。前者是指商业银行没有足够的现金资产弥补客户存款的提取而产生的支付风险;而后者除狭义内容之外,还包括商业银行的资金来源不足而未能满足客户合理的信贷需求或其他即时的现金需求而引起的风险。如果一家商业银行面临着流动性风险,它可能会失去许多潜在的盈利机会;如果流动性风险进一步加剧,这将引起对该商业银行的挤兑,最终导致该银行的破产。

二、流动性风险的成因

引起商业银行流动性风险的原因是多方面的,如"存短贷长"的资产负债结构引发的内在不稳定因素、客户投资行为的变化、突发性的存款大量流失等。

(一)信用风险的影响

信用风险对流动性的影响在于银行向客户贷款是有风险的。这些风险或来自客户经营不善,或来自银行决策有误。但不管风险来自何方,信用风险一旦发生其直接后果就是贷款本息无法按期收回,银行将遭受损失。同时,贷款本身的流动性很差,缺乏活跃的二级市场,因此贷款一旦投放出去,即使银行预见到风险的存在,也无法在到期前出售或转让贷款,而只有寄希望于客户境况的好转,但这时商业银行已失去回避风险的主动权。

(二)金融市场发育程度的影响

金融市场发育的程度直接关系着商业银行资产的变现和主动负债的能力,从而影响流动性。从资产方面看,短期证券和票据资产是商业银行保证流动性需要的工具。当第一准备金不充足时就要抛售它们中的一部分来获得流动性,这种抛售行为必须以存在发育成熟、机制完备的金融市场为前提。金融市场不完备,证券和票据不能以合理的市场价格买卖就会加大交易的成本和损失。从负债方面看,伴随着负债业务的多样化,负债工具的二级市场的发展也日趋完善,这不仅促进了一级市场的发展,而且为商业银行随时获得流动性开辟了途径。

（三）存短贷长的资产负债结构引发的内在不稳定因素

商业银行的资金来源由各种存款和各种借入款组成,其中大部分存款和借入款是短期的,但商业银行的资金运用中有相当一部分是中长期的贷款。也就是说,大量的短期负债被期限较长的贷款和其他投资所占用,这种"存短贷长"所引起的资产与负债期限的不匹配,使商业银行资产负债结构具有内在的不稳定性。

由于这种不合理的"存短贷长"的资产负债结构,商业银行资产产生的现金流入很少能够正好弥补因支付负债而导致的现金流出,从而引发商业银行的流动性风险。一个与期限不匹配相关的问题是:商业银行持有极高比例的即将到期的负债,如活期存款的提取、定期存款或其他借入款的到期,因此商业银行面临巨额现金支付的问题。另外,在一些重要的节假日或特殊的时间,如西方国家的银行在圣诞节前、我国的银行在春节前、农村地区的银行在农忙季节,其客户提现的压力比较大。除了这些特殊时间外,在每年的正常时间内其他条件不变的情况下,客户存款基本上保持稳定,不少活期存款可充当核心存款。所谓核心存款,是指银行的忠诚客户所提供的相对稳定的存款。通常情况下,各银行营业部的经理们可以预测到每个营业日的存款净流失额的分布概率。

（四）突发性存款大量流失

突发性存款大量流失是指由于某种突然因素导致商业银行客户大量提取存款（即挤兑）,从而引发银行流动性风险。存款人的挤兑行为主要是由存款人对银行偿付能力的怀疑和对存款发生损失或被冻结的恐惧而引起的。这种怀疑和恐惧常常在以下两种情况下发生。

第一,当存款人了解到自己存款的银行因大量资产成为呆账或投资担保等业务出现严重亏损时,由于存款人对该银行流动性风险的严重性及能否渡过难关的具体情况无法确切了解,担心和恐惧就会产生。

第二,当其他银行发生支付危机时,存款人很难判断这种支付危机是否会传染波及自己存款的银行。因为一家银行倒闭后,其他银行在该行拥有的债权（如拆借给该行的资金）就会发生损失。在存款人无法确定自己存款的银行所受的影响是否会影响到自己存款的安全偿还时,他们也会产生担心和恐惧。这种担心和恐惧是在存款人对开户银行偿付能力的信息不完全了解的情况下产生的。

客户挤兑导致银行危机只是表象,深层次的问题还在于银行本身。银行的流动性风险往往是由于种种原因导致银行资产质量恶化,银行出现巨额亏损,资本充足率急剧下降,又无法以适当的成本筹措到所需要的

第五章　流动性风险管理

资金满足付现要求。在这样的情况下,即使未出现挤兑,银行也难逃破产清算或被强制兼并的厄运。

（五）中央银行政策的影响

中央银行的金融政策与商业银行的流动性之间有着密切的联系。当中央银行采取扩张的货币政策时,商业银行比较容易取得资金,存款急剧上升,客户的贷款要求也很容易被满足,流动性风险基本不会发生。当中央银行采取紧缩的货币政策时,商业银行向中央银行的借款数额得到控制,整个社会货币数量和信用总量的减少,资金呈紧张趋势,存款数量减少,贷款的需求量很高,挤兑的可能性增加。

（六）商业银行客户投资行为的变化

如今,完善发达的金融市场为投资者提供了众多的可选择的投资途径和方式。商业银行客户的投资行为会随着许多因素的变化而改变。例如,市场利率降低时存款利率相应降低,存款人就会将存款取出,投资于其他收益较高的项目,最典型的是存款人将存款取出来投资股票和债券,资金从商业银行流向证券市场。另外,市场利率降低,贷款利率也会降低,企业筹资成本下降,贷款需求上升,这两方面因素的作用,使得商业银行可能面临流动性危机。由于利率的调整由中央银行所控制且有突然性,商业银行无法把握,对商业银行的正常经营影响较大。

（七）利率变动的影响

利率的变动对商业银行的流动性影响很大,因利率敏感性资产和负债的结构差异会产生两种情况。当敏感缺口为正值,在资产与负债到期或重新定价时,资产的收益会多于负债的成本,导致现金的流入量大于流出量,这就会提供相当多的流动性。当敏感性缺口为负值,在资产或负债到期或重新定价时,资产的收益会少于负债的成本,现金流入量小于流出量,这时对流动性的影响也不大。

若预期利率下降,存款额因社会投资和消费过度膨胀而急剧下滑。这就迫使银行必须调动一切可利用的流动性,包括动用第二准备金和出售资产。更糟的是,此时获得主动性负债的能力已经很小,资金来源相当紧张。社会对贷款的需求会因投资过旺而成倍扩大,商业银行会因不能提供贷款而失掉盈利的机会。短期证券因存款利率下降而提供了较高的收益率,但此时商业银行已很难再筹措到投资资金。这样,流动性在需求方面产生了巨大缺口,流动性风险会达到相当高的水平。

三、流动性风险的特征

（一）可控性

如上所述,尽管商业银行流动性风险具有其客观性,然而也是可以对其进行管理监控的。所谓可控性,是指金融市场主体对流动性风险按照既定的指标体系、监管制度及应急计划等措施进行事前预测、事中防范和事后化解的可行性。在风险发生之前,根据商业银行流动性风险的性质,建立既定的测度、预警指标,并根据导致风险的因素,建立监督管理控制架构,为控制银行风险提供条件。同时,还可以建立管理信息控制系统,对流动性风险管理提供日常监测报告以及技术支持,为防范银行风险创造技术性条件。此外,在长期的实践中,通过不断完善金融制度和监管手段,改进完善流动性风险管理机制,从而将商业银行流动性风险控制在一定的范围内。

（二）隐蔽性

所谓隐蔽性,是指银行风险因信用中介特征常常被掩盖,如本次金融危机爆发前,整个世界经济领域还在为流动性过剩现象寻求解决之道,然而一旦资金链从某一机构开始断裂,直至此刻流动性危机才会显现。这是因为,银行业遵循"有借有还,存款此存彼取,贷款此还彼借"的信用原则,导致许多银行风险被这种信用循环所掩盖。银行业所具有的信用货币发行和创造信用的功能,也使得银行潜在风险可能被通胀、借新还旧、贷款还息所掩盖。银行风险的隐蔽性加剧了银行流动性风险防范的难度。

（三）客观性

风险总是伴随着商业银行的经营管理而客观存在,不以个人意志为转移。局限于信息披露不足导致的信息不对称性以及经济主体仅具有有限理性,商业银行基于该事实所做出的决策往往是比较片面、滞后的,甚至是偏离正确预期的。因此,客观上商业银行流动性风险极易产生。并且经济主体利用自己的信息优势,取得银行贷款后进行高风险投资,这便是由道德风险产生信用风险并最终影响流动性的风险。此外,商业银行作为信用中介机构及金融服务性质也决定了其业务的复杂性,且对流动性风险只能加以管理及规避,不可能做到完全避免。

（四）扩散性

商业银行流动性风险不同于其他经济风险的一个最显著的特性是,

第五章　流动性风险管理

该风险不仅影响银行系统本身,商业银行作为金融中介,可以通过各种资金渠道传染、扩散至整个经济体系,使一国乃至全球面临危机的挑战,如美国由信用危机导致的流动性危机便在金融全球大环境下通过各种金融创新渠道向世界范围扩散,其产生的多米诺骨牌效应使得全球范围经济出现停滞,各国经济金融体系都面临流动性风险的威胁。

(五)加速性

商业银行支付风险一旦出现,存款者的存款行为将会产生一种加速效应,从而出现银行挤兑。当一家或几家银行出现流动性问题时,银行客户会将存款提出转移到经营比较稳健的商业银行;但当后者也出现支付风险时,存款客户将大规模提取存款,从而形成大规模的银行挤兑,然而该种现象周而复始地循环下去时,即银行陷入了恶性循环的马太效应。这种效应导致商业银行流动性危机一旦爆发,时常伴有加速现象。商业银行流动性风险的这种特性要求银行业在预测、管理和防范流动性风险时,要特别注意防止局部风险演化成系统风险。

第二节　流动性风险管理理论

流动性风险管理经历早期的资产管理过渡到负债管理、资产负债综合管理、表内表外统一管理等几个阶段。本节就针对这几个阶段中所出现的管理理论展开研究与分析。

一、资产管理理论

20世纪60年代以前,资产管理理论盛行。解决银行流动性问题最初认为负债是既定并且被动的,而资产业务可以由商业银行进行主动的控制和管理。因此,资产流动性管理是商业银行流动性管理的重点,资产管理理论认为商业银行流动性风险管理的基本目标是在资产方面将其流动性以储存起来的形式进行管理。而该理论又大致经历了以下几个阶段,分别为真实票据理论、资产转换理论和预期收入理论。

(一)真实票据理论

真实票据理论源于亚当·斯密的《国民财富的性质与原因研究》。该理论认为,由于银行资金的来源多为短期的暂时闲置的资金,因此银行资金的运用也只能用于发放短期的、有真实的商业票据做担保的、具有自我清偿性质的贷款。这种短期贷款与银行存款相匹配,使银行可以用到期的商业票据和贷款去弥补存款的外流。当时西方国家创造信用的能力相当有限,动产和不动产的二级市场也不发达,在那样的条件下,真实票据理论所倡导的自偿性贷款的发放,的确是保持银行资产流动性、保障信贷资产安全的有效方式。

商业银行的资金来源主要是具有高度流动性的活期存款,而银行的商业贷款也具备了流动性的特点,其中以短期贷款的流动性为最优,在借款人能够按照约定届时还本付息的前提下,商业银行可以将这一部分资金以流动性资金的方式利用起来,以满足客户的提现请求及新增企业贷款的需求。因此,合理有效地利用并保持与资金来源相适应的高度的流动性的前提在于商业银行贷款组合的正确选择以及投资组合的有效管理。商业贷款理论为现代商业银行的流动性管理确立了重要的原则。随着资本主义经济的发展,这一理论的缺陷日益明显。

第一,它没有考虑到社会经济发展对贷款需求扩大和贷款种类多样化的要求。

第二,它没有注意到银行存款的相对性和稳定性。

第三,缺乏对贷款自我清偿外部条件的考虑,因为能否自我清偿不但取决于贷款的性质,而且还取决于市场状况,如果出现市场萧条和经济危机,就难以自动清偿。

第四,因为自偿性放款是随商业需要而自动伸缩信用量,因而在繁荣时期信用自动膨胀,加剧过剩危机的产生,在萧条时期,由于贷款范围局限,不利于企业设备更新和启动再生产。

(二) 资产转换理论

第一次世界大战以后,尤其是20世纪30年代以后,美国等国家的国债市场获得了长足的发展,当时凯恩斯主义盛行,政府发行的债券大量增加。因为政府债券基本上没有违约风险,在二级市场上容易以合理的价格予以变现,所以银行家们逐渐认识到,包括这些政府债券在内的变现能力强的资产既能产生一定的收益,也能在必要时出售这些债券转换成现金来满足支付需求,保持资产的流动性,这就是资产转换理论。资产转换理论是资产管理理论的核心思想。1918年莫尔顿在《商业银行及资本形成》中正式提出资产转换理论,并且盛行于其后的10~20年里。

资产转换理论扩大了对于流动性的认定范围,它认为不仅短期贷款可以为商业银行提供流动性需求,而且商业银行的所有流动资产都可以用来满足其对于流动性的需求,并且指出持有随时可以变现转让的流动性资产是商业银行保持良好资产流动性的最好方法。这里的流动性资产

第五章 流动性风险管理

是指那些能够在发育良好的市场上以合理稳定的价格迅速变现的资产,在一般情况下,商业银行认为流动性良好的可持有资产的主要形式包括政府债券、逆回购协议、银行承兑汇票、商业票据等。

在资产转换理论的影响下,商业银行的资产业务范围扩大了,除经营短期贷款外,还大量从事有价证券买卖,并腾出一部分资金用于长期贷款,既不影响流动性,又可获得更大的收益,资产转换理论的主要局限性是除了要有充足的短期证券为条件外,能否在无损失情况下顺利实现资产转换还取决于市场情况,当经济迅速发展,贷款需求增加时,市场利率往往会上升,证券价格随利率的上升而下降,此时若通过出售证券来满足贷款的资金需求,机会成本就会较高;在经济危机时,证券抛售量大大超过购买量,也难以实现流动性和盈利性的预期目标。

（三）预期收入理论

第二次世界大战后,经济的发展带来了多样化的资金需求,一方面短期贷款需求有增无减,另一方面又产生了大量设备和消费贷款的需求;同时,其他金融机构与商业银行的竞争也日趋激烈。在此背景下,美国经济学家普鲁克诺在《定期放款与银行流动性理论》一文中提出了预期收入理论。该理论认为,银行资产的流动性是与该项资产未来的现金流量,即预期收入密切相关的。如果一笔贷款或一项投资未来收入有保障,那么即使期限长,仍可保持流动性;相反,如果未来收入没有保障,即使放款期限短,仍有不能收回和坏账的可能。

该理论强调了银行贷款偿还和贷款项目未来收入的关系。该理论认为,借款者的现金流量通常随其收入的变化而改变,因此在发放贷款时,要注意贷款的种类和还本付息的方式、期限与以借款者未来的收入决定偿还能力相匹配。这样贷款就能按时偿还,银行也就能保证其资产的流动性。预期收入理论深化了对贷款清偿的认识,突破了银行原来的经营范围,既不受银行资产期限和类型的限制,也不必过多考虑资产转让的性质,只要收入有保证,就可以经营。

在预期收入理论的影响下,银行开发了中长期分期还本付息的贷款,银行安排贷款和投资组合时,也更有意识地错开不同资产的到期时间,以保障银行资产的流动性。问题在于,预期收入状况是银行自己预测的,不可能完全精确,尤其在资产期限较长的情况下,债务人的经营情况可能发生变化,届时不一定具备偿还能力,故以预期收入作为资产经营的标准,并不能完全保证银行资产的流动性。

预期收入理论认为银行资产的流动性并非取决于贷款期限的长短,并且认为应将客户的预期收入与商业银行对于流动性的需求相联系,该理论认为客户的预期收入取决于其按时偿还贷款还本付息的能力,只要商业银行能够掌握客户的预期偿还能力并据此来合理安排贷款的组合,保障其预期的收益,就可以满足对流动性的需求。

然而该理论具有一定的局限性,该理论仅凭商业银行主观认识来推断客户的预期收入,客观性不强;客户的预期收入不仅仅取决于其承诺和约定,同时也会受到当时整个社会经济状况的影响,而未来社会的经济环境不确定性较大,市场动荡有可能出现,客户预期收入中随之而来的波动将会影响其偿还债务的能力,一旦预期的收入不能够实现,这种期望的落差很有可能将商业银行带入面临流动性风险甚至挤兑危机的困境。

从全局角度看,资产理论是一种存量调整的管理策略,要求商业银行将流动性资产作为一种储备存储起来,在突然发生不可预计的计划外流动性需求时,可以将这些存储起来的资产迅速在二级市场上以合理价格出卖,以达到迅速变现,应对银行突发性的流动性需求。对于商业银行经营管理本身来说有利于维护保持客户的信心,安全性较好。然而这种理论也有缺陷,它过分限制了银行业务范围,囤积大量流动性资产的机会成本在于放弃高收益的资产,风险收益较小;并且将政府债券等流动性资产以出卖的方式变现以获得流动性的做法,往往损失商业银行的信誉,打击客户对银行的信心;并且将资产变现也会产生一定数量的交易成本,造成一定损失。

二、负债管理理论

20世纪60年代初,随着金融市场的发展完善,非银行金融机构大量出现,金融市场上筹资融资的新工具不断涌现,这些变化导致商业银行传统的稳定的资金来源受到了来自其他金融机构的争夺和流向金融市场的威胁和冲击。20世纪60年代初,美国花旗银行首创的大面额可转让存单问世,为商业银行主动吸收新的资金来源开拓了一条崭新的途径,负债管理理论也应运而生。

负债管理理论盛行于20世纪60年代,该理论与资产管理理论侧重点截然不同,它主张通过主动负债的方式来获得流动性,而非以单一的资产储备流动性,二者的差别在于获得与储备。负债管理理论认为满足流动性需求,解决流动性问题的方式不仅仅可以通过持有现金资产或者通过流动性资产变现的途径来实现,商业银行通过以主动负债的形式同样可以在货币和资金市场上获得所需流动性。这样,银行一方面可以达到其盈利性目的;另一方面又可以较低的成本从资金市场上借入资金。然而这种做法同样存在较大的风险,一旦资金市场出现波动,商业银行就可

第五章　流动性风险管理

能由于市场流动性的紧缩或者借入资金成本较高而到期不能筹集到相应的资金,从而面临流动性风险。

(一) 银行券理论

银行券理论认为,客户将金银或者铸币存入银行之后,银行开出银行券,允诺执票人凭票即可取得与票面数额相当的金银或铸币。该理论强调银行券是银行发行的可兑换的信用货币,它的发行以银行持有的贵金属作为发行保证。由于持券人不会同时要求兑现,因此银行不必以十足的金银资产做后盾,即银行可以超过所持有的贵金属的数量发行银行券。

(二) 存款理论

存款理论是银行负债理论的主要理论,其主张存款是银行最重要的资金来源,是银行资产经营活动的基础;银行在吸收存款的过程中是被动的,为保证银行经营的安全性和稳定性,银行的资金运用必须以其吸收存款沉淀的余额为限;银行支付的存款利息是对存款者放弃流动性的补偿,并构成银行的成本支出。存款的安全性是存款者和银行共同关注的问题,也是银行经营的客观要求。

存款理论的优点在于具有稳健性和保守性,强调应按照存款的流动性来组织贷款,将安全性原则放在首位。然而其缺陷在于没有认识到银行在扩大存款或其他负债方面的能动性,也没有认识到负债结构、资产结构以及资产负债综合关系的改善对于保证银行资产的流动性、提高银行盈利性等方面的作用。

(三) 购买理论

购买理论是继存款理论之后出现的,但是与存款理论截然不同,它将被动的存款观念变为主动的借款观念,变消极的付息负债为积极的购买负债。购买理论的观念是银行对于负债并非消极被动、无能为力,完全可以主动购买外界资金;商业银行购买资金的基本目的是为了增强其流动性,并且认为商业银行吸收资金的适宜时机是在通货膨胀的情况下。此时,实际利率较低甚至为负数,或实物投资不景气而金融资产投资较为繁荣,通过刺激信贷规模可以弥补利差下降的银行利润。购买理论产生于20世纪70年代西方发达国家经济滞胀时期,它对于促进商业银行更加主动地吸收资金,刺激信用扩张和经济增长,以及增强商业银行的竞争能力,具有积极的意义。但是,其缺陷在于助长了商业银行片面扩大负债,加重了债务危机,导致了银行业的恶性竞争,加重了经济通货膨胀的负担。

（四）销售理论

销售理论产生于 20 世纪 80 年代。以金融服务为基础,通过创造适合于不同客户需要的金融产品,为更大范围的客户提供形式多样的服务。其基本观点是:银行是金融产品的制造企业,银行负债管理的中心任务就是迎合顾客的需要,努力推销金融产品,扩大商业银行的资金来源和收益水平。该理论是金融改革和金融创新的产物,它给银行负债管理注入了现代企业的营销观念,即围绕客户的需要来设计资产类或负债类产品及金融服务,并通过不断改善金融产品的销售方式来完善服务。它反映了 20 世纪 80 年代以来金融业和非金融业相互竞争和渗透的情况,标志着金融机构正朝着多元化和综合化发展。

由上可知,负债管理理论与以前的流动性管理理论截然不同。以前的管理方式主要是从资产的角度来考虑怎样满足流动性,而负债管理理论则认为银行可以通过货币管理来获取流动性。此理论不仅强调怎样以合理价格获得资金,也重视如何有效地使用资金,特别是如何满足贷款需求,与传统的主要依靠吸收存款的办法不同,负债管理强调可通过一系列新的金融工具来筹资,如银行同业拆借资金、大面额可转让定期存单、欧洲美元存单、回购协议等。用这类工具筹资,银行的资产将会增加,而传统的动用储存的流动性来满足贷款需求只不过改变了资产的构成。如果依靠变现流动资产来满足存款下降造成的流动性新需求,银行的资产规模甚至会收缩。

根据负债管理理论,银行不用储存大量的流动性。这样银行就能把更多的资金投入效益更好的贷款或其他中长期投资上,银行的收益就能得到增加,但银行面临的风险也大大增加。负债管理理论在 20 世纪 70 年代后期受到了严重挑战。一些银行,即使是规模很大的银行,在出现激增的流动性需求时,也很难以合理价格从市场上购买到流动性,当市场环境恶化或自身信誉下降时,银行仅仅依靠负债管理来满足流动性需求是很困难的。因此,单一的资产管理或负债管理都不能保证银行的流动性,于是一种全新的理论——资产负债综合管理理论在 20 世纪 70 年代后期开始形成并迅速流行。

三、资产负债综合管理理论

随着市场的进一步发展和完善,对银行的经营管理也提出了更高的要求。20 世纪 70 年代中后期,市场利率大幅上升,使银行负债成本上升,银行风险加大,银行的国际竞争力降低,此时仅凭资产管理或负债管理都

第五章 流动性风险管理

已经不能保证银行的流动性需求,因此出现了资产负债管理理论。该理论结合了以上两种理论的优势并认为流动性、安全性、盈利性均衡问题都不能单纯地依赖资产管理理论和负债管理理论就能解决,并且主张满足流动性的需求应从资产和负债两方面进行,综合资产理论与负债理论的同时动态调整资产与负债的结构,并且将未来对流动性的需求划分为预期与未预期两部分流动性需求。

对于预期的流动性需求,可以部分以持有可转换证券或在其他商业银行存款的方式储存流动性资产;另一部分从往来银行及其他资金融资渠道预先以信贷额度的形式给予支持。对于未预期的流动性需求,可以临时通过以短期借款的方式满足,同时对于长期流动性需求,采取手段对其做出预测,通过将中短期贷款和证券逐步变现的方式来满足。通过对资产与负债各个项目不同的偿还期的期限错配研究,计算各个资产及负债的成本及收益率水平,以利润最大化为目标,对银行资产及负债产品的数量期限的对称联系来交叉配置,将资产与负债结构调整至可持续提供流动性的状态,实现信贷资金的优化配置。这样做可以确保储备一部分流动性的同时能从外部购入一部分流动性,这样既增加了资产管理的盈利性又降低了负债管理的风险性。

四、资产负债表内表外统一管理理论

20世纪80年代末,在世界各国放松金融管制及金融自由化的背景下,银行业的竞争空前激烈。这种激烈的竞争不仅存在于商业银行与非银行的金融机构之间,就连非金融业的工商企业也开始大规模地介入金融业的激烈竞争之中。同时,各国的货币政策比较偏紧,通货膨胀率呈下降趋势。这一系列因素抑制了商业银行利率的提高和银行经营规模的扩大,商业银行存款的利差收益愈来愈小。另外,大量创新的金融衍生交易工具不断涌现并迅速产生新的组合,这不仅为商业银行规避、控制、管理风险提供了许多新的方法和手段,也为商业银行开辟了新的盈利渠道。

然而,这些避险工具本身也存在潜在的、更复杂的风险,如1995年,具有230多年历史,在世界1 000家大银行中按核心资本排名第489位的英国巴林银行宣布倒闭,其原因是该行高级职员里森擅用职权,投机交易失败,两个月内竟使银行亏损14亿美元;同年日本大和银行因一名职员期货交易造假账买卖债券,背上了11亿美元的巨额亏损,被迫宣布停止在美国的业务。

资产负债表内表外统一管理理论认为,商业银行的风险管理不能只限于资产负债表内的业务,应该对表内表外业务进行统一的管理,该理论认为,存贷款业务只是商业银行经营的一根主轴,在其周围,还可以延伸发展出多种多样的金融服务,如信息处理、资产管理、基金管理以及期货、期权等多样衍生金融工具的交易。同时,这种理论也提倡将原来的资产负债表内的业务转化为表外业务。例如,将贷款转让给第三者,将存款转售给急需资金的单位等。这种转售单纯地在资产和负债上分别销账,使表内经营规模缩减或维持现状,而商业银行收取转让的价格差额。

资产负债表内表外统一管理理论实质上是资产负债理论的扩展和延伸,从形式上看是使资产负债管理由表内向表外扩展,但实质上极大地丰富了金融风险管理资产负债管理的内容;同时也使得包括流动性风险在内的金融风险管理及资产负债管理日趋复杂。

第三节 流动性风险的度量

商业银行若要有效控制流动性风险,就必须科学地识别和测算已知的和潜在的资金需求,测算资金的需求规模和时间,通过分析、测算,使银行对自己的流动性状况有充分的了解,以便随时解决可能出现的流动性风险。

一、度量流动性风险的财务比率

度量商业银行流动性风险的财务指标很多,如现金比率、流动比率、存贷款比率、不良贷款率、核心存款与总资产比率、贷款总额与总资产比率、贷款总额与核心存款比率、流动资产与总资产比率、流动资产与易变负债比率、易变负债与总资产比率、存款增减变动额与存款平均余额比率、流动资产和可用头寸与未履约贷款承诺比率、证券市场价格与票面价格比率等。

(1)现金比率。现金比率是指现金资产与银行存款的比率,鉴于现金资产具有最高的流动性,因此这一比率越高,表明银行资产整体的流动性越强,但并非所有的现金资产都是可用的,只有超出法定存款准备金的那部分现金资产才是可用的。现金资产具体包括3个方面:一是库存现金(包括纸币和硬币);二是存放在央行的存款(包括法定存款准备金和清算资金);三是存放在其他商业银行和金融机构的款项(存放同业款项)。库存现金、存放央行清算资金、存放同业款项这三部分资产统称为商业银行的超额准备金,通常被称为商业银行的基础头寸。现金比率的

第五章　流动性风险管理

计算式为

$$现金比率 = 现金资产 / 银行存款$$

尽管各国央行对商业银行现金比率保持在什么样的水平,没有明确的规定,但可以做个粗略的推算。因为商业银行保持现金的目的有两个:一是法定存款准备金;二是用于支付的超额储备。法定存款准备金与法定存款准备率有关,而超额储备与备付率有关。因此,现金比率可视为法定存款准备率加备付率,即

$$现金比率 = 法定存款准备率 + 备付率$$

2014年我国大型存款金融机构的法定存款准备率为20%,对备付率没有严格的规定,由各商业银行决定,如中国建设银行规定其分支行的备付率保持在2%~4%。一般情况下,大银行的备付率比小银行的要低,如有些中小商业银行就将其备付率定在5%以上。

(2)流动比率。流动比率是流动资产与流动负债之比,计算式为

$$流动比率 = 流动资产 / 流动负债$$

流动资产是指企业拥有的可以在一年或超过一年的一个营业周期内变现或者耗用的资产,商业银行的流动资产包括库存现金、存放中央银行款项、短期投资、存放同业款项、拆出资金等。流动负债是指在一年或超过一年的一个营业周期内偿还的债务,包括吸收的各项短期存款、向中央银行借款、同业存放款项、拆入资金、应解汇款、应付利息、应付工资、应付福利费、其他应付款、应缴税金等。流动比率越高,表明该银行的流动性越好。很多国家对商业银行的流动比率做了规定,如《中华人民共和国商业银行法》第39条规定:"流动性资产余额与流动性负债余额的比例不得低于百分之二十五。"

(3)存贷款比率。存贷款比率是指商业银行的贷款与存款的比率,计算公式为

$$存贷款比率 = 贷款余额 / 存款余额$$

这个指标是评判流动性的总指标,也是长期以来被银行运用较多的传统指标。贷款是商业银行最主要的资金运用,也是流动性较差的资产;存款是商业银行的负债,是其最主要的资金来源。贷款对存款的比率越高,就意味着商业银行的流动性就越差,风险程度越大,因为不具流动性的资产占用了更多的资金。反之,贷款对存款的比率较低,说明银行还有多余的头寸,既可以用稳定的存款来源发放新的贷款或进行投资,也可以应付客户提现的需求。一般来讲,商业银行在初级阶段该比例较低,随着经营管理水平的不断提高和规模的扩大,该比例也不断上升。此外各商业银行不同的经营方针在一定程度上也决定了该比例的大小,如强调进

取的商业银行与非进取的商业银行相比,该比例较高,因为前者侧重于盈利性而后者更强调安全性。然而,存贷款比率并不能反映贷款与存款的结构差别,如贷款的质量和期限,所以用这个指标来衡量流动性也存在明显的不足。

我国对商业银行存贷款比率有较严格的规定,《中华人民共和国商业银行法》第39条规定:"贷款余额与存款余额的比例不得超过75%。"按照中国人民银行颁布的《商业银行资产负债比例管理暂行监控指标》规定,将这项指标又分成两种:其一,对实行余额考核的银行(中小商业银行),各项贷款旬末平均额与各项存款旬末平均余额之比不超过75%;其二,对于实行增量考核的银行(工、农、中、建四大国有商业银行),各项贷款旬末平均增加额与各项存款旬末平均额之比不超过75%。

(4)不良贷款率。不良贷款率作为衡量贷款质量的指标,同时也是衡量流动性的指标,因为银行的资产中贷款所占比重最大,贷款质量的好坏不仅直接影响着银行资产的安全,还影响银行的收益和声誉,因为谁也不愿意将钱存在没有保障的地方。事实表明,不少银行的流动性危机正是由于银行存在大量的不良贷款而引起的,不良率越高流动性越差,反之流动性越好。国际上将10%视为不良贷款率的警戒线。

(5)核心存款与总资产比率。商业银行的存款按其稳定性可分为核心存款和非核心存款。核心存款是指那些相对来说较稳定的,对利率的变化不敏感的存款,季度和经济环境的变化对其影响也较小,因此核心存款是商业银行稳定的资金来源。不过,一旦商业银行失去了信誉,核心存款也会流失。

非核心存款也称作易变存款,受利率等外部因素的影响较大,一旦经济环境变化产生对银行不利的影响,非核心存款往往会大量流失,然而此时也正是商业银行的流动性需求增加的时候,所以在测算流动性时,不能考虑这类存款。

核心存款和总资产的比率在一定程度上反映了商业银行流动性能力。一般而言,地区性的中小银行该比率较高,而大银行特别是国际性的大银行这一比率较低,但这并不意味着大银行的流动性风险比小银行的要高,因此这个指标也存在局限性,不过对同类银行而言,该比率高的银行其流动性能力也相应较高。

(6)贷款总额与总资产比率。贷款是商业银行最主要的资产,如果贷款不能在二级市场上转让,那么这类贷款就是银行所有资产中最不具备流动性的资产。通常,该比率较高,表明银行流动性较差,该比率较低则反映了银行具有很大的贷款潜力,满足新贷款需求的能力也较强。一

第五章　流动性风险管理

般情况下,该比率随银行规模的增加而增加,大银行的比率高于中小银行的比率。由于贷款总额与总资产的比率忽略了其他资产,特别是流动性资产的性质,因此该项指标往往不能准确地衡量银行的流动性风险,而且该指标没有考虑贷款本身所具备的流动性。贷款能从以下两方面提供流动性。其一,按协议定期偿付的利息和本金本身就提供了流动性;其二,某些贷款经过处理之后也可以在二级市场上转让,从而提供流动性。

由于呆账风险和二级市场转让的不确定性,贷款所能提供的流动性较难估算。

(7)贷款总额与核心存款比率。贷款总额与存款总额的比率是一种传统的衡量银行流动性的指标。后来人们发现易变存款不能作为银行稳定的资金来源,所以就用核心存款来代替总存款。

贷款总额与核心存款的比率＝贷款总额/核心存款

此比率越小,商业银行存储的流动性就越高,相对来说,流动性风险也就越小。一般来说,贷款总额与核心存款的比率随银行规模扩大而增加,某些大银行的此比率甚至大于1。这是因为对于大银行来说,核心存款与总资产的比率较低,而单位资产的贷款额又比中小银行高,但这并不意味着大银行的流动性风险一定比中小银行的大,因为大银行更容易在金融市场上以合理的成本筹措到资金,满足其流动性的需求。

(8)流动资产与总资产比率。流动资产是指那些投资期在1年以内,信誉好、易变现的资产。这种资产一遇需要,马上就能以合理的价格转换成现金,流动资产占总资产的比率越高,银行储备的流动性就越高,应付潜在的流动性需求的能力也就越强,但是对于大银行来说,因为它能容易地以合理的价格筹措资金,因此不必要存储太多的流动性,所以银行的规模越大,该比率越小。

(9)流动资产与易变负债比率。易变性负债是指那些不稳定的,易受利率、汇率、股价指数等经济因素影响而变动的资金来源,如大额可转让定期存单,国外存款,以及我国的定活两便存款、证券账户上的存款等。当市场利率或其他投资工具的价格发生对银行不利的变动时,这一部分资金来源容易流失。流动性资产与易变性负债的比率反映了当市场利率或其他投资工具的价格发生对银行不利的变动时,银行所能承受的流动性风险的能力,该比率大,说明银行应对潜在流动性需求的能力强;该比率小,则说明应对潜在流动性风险的能力弱。

(10)易变负债与总资产比率。易变负债和总资产的比率衡量了一个银行在多大程度上依赖于易变负债获得所需资金。通常情况下,在其他条件相同时,该比率越大,银行面临的流动性风险也越大。

（11）存款增减变动额与存款平均余额比率。此比率在不同的经济周期是不同的,但对于每一家银行来说,存款的增减变动在一定的经济条件下,具有一定稳定性和规律性,如果出现异常变化,就要引起重视。例如,某周或某月该比率急剧下降,说明存款大量流出,如果将此比率的下降幅度与历史同期相比差异较大,则表明流动性风险增大,在经济环境变动较大或投资偏好出现较大变化时,该比率就不能正确反映和衡量银行的流动性风险。

（12）流动资产和可用头寸与未履约贷款承诺比率。此比率可衡量银行是否能满足未履约承诺所需的流动性需求。如果流动性资产与可用头寸之和大于未履约贷款承诺,说明可满足已承诺的潜在的贷款需求；如果流动性资产与可用头寸之和小于未履约贷款承诺,表明银行现有的流动性不能满足已承诺的贷款需求,银行的流动性风险较大。该比率越大,说明银行应对潜在贷款需求的能力越大,该比率越小,说明银行应对潜在贷款需求的能力越小。因为没有考虑银行可以从其他途径获取流动性的便利程度和成本,所以该比率在衡量银行的流动性风险时,也有局限性。

（13）证券市场价格与票面价格比率。银行通常持有一定比例量的证券,以维持其流动性,证券的市场价格影响着其流动性,证券的市场价格与票面价格的比率也是反映银行的流动性的指标。

上面讨论了13个关于流动性的指标,这些指标都是根据资产负债表中的有关项目来衡量流动性的。它们的共同缺陷在于：它们都是存量指标而不是流量指标,都没有考虑银行在金融市场上获得流动性的能力。

二、度量流动性风险的市场信息指标

仅仅计算银行资产负债表中的有关财务比率不能全面、准确地衡量银行的流动性风险。银行是否具有控制流动性风险的能力,这种能力的强与弱,由银行在市场上的形象、地位和实力所决定,在经过市场考验之前,银行不可能确定自己是否有足够的流动性。因此,在衡量银行流动性风险时,除了分析测算有关的比率外,还应分析观察一些市场信息指标。

（1）公众对银行的信心。银行是不是由于公众或机构认为银行现金不足,难以保证债务支付,而导致存款流失？银行股票的价格是否由于投资者认为该面临或将面临流动性危机而下降？如果存款持续减少、本银行的股票价格下跌,可能意味着公众对本银行的信心在下降。

（2）资产出售时的损失。银行最近是否为了满足流动性需求,而在发生重大亏损的情况之下出售资产？这种情况是经常发生还是偶尔为

第五章　流动性风险管理

之?若经常发生,表明该银行已经面临着严重的流动性危机。

(3)银行满足优质客户资金需求的能力。银行是否能够及时满足能给银行带来合理利润的优质客户的贷款需求,或由于流动性压力迫使银行放弃某些可接受的贷款申请?如果银行不能满足优质客户合理的贷款需求,表明银行已经出现流动性不足的情况,如果不及时解决,不仅会降低盈利,而且还会失去优质客户。

(4)向中央银行借款情况。银行最近是否经常向当地中央银行申请贷款?央行官员是否对银行借贷提出问题?如果是这样,表明银行存在流动性风险,应该认真检查流动性管理的政策,做出相应调整。

(5)票据贴现或转贴现。对于本银行的票据,其他金融机构是否愿意贴现或者转贴现?如果答案是否定的,则可能预示着本银行的市场形象和资金实力受到怀疑。

(6)资信评级。要密切关注市场评级机构是否调整对本行的资信评级?若评级提高了,说明银行的市场地位提高;若评级降低,则说明银行的市场地位降低。评级降低会直接导致筹资成本的增加,流动性风险也随之增加。

(7)中间业务情况。银行在信用证等中间业务中,如果作为开证行,是否经常会遇到出口商或出口方银行提出的要求增加保兑行的情况?如果是,说明该行的市场形象和资金实力受到市场怀疑。

由于受信息不对称的影响,上述市场信息指标并不能完全真实反映一家银行流动性风险的实际能力,但通过对这些指标的分析,能使银行对自己在市场上的形象和地位做出较为正确的衡量和判断,促使银行制定合理的流动性管理策略。

第四节　流动性风险管理办法

一、流动性风险的识别

对流动性风险的识别和分析,必须兼顾商业银行的资产和负债两方面,即流动性集中反映了商业银行资产负债及其变动对均衡要求的满足程度,因而商业银行的流动性体现在资产流动性和负债流动性两个方面。

首先,资产流动性是指商业银行持有的资产可以随时得到偿付或者在不贬值的情况下出售,即无损失的情况下迅速变现的能力。变现能力越强,所付成本越低,则流动性越强。因此,商业银行应当估算所持有的可变现资产量,把流动性资产持有量与预期的流动性需求进行比较,以确定流动性适宜度。

其次,负债流动性是指商业银行能够以较低的成本随时获得需要的资金。筹集能力越强,筹集成本越低,则流动性越强。由于零售客户和公司机构客户对商业银行风险的敏感度有差别,因此负债流动性应当从零售和公司机构两个角度进行分析。

(1)零售客户,特别是小额存款人对商业银行的信用和利率水平不是很敏感,其存款意愿取决于其金融知识和经验、商业银行的地理位置、服务质量和产品种类、存款利息等。通常,个人存款往往被看作核心存款的重要组成部分。

(2)公司机构存款人对商业银行的信用和利率水平一般都高度敏感,通过监测商业银行发行的债券和票据在二级交易价格的变化,来评估商业银行的风险水平,并据此调整存款额度和去向。因此,公司机构存款通常不够稳定,对商业银行的流动性影响较大。

(一)资产负债的期限结构

商业银行的各种存款与借入资金构成其资金来源,其中大部分的存款和借入资金是短期的,然而资金投放于贷款或债券的投资资金占用却是长期的,这种资产负债期限的不匹配导致商业银行资产负债具有内在的不稳定性。若银行的资金来源是短期的,资金运用是长期的,则银行的收益较高,而流动性下降,我们称之为资产负债的期限结构错配。在这种不合理的资产负债结构下,在客户大量提取存款的情况下,银行会因为资产难以变现而产生流动性风险。

若资金来源是长期的,而运用是短期的,资金流动性较高,而收益则会下降。因此,银行的资金运用要考虑偿还期对称原则,长期负债和短期负债中的银行沉淀资金用于发放长期贷款或其他长期资产,而短期负债用于短期资产。

(二)币种结构

对于国际性银行而言,多币种的资产与负债增加了银行的流动性风险。当银行以不同外汇计价的资产和负债在规模和期限上不对称时,会导致币种错配,引起流动性风险。

(三)资产负债分布结构

商业银行资产分布分散程度不足,可能会面临较大潜在风险,甚至产生巨额的损失。商业银行除了要保护客户对象的分散、避免风险集中暴

第五章　流动性风险管理

露在单一客户身上,还要保持资产种类的多样化,避免集中在高风险的贷款资产上,而要根据资产多样化的原则在不同流动性、收益性的资产种类中进行合理安排,保持一个具有较好流动性的资产组合。同时,商业银行的资金来源分散程度不足,也可能导致银行面临较大的潜在风险。如果缺乏多样化的融资渠道和客户资源,在市场发生变化或者客户的资金发生转移时,只能寻求其他高成本资金或者被迫紧急变现资产,从而导致流动性风险。因此,商业银行的负债种类和客户也要保持一定的分散程度,以避免流动性风险的产生。

二、流动性风险的预警

流动性风险发生之前,通常会表现为各种内外部指标或信号的明显变化。

(1)内部指标或信号主要包括商业银行的内部有关风险水平、盈利能力、资产质量,以及可能对其他流动性产生中长期影响的指标变化。例如,某项或多项业务或产品的风险水平增加、资产或负债过于集中、资产质量下降、盈利水平下降、快速增长的资产的主要资金来源为市场大宗融资等。

(2)外部指标或信号主要包括第三方评级、所发行的有价证券的市场表现等指标变化。例如,市场上出现有关商业银行的负面传言、外部评级下降、客户大量求证不利于商业银行的传言、所发行的股票价格下跌,以及所发行的可流通债券(包括次级债券)的交易量上升且债券的买卖价差扩大,甚至出现交易商或经纪商不愿买卖债券而迫使银行寻求熟悉的交易商或经纪商支持等。

(3)融资指标或信号主要包括商业银行的负债稳定性和融资能力的变化等。例如,存款大量流失、债权人(包括存款人)提前要求兑付造成支付能力出现不足、融资成本上升、融资交易对手开始要求抵(质)押物且不愿提供中长期融资、愿意提供融资的对手数量减少且单笔融资的金额显著上升、被迫从市场上购回已发行的债券等。及时、有效地监测上述预警指标或信号,有助于商业银行及时纠正错误,并适时采取正确的风险控制方法。

三、压力测试

商业银行应当对因资产、负债及表外项目变化所产生的现金流量及期限变化进行分析,以正确预测未来特定时段的资金净需求。除了监测在正常市场条件下的资金净需求外,商业银行还有必要定期进行压力测试,根据不同的假设情况(可量化的极端范围)进行流动性测算,以确保商业银行储备足够的流动性来应付可能出现的各种极端状况。例如,商业银行根据自身业务特色和需要,对各类资产、负债及表外项目进行以下压力测试,并根据压力测试的结果分析商业银行当前的流动性状况。

(1)4种收益率曲线平行移动各100个基点,同时收益率曲线倾斜25个基点。

(2)三个月的收益率变化增加或减少20%。

(3)相对于美元的汇率,主要货币增加或减少6%,非主要货币增加或减少20%。

(4)信用价差增加或减少20%个基点。

(5)其他敏感参数的极端变化。

四、情景分析

在不同的情景条件下,商业银行对现金流入和流出的缺口分析结果存在显著差异,虽然历史经验可以借鉴,但更多情况下取决于商业银行的主观判断,因此,对商业银行运营过程中可能出现的各种情景进行相对保守的估计,有助于减少流动性缺口分析的偏差。通常,商业银行的流动性需求分析可分为以下3种情景,在每种情景下,商业银行应尽可能考虑到任何可能出现的有利或不利的重大流动性变化。

(1)正常状况是指商业银行在日常经营过程中,与资产负债相关的现金流量的正常变动。分析商业银行正常状况下的现金流量变化,有助于强化商业银行存款管理并充分利用其他债务市场,以避免在某一时刻面临过高的资金需求,也因此降低了市场冲击或对其经营状况的疑虑等临时性问题对负债规模和期限的影响。

(2)商业银行自身问题所造成的流动性危机。在此状况下最重要的假设是:商业银行的许多负债无法展期或以其他负债代替,必须按期偿还,因此不得不减少相应资产。实质上,绝大多数严重的流动性危机都源于商业银行自身管理或技术上(公司治理和内部控制体系)存在致命的薄弱环节。例如,由于内部控制方面的漏洞,很多金融机构在衍生产品交易中遭受巨额损失,而且短期内难以筹措足够的资金平仓,出现严重的流动性危机,甚至破产倒闭。因此,有必要对商业银行自身问题所造成的流动性危机做好充分的心理和资源准备。

(3)某种形式的整体市场危机,即在一个或多个市场,所有商业银行的流动性都受到不同程度的影响。在此状况下最重要的假设是:市场对信用等级特别重视,商业银行之间以及各类金融机构之间的融资能力的

第五章 流动性风险管理

差距会有所扩大,一些商业银行可以从中受益,而另一些则可能受到损害。商业银行需要测算现金流量在此情况下的可能变动范围,以确定每一类资产负债的现金流量的时间分布。虽然商业银行关于现金流量分布的历史经验和对市场惯例的理解对决策会有所帮助,但危急时刻主观判断常常占有更重要的地位。在各种可能出现的情形之间进行选择时,不确定性是不可避免的,此时商业银行应当持审慎态度,在分析现金流入时采用较晚的日期,而在分析现金流出时采用较早的日期。

将特定时段内的预期现金流入和现金流出之间的余额相加,可以把握商业银行在上述3种情景下的流动性演变和资金净余缺的情况,从而深入理解商业银行的流动性状况,并审慎假设条件是否一致、合理。应当注意的是,整体市场危机与商业银行自身危机可能出现的情景存在很大区别:一方面在商业银行自身出现危机时,其出售资产换取现金的能力有所下降,但在整体市场危机时,这一能力下降得更加厉害,因此此时极少有交易双方愿意或有能力以现金购买流动性欠佳的资产。另一方面,在市场上享有盛誉的商业银行反而会从整体市场危机中受益,因为潜在的存款人会为其资金寻找最安全的庇护所,形成资金向高质量的商业银行流动。

五、衡量流动性缺口

衡量流动性缺口是进行流动性风险管理的前提条件,流动性缺口的实质是银行流动性净需求,这种净需求通常使用的方法是资金来源和运用法。该方法的思路是:银行流动性随存款增加和贷款减少而提高,随存款减少和贷款增加而降低。

当资金来源与运用不匹配时,银行便存在流动性缺口,当流动性资金来源超过了其运用,称为"正缺口";反之,称为"负缺口"或"流动性赤字"。当发生流动性缺口时,银行通过将流动资产变现或从金融市场上购买流动性来弥补。因此,流动性需求预测是估计流动性需求的重要方法,同时也是减少流动性风险的重要手段。测算流动性净需求的方法之一:资金来源与运用法。该法将计划期内存贷款的数量增减变化作为分析、测算的重点,分析银行经营过程中所面临的季节性、周期性和趋势性3个方面。其基本操作程序为:首先,预测计划期(如一年)存贷款数额,通常按月或按周计算存贷款的预测值;其次,根据同一时期存贷款增减额变动的估计,测算出流动性需求净额(流动性缺口)。

其实,银行的资金来源不只限于存款,还有到期可收回的贷款或投资,银行的资金运用也不只是贷款,还包括到期应支付的存款和债务,因此流动性缺口的预测还应考虑全部资金来源与全部资金运用。

六、提供流动性供给

流动性供给通常从流动性储备和流动性购买入手。前者要求银行必须保留一定的与预期流动性需要相匹配的现金资产或其他容易变现的资产；后者表明银行可以出售各种形式的债权来主动获得流动性，两者分别体现了流动性供给管理的资产和负债方式。

（一）流动性储备

进行流动性储备通常的方法是资金池法。商业银行将从各种渠道筹集来的资金汇集起来，然后按流动性的优先顺序分配资金运用，形成适当的资产组合。

首先，按照资金池法，商业银行常常优先满足一级储备，主要包括库存现金、同业存款、托收现金以及在中央银行的储备存款等。一级储备构成了存款被提取的第一道防线，当客户提出非预期的贷款需求，而商业银行又觉得非贷不可的时候，一级储备是银行考虑的首要流动性来源。

其次，商业银行要安排好二级储备，主要包括其持有的短期政府债券和货币市场证券，二级储备成了满足商业银行流动性需求的第二道防线。在满足一级储备和二级储备后，银行将剩余资金中一部分用来发放符合质量要求的贷款，一部分用来购买长期有价证券。

最后，作为固定资产投资，银行单独考虑，一般仅限于其资本量。

除此以外，银行也可以根据不同资金来源的流动性、资金周转速度的快慢和法定准备金要求决定银行资产分配。如果银行的资金来源是短期的，并且是相对易变的，那么银行应将大部分资金投向一级储备、小部分投向二级储备或短期贷款。相反，如果大部分资金来源期限较长，其流动性较低，法定准备金要求也低，则小部分用于一、二级储备，大部分用于贷款和证券投资，如图5-1所示。

（二）补充流动性的渠道

一般而言，流动性购买包括以下几个方面。

1. 窗口贴现

窗口贴现是商业银行获取短期资金的一种方法，通过向央行短期借款来调节银行的短期流动头寸，如临时性或季节性的流动性需求，但商业银行不能将该方法看成是连续不断的资金来源。从市场方面来看，过度从中央银行借款会导致公众信心下降而引致提现加速，所以银行应该适度运用该方法。

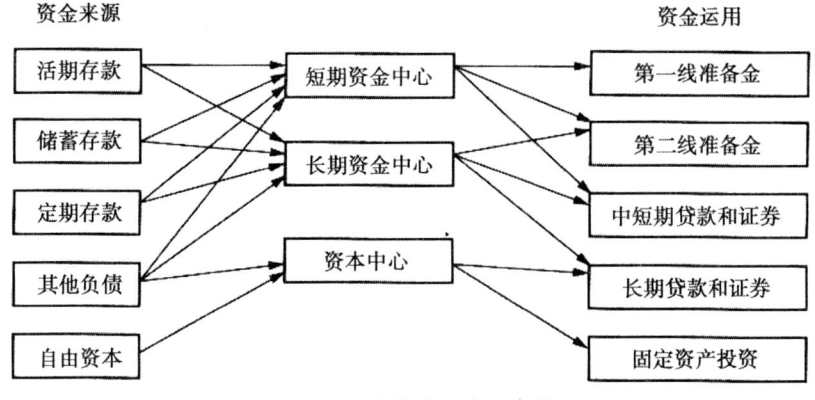

图 5-1 资产分配法示意图

注：（资料来源：朱淑珍，2015）

2. 同业拆借

同业拆借主要用于弥补商业银行经营过程中因为某种突发因素或特殊因素所造成的临时流动性不足。它是一种允许储备不足的商业银行从存在临时闲置资金的其他银行买入短期资金，用以满足法定存款准备金以及合格贷款需求的机制。

3. 回购协议

回购协议使得商业银行用低风险的资产作为抵押来获取短期借款，以满足即时流动性需求。其步骤是临时出售高质量、易流动的资产（如短期政府债券），同时根据协议，按预定价格或收益，在特定的未来日期购回原先出售的资产。

4. 发行大额可转让存单

可转让存单是一种表明承兑银行在特定的时间（通常是 1 个月至 1 年）按特定的利率支付存款资金的计息收据，面额较大，利率可固定也可浮动，具有高度流动性，在到期之前可以在二级市场上流通。

5. 欧洲货币存款与国外资金市场

欧洲货币市场 20 世纪 50 年代起源于西欧，它的目的在于为主要跨国银行之间进行套期互换提供短期的流动性需要或给最大的客户发放贷款。这种国际信贷期限从隔夜到一年不等，与海外分行间有活跃的二级市场，利率由国际市场定。国外资金市场是银行在开放经济下通过本国以外的货币市场来筹集短期可用的流动性资金。一般大银行能较方便地通过国外来源筹集到流动性资金，因为它们的声誉好，抵抗风险的能力强。

表 5-3 以新加坡大华银行 2007 年的财务数据为例,来具体举例分析如何预测流动性。

表 5-3　大华银行 2007 年第一季度流动性预测（单位：亿元）

项目	金额
一、资金使用	
1. 到期各类定期存款	0.5
2. 新贷款需求	
商业贷款	6
个人贷款	2
3. 净活期存款增加额	1
小计	9.5
二、资金来源	
1. 到期各类投资	
货币市场工具	4
短期政府债券	2
2. 贷款本息	2
小计	8
三、流动性缺口	1.5

注：（资料来源：朱淑珍，2015）

由表 5-3 可知,该银行 2007 年第一季度存在流动性缺口(如果发生流动性盈余,则应该进行合适的短期投资),为此,银行需要事先通过将部分流动资产变现或从金融市场上购买流动性等方式来弥补流动性缺口。大华银行估计拥有较多潜在的资金来源,见表 5-4。因此,大华银行具有较多的选择。

表 5-4　大华银行潜在的资金来源（单位：亿元）

项目	金额
一、变现能力强的流动资产	
1. 回购协议	1
2. 可转让定期存单	1
二、其他可变现流动资产	
1. 未到期贷款	2
2. 未到期货币市场债券	1.5
潜在资金来源	5.5

第五章 流动性风险管理

由表 5-4 可知,大华银行可以通过多种方式来防范流动性风险。例如:

(1)通过将回购协议和可转换定期存单变现,获得 2 亿元(假设这两种流动资产具有极高的变现能力)。

(2)出售未到期贷款和未到期货币市场债券。

需注意的是,筹集弥补流动性缺口的资金会发生融资成本,因此融资成本的高低将是大华银行选择弥补流动性缺口资金的重要依据。

第六章 操作风险管理

现代商业银行在经营发展过程中面临着各式各样的风险,风险管理的好坏决定了商业银行经营的成功与否。风险管理是商业银行最核心的竞争力。根据《巴塞尔资本协议》,现代商业银行风险分为信用风险、市场风险及操作风险。信用风险与市场风险很早就引起商业银行的重视,并形成了一整套完整的风险管理理念和管理模式,但对操作风险的研究和关注相对滞后。近年来,随着全球经济一体化速度的不断加快,银行经营规模和交易范围的不断扩大,商业银行的操作风险问题凸现。本章首先对操作风险进行界定和理解,进而论述操作风险的度量,以及其监控、评估与报告。

第一节 操作风险概述

一、操作风险的概念

操作风险由来已久,直到近年才成为人们关心的话题。操作风险概念并非巴塞尔新资本协议首次提出。20世纪90年代中期,当时美国货币监理署(OCC)和美国联储就尝试在CAMEL评级系统中考虑对操作风险的度量。事实上,国际上许多银行的操作风险已经成为仅次于信用风险的第二大风险。由于人们对它的关注时间不长,所以到目前为止,银行业界仍未就其相关概念达成一致。为了便于对操作风险的认识,巴塞尔委员会根据英国银行家协会、国际掉期和衍生品交易协会(ISDA)、风险管理协会及普华永道咨询公司的意见,将操作风险定义为"由不完善或有问题的内部程序、人员及系统或外部事件所造成损失的风险"。根据国际掉期和衍生品交易协会的观点,操作风险是业务风险和战略风险的子风险。而根据英国银行家协会的定义,操作风险包括"失败的证券交易、资金转移中的清算失误、实物资产被偷窃或损害、司法诉讼中的损失、监管当局的处罚、不可撤销的或错误的资金(资产)转让、预算外人工成本、

第六章 操作风险管理

疏漏或欺诈"等,以上类别包括法律风险,但不包括声誉风险和战略风险。也有研究人员从风险就是收益的波动性这个角度对操作风险进行了分析。在他们看来,既然银行面临的风险是收益的波动性,那么可以将风险又分为财务风险(Financial Risk)和非财务风险(Non-Financial Risk),如图6-1所示。巴塞尔新资本协议中指的操作风险是非财务风险的一部分。

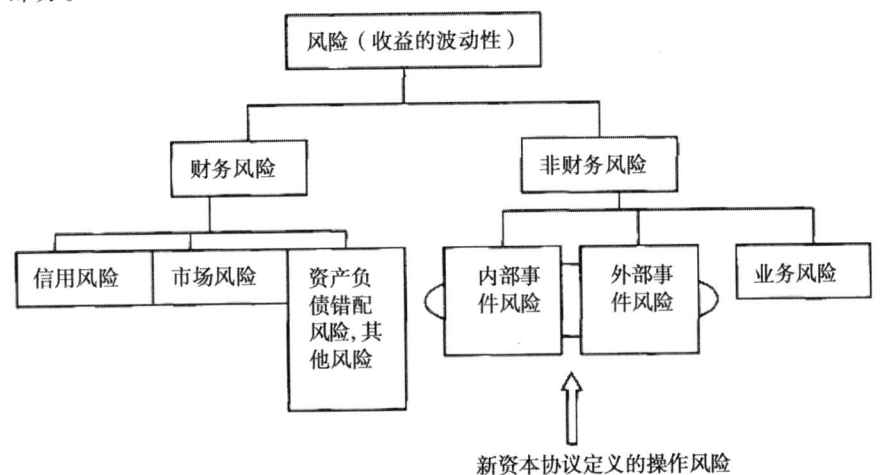

图6-1 从收益波动性角度分析操作风险

注:(资料来源:吴寂琼,2007)

国际上关于操作风险的界定可以归纳为3种观点,即广义概念、狭义概念和介于两者之间的战略操作风险概念。

广义的操作风险概念外延非常广,它把市场风险和信用风险以外的所有风险都视为操作风险,不但包括法律风险和声誉风险,还包括了战略风险,国家和转移风险等。初衷是希望掌握在已经计量的市场风险和信用风险损失以外所有潜在损失对利润和成本的影响。最大的优势在于涵盖了除市场风险和信用风险以外的所有剩余风险。正因为定义广泛,很难对风险进行确认、测度和管理,银行在实践时感到非常困难,从而不得不将其限定在相对容易计量的范围内。

狭义的操作风险概念认为,只有金融机构中与运营部门有关的风险才是操作风险,即由于控制、系统及运营过程中的错误或疏忽而可能引致的潜在损失的风险。根据这一定义,操作风险设计的内容大多被定位于后台管理部门。在银行实践中,该定义方法的优点在于,将每个后台部门的管理重点集中到他们所面临的主要风险上,缺点是没有将以上分类以外的细分操作风险纳入管理,继而遭受一些不可预见的损失。

第三种观点首先区分为可控制事件和由于外部实体如监管机构、竞争对手的影响而难以控制的事件,进而将可控制事件的风险定义为操作风险,应对另一类事件的风险也就是一些研究机构所称的"战略性风险"或"营销风险"(张吉光,2005)。这种观点所涵盖的内容比狭义操作风险概念广泛而比广泛操作风险概念狭窄,因而可操作性更强。所以越来越多的人倾向于接受介于广泛和狭义之间的操作风险概念。

新巴塞尔协议将操作风险定义为"由于内部流程、人员、技术和外部事件的不完善或故障造成损失的风险"。新巴塞尔协议将操作风险事件按照导致损失的原因归纳为以下7种。

(1)内部欺诈(Internal Fraud)。

(2)外部欺诈(External Fraud)。

(3)雇佣活动和工作现场安全问题(Employ Practices & Workspace Safety)。

(4)客户、产品和业务活动问题(Client, Products & Business Practices)。

(5)银行维系经营的实物资产的损坏(Damage to Physical Assets)。

(6)业务中断和系统错误(Business Disruption & System Failure)。

(7)执行、交付和过程管理(Execution Delivery & Process Management)。

同时,新巴塞尔协议将金融机构的业务类型分为以下8种。

(1)公司金融(Corporate Finance):合并与收购、股份承销、资产证券化、IPO、政府债券和高收益债券等。

(2)交易与销售(Trading & Sales):固定收益债券、股权、商品期货、信用产品、自有证券、租赁与赎回等。

(3)零售银行业务(Retail Banking):零售的存贷款业务、私人的存贷款业务、委托理财、咨询等。

(4)商业银行业务(Commercial Banking):项目融资、房地产、出口融资、交易融资、租赁、担保、贷款。

(5)支付与清算(Payment & Settlement):支付、转账、清算。

(6)代理服务(Agency Services):契约、存款收据、证券借贷、发行和支付代理。

(7)资产管理(Asset Management)。

(8)零售经纪(Retail Brokerage)。

根据上述划分方法,每种业务类型都对应8种导致操作风险的原因,于是金融领域的操作风险就被划分成 $7 \times 8 = 56$ 个风险单元。通过对每个风险单元的分析和管理,就可以很具体、明确地理解和把握操作风险了。

第六章 操作风险管理

二、操作风险的特性

作为金融机构日常面临的三大风险之一,操作风险除了具有所有金融风险的一些共性之外,还在很多方面都表现出了自己所独有的特点。

(一)内生性

操作风险成因具有明显的内生性。市场风险、信用风险一般是由外部不确定因素而引发的风险,所以为外生性风险。而操作风险则主要来源于机构内部的因素,虽然也会受自然灾害、外部冲击等一些不可预测的外部因素的影响,但内部因素引发的风险是主要的。这些内部因素主要涉及人、流程、管理和设备等部分。

(二)一定的外生性

从操作风险的引发因素来看,主要是由于内部因素而引发,如内部程序、人员和系统的不完备或失效、银行工作人员越权或从事职业道德不允许的或风险过高的业务,因此操作风险具有很强的内生性,但是银行作为社会性企业或组织,其业务计划的完成还需要其他组织予以配合,其他组织同样也存在内部程序、人员和系统失败的可能性,因此外部因素也可能导致银行操作风险的发生,如提供通信线路租赁业务的电信公司技术故障而导致银行IT通信系统无法正常运行,因而操作风险也具有一定的外生性。

(三)人为性

操作风险具有较强的人为性。由于操作风险主要来自商业银行的日常营运,只要是与人员相关的业务,都会存在操作风险。因此,人为因素在操作风险的形成原因中占了绝大部分。在上文提到的新巴塞尔协议所列举的导致操作风险的七大类原因中,其中有六类与人为操作有关,这从另一个侧面也证实了绝大多数操作风险都来自人为因素。

(四)不对称性

操作风险与预期收益具有明显的不对称性。诸如利率风险、汇率风险等一些风险既可能带来损失,也可能带来巨额收益,这已为广大的金融机构所普遍认识。因此,目前的风险管理者不仅将风险视为损失的可能性而加以控制,同时也将风险视为盈利增加的机会而加以充分利用,从而会保持适度的风险承担能力,以获取更大的收益。但是,上述认识和管理方式并不适用于操作风险,操作风险主要是关于成本的控制或增加,在很多情况下与利润并不直接相关,很少会因为操作风险低而提高当年的利润水平,相反为降低操作风险而加强操作风险的控制力度将增加监控成本,尽管这种成本的增加对利润的增加有可能会起到一定的促进作用,但这种作用并不明显,成本和利润的增加也不相称。总之,市场风险的管理会受金融机构追求利润的驱动,而操作风险则不受此影响。

(五)广泛性

操作风险具有广泛存在性。导致操作风险的因素众多,几乎覆盖了金融机构日常经营管理的每一个方面,所以操作风险几乎天天都会在金融机构发生。从业务流程来看,后台业务、中间业务以及前台和客户面对面的服务等都可能存在操作风险;从业务种类来看,操作风险不仅涉及模型、信息流动或管理等技术问题,也涵盖了文件制作、实物传送等实际操作问题;从风险的严重程度看,操作风险既包括工作疏忽、计算失误等小问题,也包括计算机系统的整体崩溃等极端事件以及欺诈、盗用等犯罪事件;从风险的主体来看,不论是一般操作人员的日常运作失误还是高级管理层的决策失误都会导致操作风险。

(六)关联性

操作风险与其他风险具有很强的关联性。操作风险是商业银行日益复杂的业务经营管理活动中不可避免的产物,是商业银行为产生利润而承担的风险中不可分割的一部分,因而操作风险常常与商业银行各项业务经营活动中的诸类风险紧密相连,有时还会出现"此消彼长"的情况。例如,化解信用风险和市场风险的复杂技术有可能在进行抵押、对冲、信贷资产证券化的风险转化过程中产生操作风险;日益复杂的套利交易活动,在减少市场风险的同时,也有可能增加操作风险。

(七)差异性

操作风险的表现形式具有差异性。由于每个单位及其下属的每个部门都具有独特而且相对独立的操作环境,同时每个单位和下属部门经营范围和管理模式也往往差别很大,因此操作风险的表现形式也常常具有显著的个性特征,从而所采取的防范与管理措施也有所不同。

不同的业务领域操作风险的表现方式存在差异,且主要由于银行内部业务操作的不当或不足而被动产生,在业务规模大、交易量大、结构变化迅速的业务领域,往往受到操作风险冲击的可能性也大。相反,交易频率低的业务领域,发生操作风险的频率相对较低,但操作风险的损失不一定低。因此,目前商业银行柜台业务领域受操作风险冲击较大,若不能有效控制,在一定条件下,有可能转化为高损失类风险。

第六章　操作风险管理

(八) 复杂性

由于引起操作风险的因素较为复杂,如产品的复杂性、产品营销渠道的拓展、新技术的应用、人员的流动、违规操作以及规章制度的变化等都可能引起操作风险,而通常可以监测和识别的操作风险同由此可能导致的损失规模、频率之间却不存在直接的关系,反而常常带有鲜明的个案特征,因而银行的风险管理部门往往难以确定哪些因素对于操作风险管理来说是最为重要的。

与市场风险和信用风险不同的是,影响操作风险的因素基本上在银行内部,并且风险因素与发生的可能性和损失大小之间不存在清晰的联系,对许多操作风险描绘完整的概率分布太复杂、难以实现。虽然经过近几年对操作风险测量技术的研究和历史数据的积累,国际银行业对操作风险的严重性计量还是主要依赖于业务管理者的经验来获得,因为发生较大损失的经验和时间序列数据对于大多数银行而言都是不足的,远没有产生一些标准的模型。而市场风险和信用风险量化技术目前基本成熟,基本采用数据模型进行风险的计量。

(九) 分散性

从覆盖范围看,操作风险管理实际上几乎覆盖了银行经营管理所有方面的不同风险,既包括那些发生频率高,但是可能造成的损失相对较低的日常业务流程上的小错误,也包括那些发生频率低,但是可能导致的损失相对高的自然灾害、大规模舞弊等。而且,操作风险与各类风险相互交叠,涉及面广,因此试图用一种方法来覆盖操作风险管理的所有领域几乎是不可能的。同时,对于操作风险的管理,不可能由一个部门完成,银行各具体的业务部门应当承担第一责任,必须建立操作风险管理的框架体系。如果说市场风险和信用风险的管理日趋集中化的话,那么操作风险的管理则应强调分散化。操作风险不仅涵盖了商业银行内部大部分的风险,而且许多新的风险还不断归入其中,使其成为一个很难界定的风险。长期以来,由于银行业缺乏应有的关注和在这方面的实践经验,对商业银行操作风险的度量,以及对操作风险管理工具的研究,在国际银行业还是个相对陌生的领域。而且银行界一方面缺乏用来量化操作风险的可靠数据;另一方面又在定性方法的使用上显得犹豫不决。

(十) 突发性

操作风险具有不可预测性和突发性,主要表现在以下5个方面。

(1) 涉及的领域宽广。操作风险发生的范围广,涵盖了商业银行业务经营的方方面面,相当分散。

（2）形成原因复杂。操作风险的成因既有外部事件的影响,更大部分是"银行内部制造的",其表现形式和形成原因依赖于前后关联的事件,而这些事件又往往不易辨别。

（3）损失具有不确定性。操作风险既包括发生频率很高、损失小或无损失的操作失误性风险,也包括发生频率很低、损失巨大的意外风险。同时,操作风险造成的损失有时会以信用风险、市场风险等其他风险的形式表现出来,难以清晰界定。

（4）前文已提到的操作风险具有较强的人为性。人的行为特征的不可控性使得操作风险的发生具有突发性、偶发性和难以捉摸等特点。

（5）操作风险的表现形式不断变化。这主要由于计算机、金融分析等技术水平的不断提高给金融业务带来的巨大冲击所造成的,主要表现在:金融业务操作系统的不断改进,自动化操作代替了手工作业,互联网系统代替了原来独立的系统；金融服务流程的不断变化；金融产品不断创新,各种衍生金融产品的不断推出等。

（十一）共担性

操作风险的管理责任具有共担性。与市场风险、信用风险不同,操作风险的控制和管理不只是风险管理部门的责任,整个金融服务企业内部所有人员包括业务主管、程序负责人、会计主管、高级管理人员等都要担负操作风险管理的责任。例如,对金融工具的不熟悉,可能导致对金融工具的滥用,从而增加错误定价和错误对冲的机会；风险管理人员输入数据和信息时的失误可能扭曲自身对风险的评估或处理。

（十二）纯粹性

操作风险是一种纯粹的风险,承担这种风险不能带来任何收入,对于信用风险和市场风险来说,存在风险与报酬的一一对应关系,但这种关系并不一定适用于操作风险,因为操作风险损失在大多数情况下与收益的产生没有必然联系。

操作风险的上述特征表明,操作风险具有难以识别、难以计员、难以控制、难以转移、难以管理的复杂性。尽管如此,金融机构仍必须把操作风险管理作为日常管理工作中最重要的组成部分加以重视,并针对业务经营中不同的具体情况在同操作风险的日常战争中学会取胜的办法。另外,从操作风险的上述特征中还可获得如下启示:操作风险管理的关键是过程,而非结果。

三、操作风险的分类

为进一步认识操作风险,我们将根据不同标准对操作风险进行分类。

(一) 按导致操作风险的因素分类

按照导致操作风险的因素不同,可以将操作风险分为操作失败风险和操作战略风险。操作失败风险又称为"内部操作风险",主要由人员、流程、技术等内部风险因素引起,更进一步的详细内容如见6-1。操作战略风险又称为外部操作风险,主要由政治、监管、政府、社会、竞争、外部欺诈等外部风险因素引起。

表6-1 导致操作风险的内部因素

内部因素	详情	
人员因素	不能胜任、内部欺诈	
流程风险	模型风险	模型/方法错误、逐日盯市错误
	交易风险	执行错误、产品的复杂性、记账错误、结算错误、文档/契约风险
	操作控制风险	突破限制、安全性风险、容量风险
技术风险	系统崩溃风险、错误程序、信息风险、通信失败	

注:(资料来源:张金清,2009)

(二) 按会计学分类法分类

1. 估值风险

由于交易收益是根据合同条款和市场价值确定的,对于一个基于条款和相应市场价值的合同,计算其价值的模型还受限于合同的具体条款及其具体解释。由于模型不一定能反映合同的真实价值,可能会在重新估值时造成损失。

2. 对账风险

由于大的金融机构一般都有数以百万计的账户,因此必须考虑每一笔借和贷是否记入了正确的账户。如果不能及时改正,很可能会导致损失。

3. 合规风险

金融机构处理交易的程序可能产生误差。例如,金融服务合同的制定和管理受到来自内外部相关法规和监管条例的制约。如果程序违背了相关的监管条例,就会给公司造成损失,如罚金、争议等。

4. 时效风险

由于货币具有时间价值，如果交易过程被延误，就可能导致损失，主要包括持有费用，而市场的波动则会加剧合同处理延误所造成的损失。

（三）按操作风险损失事件分类

对损失事件类型的定义来自巴塞尔银行监管委员会，损失事件类型是按照导致操作风险损失发生的事件因素来进行区分的，主要分为内部欺诈，外部欺诈，雇员活动和工作场所安全问题，客户、产品和业务活动问题，银行维系经营的实物资产的损坏，业务中断和系统错误，执行、交付和过程管理。这在上文内容中已简要提及，下面进行详细分析。

内部欺诈，指有机构内部人员参与的故意欺骗、盗用财产或违反规则、法律、公司政策的行为。例如，内部人员故意误报头寸、内部人员偷盗、员工通过自己账户进行内部交易等。

外部欺诈，指第三方的故意欺骗、盗用财产、违反法律的行为。例如，抢劫、伪造、开具空头支票以及黑客行为对计算机系统的破坏。

雇员活动和工作场所安全问题，指由个人伤害赔偿金支付或差别及歧视事件引起的违反雇员健康或安全相关法律或协议的行为。例如，工人补偿申诉、侵害雇员健康和安全条例、有组织的工会行动、歧视申诉和一般性责任。

客户、产品和业务活动问题，指无意或由于疏忽没能履行对特定客户的专业职责，或者由于产品的性质或设计产生类似结果。例如受托人违约、滥用客户的秘密信息、银行账户上的不正当的交易行为、洗钱和销售未授权产品等。

银行维系经营的实物资产的损坏，指自然灾害或其他事件造成的实物资产损失。例如，恐怖事件、地震、火灾和洪灾等。

业务中断和系统错误，指业务的意外中断或系统出现错误。例如，计算机软件或者硬件错误、通信问题、设备老化和供电中断等。

执行、交付和过程管理，指由于与交易对方的关系而产生的交易过程错误或过程管理不善。例如，交易数据录入错误、间接的管理失误、不完备的法律文件、未经批准访问客户账户、非客户的交易对手操作失误以及供应商纠纷等。

对所有类型的操作风险均采用同一模式进行管理是不现实和不经济的，因此为针对不同类型的操作风险进行管理，国际银行业之间经过大量讨论和沟通，对每一类型的操作风险事件的原因和可能损失进行了分析并进行了严格定义。目前基本上就分类达成了共识，表6-2是巴塞尔委

第六章 操作风险管理

员会和美国监管当局都采用的操作风险分类方法。

表 6-2 按照操作风险的损失事件类型分类

事件类型	事件类型细分	业务举例
内部欺诈	未经授权的活动	交易不报告
	盗窃和欺诈	配合信贷欺诈／挪用公款／盗窃尾箱
外部欺诈	系统安全性	黑客攻击／盗窃密码
	盗窃和欺诈	伪造／抢劫
就业政策与工作场所安全	劳资关系	罢工／薪酬福利纠纷
	安全性规定	违反工人健康
	性别和种族歧视事件	男女同工不同酬
客户／产品和业务操作	适当性／披露／信托责任	违规透露客户信息／违背合同条款
	不当的业务和市场行为	内部交易／洗钱
	产品瑕疵	产品缺陷
	客户选择／风险暴露	未按规定审查客户资料／超过限额
	咨询业务	因提供建议咨询引起的纠纷
实体资产损坏	灾害和其他事件	自然灾害／火灾／恐怖袭击
业务中断／系统失败	系统故障	软件／硬件／电力／电信传输问题
执行、交割和内部流程管理	交易认定／执行	交割失败／抵押品失效
	监控和报告	未履行强制报告职责
	文件记录	法律文件缺失／客户资料缺失
	客户账户管理	未经批准登录／客户记录错误
	交易对手	非客户对手方的失误／纠纷
	外部销售和供应商	与外部交易方产生纠纷

注：(资料来源：沈怡斐，2008)

（四）按人为因素造成的损失分类

按照人为因素造成的损失分类,可以分为管理人员或员工因疏忽、操作不规范而造成的操作风险,以及内部或外部人员采用蓄意违法违规的欺诈行为而使金融机构遭受损失的风险,该风险也称为"诈骗风险"（Swindling Risk）。例如,银行信贷人员与企业中的一些不法人员勾结骗取银行贷款、银行会计人员通过伪造账目截取或划走客户资金以及通过信用卡和网络进行金融诈骗等,都属于典型的诈骗风险。

（五）按照发生频率和严重程度分类

操作风险的发生频率以及其可能导致的损失程度对正确衡量操作风

险的大小非常重要,这也是广泛采用的分类方法,它把操作风险分为:可预计损失的风险,不可预计损失的风险和灾难性损失的风险。

可预计损失的风险,即银行在日常的营运中由于比较频繁发生的失误而导致损失的风险,这些风险的严重程度一般不大,银行的经营收入足够抵补这些可预期的损失,它们通常被列入银行的营业费用之中。

不可预计损失的风险,即银行在经营中由于发生了严重的超乎寻常的失误而导致损失的风险,这些风险发生的概率比较小,但严重程度一般很高,银行当期的营业利润无法完全抵补这些不可预期的损失,它们必须依靠银行的资本来抵补。但是一般而言,这种风险虽然导致银行发生巨大损失,但是其程度还不足以使银行破产或倒闭。

灾难性损失的风险,即银行在经营中所遭受的突如其来的内部或外部对银行的生存产生直接影响的风险,这种风险发生的概率极低,但是其后果非常严重,足以使银行破产或者倒闭。

目前,国际银行业对操作风险的关注焦点是不可预计损失风险和灾难性损失风险。因为可预计损失风险虽然发生的频率比较高,但是它是银行的正常经营中无法完全避免或者消除的,并且它对银行的正常经营影响不大,银行完全有能力在当期以营业利润进行抵补,因此基本上不需要安排资本补偿准备。而不可预计损失风险和灾难性损失风险则不同,虽然其发生的频率很低,但是由于其损失后果严重,需要进行严密的监控以及相应的资本补偿准备。

(六)按照潜在的操作风险损失分类

按照潜在的操作风险损失分类,可以分为高频低危和低频高危两大类。

高频低危事件(High Frequency Low Impact,HFLI),如会计方面的小错误或出纳员的无意操作失误等。这类事件造成损失的数据一般可以从银行的内部审计系统获得,针对这种类型的操作风险,能够建立模型,并对未来可预计损失分布做出较为准确的估算。

低频高危事件(Low Frequency High Impact,LFHI),如恐怖主义袭击或者欺诈舞弊等。这类事件爆发的概率很低,单一银行关于这类事件造成损失的数据不足以支撑操作风险模型的建立,因此不同银行之间可能需要进行数据共享。目前,巴塞尔委员会所进行的工作和英国银行家协会所管理的全球操作风险损失数据库反映了人们在低频高危事件管理方面的努力。

第六章 操作风险管理

四、操作风险的管理原则

为了实现对操作风险的审慎管理,巴塞尔银行监管委员会提出了管理操作风险的十原则,具体如下。①

原则一:董事会应该认识到银行操作风险是管理的主要内容,应该批准、定期复议银行操作风险管理框架。这个框架应该明确操作风险的定义,设定确定、评估、监督、控制/缓解操作风险的原则。

原则二:董事会应该保证由操作上独立的、受过训练、有经验的人员对管理操作风险的架构进行有效、全面而独立的审计。

原则三:高级管理人员有责任实施董事会批准的操作风险管理框架。这个框架应该在银行内部实施。各层面的人员应该理解自己在操作风险管理中的责任。高级管理人员有责任对银行产品、活动、过程和体系建立管理操作风险的政策、程序、过程,并进行日常管理。

原则四:银行应该对所有重要的产品、业务活动、管理过程、管理体系内在的操作风险进行确定和评估。银行应该保证在引进新产品、开展新业务活动、建立新的管理体系之前,对内在的操作风险进行充分的评估。

原则五:银行应该对操作风险和重大的损失进行日常监控,对高级管理人员和董事会进行日常报告。

原则六:银行应该有政策、过程和程序来控制或缓解重大的操作风险。银行应该对风险限额、风险缓释作用、风险战略的可行性进行评估,应该按照全面的风险偏好和风险整体状况,采用适当的战略来把握操作风险总体状况。

原则七:银行应当具备业务连续计划,以保证连续关注操作能力,在业务中断的情况下使损失最小。

原则八:银行的监管当局应该要求所有的银行,不管大小,建立一个有效的框架来确定、评估、控制或缓解操作风险,作为全面风险管理的一部分。

原则九:监管当局应该直接或间接地对银行操作风险的政策、程序和做法进行日常、独立的评估。监管当局应该保证适当的机制发挥作用,对银行的发展进行评估。

原则十:银行应该进行充分而公开的信息披露,让市场参与者评估银行操作风险的管理方法。

---

① 吴寂琼.操作风险度量及其在我国的应用[D].合肥:安徽大学,2007:8-9.

第二节 操作风险的度量

正是操作风险来源的复杂性以及重大损失的小概率事件,使得操作风险的度量不同于信用风险和市场的风险,较其他风险的度量也更加困难。然而,在近些年金融业出现的与操作风险相关的案件中,操作风险都带来了灾难性的后果,所以人们不得不关注操作风险的度量。操作风险的度量就是根据损失经验、假设分析逐一测评所有被识别的内部或外部操作风险因素影响程度,以决定哪些因素可以接受,哪些风险不可接受,应加以控制或者转移。操作风险度量的重点应考虑5个因素:发生频率、影响程度、风险等级、风险可接受程度和风险控制的有效性。

一、操作风险度量的发展

适当的操作风险度量方法是对操作风险进行准确度量的核心所在。由于操作风险自身的特点,在很长的一段时间内操作风险被视为一种不可度量的风险。随着风险管理技术的进步,银行业逐步将在其他风险管理领域内的度量技术引入操作风险,以求通过对操作风险的准确度量,更有效地管理和防范操作风险。

1992年9月,美国COSO提出了"内部控制整体框架",用以度量操作风险。该文件的所有主要概念均纳入美国国家审计标SAS55。SAS55将内部控制视作一个过程,一个受实体决策层、经理层及其他人员影响的过程。内部控制框架有5个组成部分,即环境控制、风险评估、行为控制、信息的沟通及监控。其中,风险评估是在既定的经营目标下分析并减少风险。这一环节是COSO内部控制整体框架的独特之处。[①]

20世纪90年代中期,美国货币委员会办公室(OCC)和联邦储备系统试图通过CAMELS标准来识别和管理操作风险。联储监管者通过"内部风险"和"风险管理质量"两种方法评估操作风险,芝加哥联邦储备银行又进一步提出了8种指标以便于监管者度量操作风险,但这些方法并没有得到推广。

巴塞尔委员会于1998年9月22日发表《关于操作风险管理的报告》《银行组织内部监控体系框架》和《关于银行透明度的建议》3个文件,分别就银行更好地鉴别、测量、管理和监控操作风险及银行内部监控的

---

① 李麟.COSO内部控制整体框架[J].金融会计,2001,(3):14.

第六章 操作风险管理

13条重要原则及监控机构改进在6大领域的金融通报规则等提出建议。1999年巴塞尔委员会又在其咨询意见稿中确立了包括操作风险在内的银行风险"最小监管资本要求"的原则,这是推动操作风险模型化的标志性事件。

进入21世纪后,操作风险管理技术取得了重大的进展,一系列新的方法和技术被引入度量操作风险,银行业开始采用更为先进的统计分析技术为操作风险管理建模,发展出了多种新的操作风险度量方法。这些方法大致可以分为"自上而下"法(top-down)和"自下而上"法(bottom-up)两类。

（一）"自上而下"法

"自上而下"法是主要使用财务指标和收益波动性等作为衡量风险的变量,由各个部门将操作风险合计起来计算的方法。它是从宏观基础上对操作风险进行度量,并不区分损失事件和损失原因,是个可以灵活使用且简便的方法,其优点是在搜集相关数据和估计操作风险方面比较容易,缺点则是银行不能按照业务线或部门来分析操作风险的原因,因而不能将操作风险的度量结果运用于各业务线或部门的风险管理和经济资本配置,不易达到对各类业务进行业绩评价、收益管理和风险管理的激励效果。

"自上而下"法试图在最广泛的层面上,即用企业层次或行业层次的数据来计量操作风险。通过估计经济变量的变异程度中外部宏观因素没有解释的部分,"自上而下"法就可以对不完善的内部程序所造成的总体影响做出评估。它的特点是操作风险管理是集中进行的,一般由一个风险小组来负责。另外,"自上而下"法仅仅依靠历史数据对操作风险进行评估,而历史数据自身无法证明其究竟是属于低频高损事件还是高频低损事件,所以该方法是滞后的。

"自上而下"法还可以根据评估方法的不同分为定性和定量两种。定性的自上而下法侧重于使用多种风险指标来评估公司的风险,这些指标包括业绩指标和控制指标。业绩指标用来计量经营方面的不足,如客户投诉、交易失败以及人员流动等。控制指标用来计量内部控制的效力,如未授权的交易、坏账数目等。定量的自上而下法运用量化方法对风险进行计量,包括：结合每天的交易对收入的波动性进行计量,但要排除市场因素的影响;评估商业风险,商业风险是由于收入变动和固定费用所占比例的变动引起的经营收入的波动性;评估事件风险,事件风险是指由于经营过程引起的直接财务损失。基本指标法、标准法、收入模型法等都属于"自上而下"这种度量方式。这些度量方法将会在下文中详细分析。

（二）"自下而上"法

"自下而上"是根据各个损失的事件类型与业务来区别风险，并逐步进行统计的度量方法。实际度量时，首先度量不同业务线或部门的操作风险，再进行加总，从而得到银行整体面临的操作风险。其优点在于区分了过去已经发生或可能发生的事件，并对这些事件的操作风险产生原因和作用机制进行了解释，从而可以帮助银行有针对性地采取相应管理措施，避免类似事件再次发生，缺点则在于银行需要投入更多的资源用于搜集相关损失事件的数据。

"自下而上"法是从单个业务单位或者从业务流程层面入手，之后将计量结果汇总，用以判断机构面临的风险概况。"自上而下"法侧重于识别公司损失的原因及来源，通过评估各个业务单位的操作风险，可以区分出高频低损事件和低频高损事件并进行不同的处理。通过各种相互关系建模，可以诊断出特定经营过程中的薄弱环节，提出改进建议。为了实施自下而上的分析，金融机构必须对业务流程进行分类，区分核心业务流程，还可以根据情况进一步下分成二级流程和三级流程，乃至更多，如此就可以识别出各个业务流程所对应的风险敞口。之后，对相应的子事件进行分析，以识别这些事件对实施战略目标能力的影响，以及这些事件会引发的损失。损失分布法、极值法、情景分析法、贝叶斯网络法等都属于"自下而上"这种度量方式。这些度量方法将会在下文中详细分析。

二、操作风险度量的方法

巴塞尔银行监管委员会认为，操作风险是银行面临的一项重要风险，银行应为抵御操作风险造成的损失安排资本。为操作风险分配资本是建立在操作风险量化基础上的，这正是操作风险管理实践中最大的难题。在新资本协议中，巴塞尔银行监管委员会为银行提供了三种可供选择的操作风险资本度量方法，即基本指标法（Basic Indicator Approach）、标准法（Standardized Approach）和高级度量法（Advanced Measurement Approach）。基本指标法和标准化法是针对操作风险较低的银行设计的，那些操作风险管理尚处于较低水平，尚未达到量化阶段的银行可以选用这两种方法。然而，银行采取基本指标法和标准化法计算操作风险资本金只是过渡阶段的选择，高级度量法的风险敏感度更高，能更加准确地反映银行操作风险的真实状况。

（一）基本指标法

巴塞尔银行监管委员会提供的计算操作风险资本金的3种方法中，

第六章　操作风险管理

基本指标法是最简单的方法。根据基本指标法,银行持有的操作风险资本金等于其前3年总收入的平均值乘上一个固定比例(α),α为固定值15%。计算公式如下:

$$KBIA = GI \times \alpha$$

其中,$KBIA$表示基本指标法需要的资本;GI表示前3年总收入的平均值;$\alpha = 15\%$,由巴塞尔委员会设定。

在公式中,选择总收入的原因在于,收入不是度量操作风险的,而是度量业务活动规模的合理指标,在不同地区具有连贯性和可比性,且容易获取,可以校验,具有反周期性的特点。为了确定最低规范资本要求,巴塞尔银行监管委员会把总收入定义为利息收入和非利息收入的总和。

鉴于基本指标法计算的基本比较简单,新协议中未对采用该方法提出具体标准,对运用该方法机构的唯一要求是能够测量在资本度量中的指标,即总收入。但是,巴塞尔银行监管委员会鼓励采用此法的银行遵循委员会于2003年2月发布的指引——《操作风险管理和监管的稳健做法》。

(二)标准法

比基本法较为复杂的是标准法。在基本指标法下,银行被看作单一的实体。而在标准法下,它被分为较小的单元,银行的所有业务划分为8个产品线,对每一个产品线规定不同的操作风险资本要求系数,并分别求出对应的资本,然后加总8个产品线的资本,即可得到银行总体操作风险资本要求。

在标准法中,银行的业务分为8个产品线,分别是公司金融(corporate finance)、交易和销售(trading & sales)、零售银行业务(retail banking)、商业银行业务(commercial banking)、支付和结算(payment & settlement)、代理服务(agency services)、资产管理(asset management)和零售经纪(retail brokerage)。

在各产品线中,总收入是个广义的指标,代表业务经营规模,因此也大致代表各产品线的操作风险暴露。计算各产品线资本要求的方法是,用银行的总收入乘以一个该产品线适用的系数(用β值表示)。β表示银行在特定产品线的操作风险损失经验值与该产品线总收入之间的关系。

在标准法中,总资本要求是各产品线监管资本的简单加总。总资本要求如下所示:

$$KTSA = \sum (GI_{1-8} \times \beta_{1-8})$$

其中,$KTSA$:用标准法计算的资本要求;GI_{1-8}:按基本指标法的定义,8个产品线中各产品线过去3年的年均总收入;β_{1-8}:由委员会设定的固定百分数,建立8个产品线的总收入与资本要求之间的联系。

表6-3 不同产品线的操作风险资本要求系数

产品线	β 系数（%）
公司金融（β_1）	18
交易和销售（β_2）	18
零售银行业务（β_3）	12
商业银行业务（β_4）	15
支付和结算（β_5）	18
代理服务（β_6）	15
资产管理（β_7）	12
零售经纪（β_8）	12
操作风险资本	$\sum_{i=1}^{8} X\beta$

注：（资料来源：吴寂琼，2007）

需要注意的是，巴塞尔银行监管委员会规定银行采用标准法计算操作风险资本必须达到一定的标准。这意味着并非所有的银行均可采用标准法。原因在于，与基本指标法相比，标准法具有一定的风险敏感度，基本上反映了银行在不同业务线上的不同操作风险水平，故可适当降低操作风险监管资本的要求。这些标准包括以下几方面。

1. 有效的风险管理和控制

（1）银行必须有一个书面的、独立的操作风险管理和控制过程，这包括操作风险的政策、程序、缓解操作风险的战略。

（2）董事会和高级管理人员必须积极监督操作风险管理的过程。

（3）有关操作风险数据必须向业务单位的管理层、高级管理人员和董事会定期报告。

（4）内部审计必须定期审查操作风险的管理过程。审查范围包括：业务单位的活动以及操作风险管理和控制过程。

2. 度量和验证

（1）银行必须具备产生数据的风险报告系统，以便计算资本要求，以及根据数据结果向管理层汇报。

（2）银行必须开始系统地追踪跟业务单位有关的操作风险数据，包括内部损失数据。

（3）银行必须开发专门的、形成文字的标准，将当前的业务和活动映射到操作风险标准法的框架内。而且，这个标准要根据新的或不断变化的业务环境及风险进行审议和调整。

第六章 操作风险管理

(三) 高级度量法

高级度量法是一种较为复杂的计算方法。其风险敏感度非常高,有利于银行降低操作风险监管资本的要求。考虑到操作风险度量方法处于不断的演进之中,巴塞尔银行监管委员会没有规定用于操作风险度量和计算监管资本所需的具体方法和统计分布假设。这给予了银行极大的发挥空间。它们可以根据自身的业务构成和相应的各类风险,开发自己的操作风险评估方法。目前,一些国际大银行采取的内部度量法(Internal Measurement Approach)和损失分布法(Loss Distribution Approach)就是高级度量法的代表。

1. 内部衡量法

内部衡量法在标准法的基础上进一步对每一个业务类别划分为7个损失事故类型,对每一个业务类别/事故类型组合(共56个组合),银行可以使用自己的损失数据来计算组合的期望损失值(EL)。与标准法相同,巴塞尔委员会把金融机构的业务分为不同的类型并对组合类型规定一个风险暴露指标(EL),该指标表示业务类型操作风险暴露的规模或数量。金融机构通过内部损失数据计算出给定损失事件下操作风险的发生概率(PE)以及该事件的损失程度(LGE)。然后监管者根据全行业的损失分布,为每个业务类型组合确定一个将预期损失转换成资本要求的转换因子,利用该因子计算出每个业务单位的资本要求。用内部度量法计算的总资本要求(KIMA)计算公式为:

$$KIMA = \sum_i \sum_j Y_{ij} EL_{ij} = \sum_i \sum_j Y_{ij} \times EI_{ij} \times PE_{ij} \times LGE_{ij} \times RPI_{ij}$$

其中,i =银行的八大业务类型;j =操作风险的七大事件类型;Y =将预期损失转换成资本要求的转换因子;EL =操作风险的预期损失;EI =操作风险的损失风险暴露;PE =损失事件发生的概率;LGE =给定事件概率下每个损失事件的平均损失比例率;RPI =各银行具体风险状况与行业风险区别的风险特征指数。操作风险需要的总资本是每个产品线和损失类型组合所要求的资本的加总。

与基本指标法和标准法相比,内部度量法允许银行使用内部损失数据估计预期损失量(ELA),并作为计算资本要求的关键指标。内部度量法为银行提供了一种用内部损失数据度量操作风险状况的选择。与前两种方法相比,需要更多的人力资源,花费更多的时间收集数据,能有效激励银行提高风险管理水平。比内部度量法更先进的是损失分布法。

2. 损失分布法

VaR 直译为在险价值,被定义为在一定置信水平下,某一资产组合在未来特定的一段时间内的最大损失。VaR 最初用于度量市场风险,现在正逐步引入度量信用风险和操作风险。最早提出用 VaR 度量操作风险的是 Ducan Wilson(1995),他认为操作风险可以像市场风险和信用风险一样应用 VaR 来进行度量,金融机构可以利用内部和外部数据建立操作风险损失数据库,描绘出操作损失的概率分布,从而计算出在一定置信水平下的操作风险 VaR。

损失分布法的基本理念为:以 VaR 方法为基础,在给定的置信区间和持有期(通常是一年)内,首先银行根据自身情况对业务类型和事件类型进行分类并搜集数据,建立业务类型/事件类型矩阵。接着对每个业务类型/事件类型银行估计出两个概率分布函数:一个是损失频率分布函数;另一个是损失幅度分布函数。然后将两个概率分布函数结合起来,计算出累积操作风险损失的概率分布函数。银行根据累积操作损失的概率分布函数,可以得到在一定置信水平下每个业务类型/事件类型的 VaR,该值直接度量了最大可能损失。最后将所有业务类型/事件类型的 VaR 加总,即可反映银行整体所面临的操作风险大小。

损失分布法与内部度量法的区别主要在于以下几点。

(1)内部衡量法是通过估计总体损失分布的预期损失 EL 入手,假定预期损失 EL 与非预期损失 UL 之间的关系是固定的,而不考虑相同预期损失 EL 水平下损失幅度和损失频率之间的可能存在的不同组合方式,直接估计出 UL 即操作风险的大小。损失分布法则是直接估计出 UL。

(2)在内部衡量法中,监管当局为每一业务/损失类型规定一个系数 Y,这个系数可以将预期损失转换成资本要求,它由监管当局按照行业数据确定。在损失分布法中,业务类型和事故类型的结构由银行自定,监管当局无须确定乘数因子 Y,能较好地体现银行的业务类型。

(3)损失分布法强调建立模型,而不像内部衡量法是运用统计原理将历史数据作为未来预期的无偏估计,更具有前瞻性。[①]

巴塞尔委员会允许一家银行对部分业务线采用标准法,对其他业务线采用高级度量法。采用高级度量法必须达到巴塞尔银行监管委员会给出的定性标准和定量标准。而且除非监管当局另有规定外,一旦批准银行使用较为先进的操作方法,则不允许银行再使用其他更加简单的计算方法。所以,商业银行使用操作风险高级度量方法的要求还是很高的。

3. 极值法

和其他风险类别相比,操作风险管理实际上覆盖了几乎商业银行经

---

① 钟伟,沈闻一. 新巴塞尔协议操作风险的损失分布法框架[J]. 上海金融,2004,(7):23-26.

第六章 操作风险管理

营管理所有方面的不同风险,风险分布呈现两种极端:既包括发生频率高而造成的损失可能相对较低的日常业务流程处理上的小纰漏(高频、低额),也包括发生频率低,但是一旦发生就会造成极大损失,甚至危及商业银行存亡的大规模舞弊等(低频、高额)。而后者的精确度量对于商业银行尤为重要。极值法(Extreme Value Theory,EVT)正是测量后一种极端情况下操作风险损失的方法。极值法通过模拟操作风险损失的厚尾部分,根据极端值的样本数据,在总体分布未知的情况下,度量超过一定损失水平(阀值)的极端损失。它直接处理损失分布的尾部,且没有对损失数据预先假设任何分布,而是利用样本数据研究。

极值法的衡量范围涵盖了商业银行运营中诸如内控失效和外部冲击等小概率但导致大损失的事件,具有超越样本的预测能力。由于传统 VaR 方法中的历史模拟法受以往样本容量的限制,尤其是在分位数较小的情况下,无法提供分布尾部更详细的信息。而极值法是关于分位数的参数方法,即使在分位数极小、样本不足的情况下,也能较准确地估计 VaR 值,克服了极端情况下历史模拟法离散、粗糙的缺陷。

但利用极值法计量操作风险也存在不足。

(1)参数的不确定性,基于广义帕累托的分位数的估计只有在高阀值上才适用,从而不得不考虑阀值的设定问题。

(2)数据的不确定性,从某种意义上讲,在极值分析中永远不会有充足的数据。尽管上千个数据点对中心极限定理可能是合适的,但阀值的设定使得只有少数点进入尾部区域。

因此,随着损失数据的不断积累和研究的进一步深入,该方法在度量操作风险中的作用将会日益突出。

4. 计分卡法

计分卡(Score Card Approach,SCA)反映了商业银行不同业务部门的风险特征(Risk Profile)和风险控制环境。在计分卡法框架下,商业银行首先按照银行总体或业务部门确定操作风险资本计提额后,再依据计分卡的结果持续修正。

计分卡法与其他高级计量方法,如损失分布法的最大差异在于它不仅仅依赖历史损失数据,更重要的是辅以定性评估,使操作风险资本计提的估算更完善,有助于落实操作风险管理。简单来说,计分卡法的主要目标是以前瞻性的眼光,捕捉各业务部门的风险特征与控制环境,有效掌握潜在风险,进而降低操作风险损失事件的发生概率与冲击。

为精确反映实际的操作风险暴露情形,在计分卡设计上必须进行详尽的因果分析。例如,预测内部诈欺可能的发生概率时,仅凭单一评估指标无法达成。这时,若能结合量化评估(如过去一年内发生内部诈欺的次数与损失金额等关键风险指标)及定性评估(如自我评估或问卷等方式),将更易于找出造成操作风险损失事件发生的关键因素。此外,为使计分卡的结果更具价值,验证程序也不可或缺。尤其是确认各种量化、定性评估与实际操作风险损失之间是否具有足够的相关性,是决定计分卡效率高低的关键。对此,充分运用回归分析等统计方法并辅以充分的历史数据,将有助于验证程序的进行。

在计分卡法中,商业银行首先根据历史损失数据确定操作风险资本计提额,这一点同内部衡量法和损失分布法类似。但银行依据"计分卡"的结果持续修正操作风险资本时,不再仅仅依据历史损失数据,还要考虑未来操作风险量化指标(如员工流动比率、系统崩溃的频率)和商业银行控制环境的定性评估。同内部衡量法和损失分布法相比,计分卡法不仅关注业务部门的历史损失,它还综合考虑商业银行的内外部的风险因素。例如,在考虑财产损失风险时,计分卡法既考虑当地人口的平均犯罪率,也考虑商业银行为防止盗窃或财产损坏所采取的控制措施。这些因素中的任何一项发生变化,计分卡将立即记录操作风险水平的变化,而内部衡量法和损失分布法要花费多年才能逐渐反映。但是,计分卡的缺点主要在于,其主观性太强,即操作风险因素的选择和计分卡中每一风险因素权重的确定过于依赖风险管理人员的直觉和常识。

(四)收入模型法

收入模型的着眼点在于企业的收入。它将企业历史收入作为目标变量,将市场风险、信用风险以及其他风险作为解释变量,将这些解释变量不能解释的历史收入的方差值作为企业的操作风险。收入模型对数据的要求较高,在实际的运用过程中,往往用季度数据甚至是月数据代替年收入数据进行建模。

收入模型法的基本思想是:由于商业银行的净利润受到各种风险因素的影响,市场风险和信用风险的计量方法目前已经比较成熟。因此,收入模型中将银行的净利润作为目标变量,然后考虑可能影响银行净利润的风险因素(包括市场风险因素、信用风险因素及行业因素等),将其作为解释变量。目标变量(银行净利润)的波动(用方差来衡量)在很大程度上可以被这些因素解释,而余下的那些不能被解释的部分将被作为该银行由于操作风险引起的收入波动。

其中,目标变量的波动(记为 $\sigma^2_{总}$)主要由两部分组成,一部分是由信用风险因素和市场风险因素(记为 $\sigma^2_{信用}$ 和 $\sigma^2_{市场}$)的变化所引起的;另一部分则是由试验误差以及模型未加控制因素(记为 σ^2_{OpRisk})所引起的。

由于商业银行面临的主要风险是市场风险、信用风险和操作风险,故在此将未加控制的因素看作操作风险因素。因此,净利润的方差就是由解释变量(主要是指市场风险因素和信用操作风险因素)的方差和操作风险因素所引起的方差组成的,即

$$\sigma^2_{总} + \sigma^2_{信有} + \sigma^2_{市场} + \sigma^2_{OpRisk}$$

由于解释变量(市场风险因素和信用操作风险因素)所引起的方差占目标变量方差的比例为样本的可决系数 R^2,所以操作风险所引起的净利润方差为

$$\sigma^2_{OpRisk} = \sigma^2_{总} \times (1 - R^2)$$

假设净利润的波动服从正态分布,那么根据正态分布的特征,由正态分布的分位数表可以查出,当置信区间为 99.9% 时,正态分布的分位数约为 3.1,所以由操作风险引起的未预期损失($OpRisk$)就为 3.1 倍的标准差,即

$$OpRisk = 3.1\sigma^2_{OpRisk} = 3.1\sigma_{残}$$

收入模型的结构为:$y = c + b_1 x_1 + b_2 x_2 + b_3 x_3 + ... + \varepsilon$

其中,y 表示银行的净利润;b_i 代表各风险因素对利润的敏感度;x_i 代表影响银行净利润的各种风险因素;ε 表示操作风险对银行净利润的影响,即由操作风险引起的银行净利润的波动。

(五)情景分析法

情景分析主要研究一个特定的事件对企业造成的影响,如过去或将来可能发生的恐怖袭击、黑客对系统的影响等。主要通过创造和模拟未来情景来度量可能发生的影响,也可以重建真实的历史事件,或者只是度量不利的趋势,并研究它对现在的企业会产生怎样的影响。进行情景分析的关键在于情景的合理设定。

为合理设定情景,首先,风险管理者应从以下两方面入手。第一,充分认识自己所面临风险的性质和特点,了解可能会影响该风险的因素。第二,了解市场和整个社会环境中可能发生的相关事件,包括政治选举、战争冲突以及前面所说的恐怖袭击和黑客袭击等,并充分理解这些事件可能对市场进而对自己所在的机构产生的重大影响。

其次,还要深入细致地分析和预测该情景对事态在给定时间内可能发展的严重程度以及机构因此可能遭受的损失。这一分析和预测过程是整个情景分析的中心环节,不仅需要对自身机构可能面临风险的各个方面进行综合分析,而且还需要把分析过程中得到的反馈信息重新纳入情景分析的前提条件中去,使得情景分析更加合理。

再次,对情景分析报告的陈述。由于情景分析是一个主观性很强的

过程,在报告中对分析结果进行评估和做出最终结论并不是一件很容易的事情,对分析的假设前提条件进行明确说明是非常必要的。

(六)贝叶斯网络法

贝叶斯网络提供的是一种自然地表示因果信息的方法,它本身没有输入和输出的概念,各节点的计算也是相互独立的,所以贝叶斯网络的学习既可以由父节点向子节点推理,也可以由子节点向父节点推理,用于数据挖掘的贝叶斯网络方法主要有以下几个特点。

(1)贝叶斯网络可以处理不完整和带有噪声的数据集,它用概率测度的权重来描述数据间的相关性,从而解决了数据间的不一致,甚至是相互对立的问题。

(2)贝叶斯网络用图形的方法描述数据间的相互关系,语义清晰,可理解性强,这将有助于利用数据间的因果关系来进行预测分析。

(3)由于贝叶斯网络具有因果和概率性语义,它有助于先验知识和概率的结合,容易与优化决策方法相结合。早期的贝叶斯网络主要在专家系统中用来表述不确定的专家知识。

贝叶斯网络是一个带有概率注释的有向无环图。这个图模型能表示大变量集合的联合概率分布,可以分析大量变量之间的相互关系,利用贝叶斯方法的学习和统计推断功能,实现预测、分类、聚类、因果分析等数据采掘任务。

关于一组变量 $X = \{X_1, X_2, ..., X_n\}$ 的贝叶斯网络由两部分组成:一个表示 X 中变量的条件独立断言的网络结构 S;与每一个变量相联系的局部概率分布集合 P。S 是一个有向无环图,S 中的节点一对一地对应于 X 中的变量,节点之间缺省弧线表示条件独立。S 和 P 定义了 X 的联合概率分布。

为了建立贝叶斯网络,第一步,必须确定为建立模型有关的变量及其解释。第二步,建立一个表示条件独立断言的有向无环图。根据概率乘法公式有

$$P(X) = \prod p(x_1 \mid x_2 x_2, \cdots, x_{i-1})$$

用 P_{ai} 表示变量 X_i 的父节点集,则

$$P(X) \prod P(x_1 \mid P_{ai})$$

于是,为了决定贝叶斯网络的结构,需要将变量 $X_1, X_2, ..., X_n$ 按某种次序排序;决定满足上式的父节点集 P_{ai}($i = 1, 2, ..., n$)。

从原理上说,如何从 n 个变量中找出适合条件独立的顺序,是一个组合爆炸问题。因为要比较 n 种变量顺序。不过,通常可以在现实问题中决定因果关系,而且因果关系一般都对应于条件独立的断言。因此,可以从原因变量到结果变量画一个带箭头的弧来直观表示变量之间的因果关系。

第三步,指派局部概率分布 $P(x_1 \mid P_{ai})$。在离散的情形,需要为每一个变量 X_i 的父节点集的各个状态指派一个分布。

以上各步可能交叉进行,而不是简单的顺序进行可以完成的。

第三节 操作风险的监控、评估与报告

从国际金融风险管理的趋势看,操作风险导致的损失已经明显大于市场风险和信用风险。商业银行因操作风险控制不力而引发的案件有增无减。尽管操作风险已经给许多金融机构造成了严重损失,但是很多金融机构还没有建立有效的操作风险管理框架,用于衡量和监控操作风险的各种模型和工具也远没有信用风险管理和市场风险管理那样成熟,这就使得非模型化的操作风险管理方法和控制手段显得尤为重要。

一、操作风险监控

商业银行可以通过定期监控操作风险状况和重大风险事件,并及时向高级管理层和董事会提交报告从而减少风险的发生。当前商业银行操作风险监控的方法主要有关键风险指标和损失数据收集两种。

（一）关键风险指标

1.关键风险指标的定义

关键风险指标（KRI）是指对一个或多个操作风险敞口,通过反映操作风险发生的可能性或影响度或某一控制有效性,对该风险或控制进行定性或定量跟踪监测的操作风险管理流程。关键风险指标通常包括交易量、员工技术水平、客户满意度、市场变动、产品成熟度、地区数量、变动水平、产品复杂程度和自动化水平,见表6-4。

表6-4　关键风险指标

员工水平	对员工的经验及对操作流程的掌握度进行监管,可减少操作隐患,从而降低风险
客户投诉占比	通过监控客户投诉可以帮助商业银行了解存在的错误及错误来源
系统数量	监控每一个部门的系统数量,可以反映出问题出在哪里,以及各业务的风险趋势
反洗钱警报占比	监控反洗钱警报占比可以及时发现外部风险的存在,并为商业银行为应对外部威胁而制定的风险控制措施提供依据

注:（资料来源:赵国庆、刘立安,2016）

2. 关键风险指标的原则

关键风险指标监控应遵循以下原则。

（1）整体性。监控工作要能反映操作风险全局状况及变化趋势，揭示诱发风险的系统性原因，实现对全行操作风险状况的预警。

（2）重要性。监控工作要反映出重点部分的操作风险隐患，反映全行操作风险的主要特征。

（3）敏感性。监控指标要与操作风险事件密切相关，并及时预警风险状况。

（4）可靠性。监控数据来源要准确可靠，保证监控工作流程及质量可控。

（5）有效性。监控工作要根据经营发展和风险管理战略不断发展和完善，保证监控工作的持续、有效。

3. 关键风险指标法的应用流程

关键风险指标法通过选择已识别出的主要操作风险因素，结合商业银行的内外部操作风险损失数据统计分析形成指标，来评估商业银行的操作风险水平，具体如下。

首先，对选取的关键风险信息进行分析，设置关键风险指标。

其次，指标管理部门根据业务实践和管理经验判断关键风险指标所对应的阈值模式，并设置出阈值，从而确认关键风险指标。

然后，指标管理部门按一定频率定期计算关键风险指标的结果，并对结果进行分析，从而了解指标的表现及其所反映的操作风险管理现状，并做出报告及时对存在的异常风险采取行动。

最后，对关键风险指标要素及体系运行质量和效果进行验证，对指标工作流程进行检查从而更新指标。

商业银行可以自主选择能充分反映银行经营特色的关键风险指标，通过对关键风险指标的分析预测未来特定时间段内的操作风险状况，确定监测频率，使操作风险管理部门能及时向高层管理者发出预警，及时对异常风险状况采取行动。

关键风险指标的数据能够监测和预警关键风险及其变化趋势，并提示管理层对超过数据门槛的风险变化采取相关管理措施。

（二）损失数据收集

损失数据收集（LDC）指的是操作风险损失数据的搜集、汇总、监控、分析报告工作。操作风险损失不仅包括操作造成的损失，还包括外部行为或破坏造成的、自然灾害造成的、意外造成的损失等。

第六章　操作风险管理

1. 损失数据收集的原则

损失数据收集应遵循如下原则。

（1）准确性原则。及时准确的统计因操作风险事件导致的实际资产损失，避免因提前或延后造成当期统计数据不准确。

（2）统一性原则。损失事件的统计标准、范围、程序和方法应保持一致，以确保统计结果可对比。

（3）谨慎性原则。要谨慎地确认操作风险的损失，客观公允地统计损失金额。

（4）重要性原则。在统计损失事件时，要对重点部分的操作风险损失事件进行认真识别和检测，对损失金额较大、发生频率较高的损失事件进行重点审查和确认。

2. 损失数据收集的步骤

商业银行应先确定数据收集的流程及报送路线，并对涉及的各个环节进行详细的说明。具体的数据收集包括以下核心环节。

（1）损失事件的识别。要确定损失数据的收集范围和门槛，对由操作风险引起的，并且损失金额达到损失数据收集门槛的事件予以收集。

（2）损失事件填报。对每一个损失事件的真实情况、逐笔的损失、成本和挽回的明细以及总的财物损失金额进行填报。对于一个可能造成一系列损失的事件应根据其"根本事件"按一个事件填报。

（3）损失金额的确定。操作风险损失是指操作风险事件直接造成的损失和成本。判断是否纳入损失金额的关键在于：损失和成本是否为操作风险时间直接导致，是否与操作风险事件直接相关，是否为真正的经济损失。

（4）损失事件信息审核。收集部门要确认填报的损失事件信息是否完整、全面、准确。操作风险管理牵头部门要对其完整性、准确性进行审核。

（5）损失数据收集验证。对收集的数据进行验证，发现不准确、不全面的情况通知相关部门进行补报或修改。

通过损失数据收集的方法有助于商业银行识别和跟踪操作风险损失金额较大以及发生损失事件较频繁的部门和流程，帮助发现内控的薄弱环节。并且该方法符合巴塞尔新资本协议标准法的资格标准，为实施该协议高级度量法计算操作风险监管资本提供数据基础。

损失数据收集是对操作风险损失事件的跟踪与记录，客观地反映出全行操作风险的实际分布和损失。

二、操作风险评估

目前,商业银行一般采用定性方法和定量方法结合评估操作风险。定量分析方法主要基于内部操作风险损失数据和外部数据的分析进行;定性分析则需要依靠有经验的专家对操作风险的发生频率和影响程度做出评估。

(一)操作风险评估要素

目前对操作风险进行评估的要素主要包括:内部操作风险损失事件数据、外部数据、业务环境和内部控制因素等方面。

1. 内部操作风险损失事件数据

内部操作风险损失事件数据收集(Operational Risk Loss Data Collection,LDC)是商业银行对内部操作风险事件形成的损失信息进行记录、汇总、分析的过程。损失信息包括操作风险损失事件发生后可以标识、度量和描述该风险事件的各项数据信息。操作风险损失数据的收集要遵循客观性、全面性、动态性、标准化的原则。

2. 外部数据

由于那些可能危及商业银行安全的低频率、高损失事件是很稀少的,所以,必须利用相关的外部数据(无论是公开数据还是行业整合数据)来解决多数商业银行评估操作风险时因内部损失数据有限、样本数过少而导致统计结果失真的问题。外部信息数据的收集应当包括实际损失金额数据、发生损失事件的业务范围信息、损失事件发生的原因和情况,或者其他有助于评估商业银行损失事件的业务范围信息。商业银行必须建立系统性的流程,确定在什么样的情况下必须使用外部数据以及使用方法(例如,放大倍数、定性调整、告知情景分析的改进情况)。

使用外部数据必须配合使用专家的情景分析,求出严重风险事件下的风险暴露。情景分析主要依靠有经验的业务经理和风险管理专家的知识水平进行定性分析。对专家的评估结果应通过与实际损失的对比,随时进行验证和重新评估,以确保其合理性。

3. 业务环境和内部控制因素

除了使用实际损失数据或者情景分析损失数据外,商业银行在全行层面使用的风险评估方法,还必须考虑到关键的业务经营环境和内部控制因素,从而直接反映商业银行的控制和经营环境的质量,有助于商业银行按风险管理目标从事资本评估,及时发现操作风险改善和恶化的信息。

商业银行应当随时间的变化,通过与内部损失的实际结果,相关的外

第六章 操作风险管理

部数据和所做的适度调整相适应,对流程和评估结果进行验证。

（二）操作风险评估原则

操作风险评估过程一般从业务管理和风险管理两个层面展开,其遵循的原则一般包括由表及里、自下而上、从已知到未知3种。

1. 由表及里原则

操作风险遍布商业银行各项经营管理业务,因此要全面识别和评估经营管理中存在的所有操作风险因素,必须运用过程方法,在流程网络的不同层面中由表及里依次识别操作风险因素,具体可划分为：非流程风险、流程环节风险和控制派生风险。

（1）非流程风险是由政策、管理模式等系统性原因产生的,非经营管理流程所固有的和可以控制的操作风险因素,如人力资源配置不当等风险。

（2）流程环节风险贯穿经营管理流程始终,是流程环节所固有的操作风险因素,如欺诈、操作失误等风险。

（3）控制派生风险是流程中控制环节所派生的操作风险因素,如增加人工授权控制环节后所派生的内部欺诈等风险。

2. 自下而上原则

实践表明,操作风险往往发生在商业银行的基层机构和经营管理流程的基础环节。因此,要全面识别和评估经营管理中存在的操作风险因素,必须将风险控制的关口前移,自下而上逐级开展操作风险的识别和评估。

3. 从已知到未知原则

操作风险识别与评估要从已知的风险（已识别或无争议的风险,如本银行或其他银行已发生的案件和险情）逐步延伸到未知的风险（未识别或尚存争议需要分析的潜在风险）。

（三）操作风险评估方法

操作风险识别与评估的主要方法包括自我评估法、损失事件数据方法和流程图等。其中应用最广泛、方法最成熟的自我评估法被称作操作管理的三大基础管理工具之一。目前,国际先进银行普遍运用自我评估法,并开发相应的信息系统,成为提升操作风险管理水平不可或缺的重要基础。

1. 自我评估法的原理

自我评估法是在商业银行内部控制体系的基础上,通过开展全员风险识别,识别出全行经营管理中存在的风险点,并从损失金额和发生概率两个角度来评估风险大小。同时,识别这些风险点是否有控制措施,并评估控制措施质量,进而提出优化控制措施的方案,不仅要对没有控制措施或控制不足而具有潜在风险的环节进行修订改善,不足控制措施,更要对控制过度引起的服务效率低下的环节进行修订和改善。

自我评估的主要目标是鼓励各级机构承担责任及主动对操作风险进行识别和管理。其主要策略是改变企业文化,把风险管理纳入那些具备判断控制能力的员工的业务体系中;制订与业务战略目标配套的评估机制;将制度的被动执行转化为主动查错和纠错;建立良好的操作风险管理氛围;确保自我评估的准确性和一致性;确保有关程序的持续改进与高效运转;在商业银行内部追求盈利与控制风险之间取得恰到好处的平衡点。

2. 自我评估的工具和方法

在开展操作风险与内部控制评估工作过程中,可以依据评审对象的不同,将各种方法结合使用。通常操作风险与内部控制自我评估运用的方法有:流程分析法、情景模拟法、引导会议法、德尔菲法以及调查问卷法等。在开展操作风险与内部控制评估工作过程中,可以借助的资料和工具有:操作风险定义和损失事件分类、操作风险损失事件历史数据、各类业务检查报告等。

三、操作风险报告

国际先进银行普遍采用的报告路径是,各业务部门收集分析与操作风险相关的内部数据信息并报至操作风险管理部门,操作风险管理部门集中处理评估后形成风险报告交至管理层。部分商业银行的路径是,各部门均可单独向管理层汇报。但风险报告内容都应包括风险状况、损失事件、诱因与对策、关键风险指标、资本金水平5个主要部分。

(1)风险状况:通常用风险地图列明评估后商业银行面临的各类操作风险发生的频率和损失规模,以反映当前操作风险水平和严重程度。

(2)损失事件:列明当期发生的损失事件,并进行分析,包括基本情况、发生原因、可能或已经造成的损失。

(3)诱因与对策:对各类风险状况阐明诱因并提出相对应的建议;对于可转移风险,提出运用何种风险缓释工具降低面临的风险的建议。

(4)关键风险指标:对风险指标的变化情况与阈值的距离等做出分析和解释。

(5)资本金水平:针对风险的变动情况评估资产的充足状况,并提出改进建议;分析资产模型的压力测试结果,确定模型的安全性和准确性。

第七章　其他风险管理

金融风险具有潜在的破坏性与显著的集中性,在社会经济运行过程中发挥着不容低估的影响。除信用风险、市场风险、流动性风险、操作风险之外,国家风险、声誉风险、战略风险与合规风险等也不容忽视。加强这些方面的风险管理具有十分重要的意义。

第一节　国家风险

一、国家风险概述

(一)国家风险的定义与特征

1.国家风险的定义

自亚洲金融危机以来,国家风险对商业银行安全性的影响日益显现。中国加入WTO后,经济开放度迅速提高,大批跨国公司涌入国内市场。同时,我国商业银行海外分支机构不断增加,使得各项业务活动中越来越多地涉及国家风险管理,这对现有风险监控体系和分析工具提出了更高的要求。

金融风险中的国家风险是指跨国界从事信贷、投资与金融交易时可能蒙受损失的风险。其具体包括,为保存外汇或其他方面的原因不能或不愿意完成对贷款者或投资者的外汇偿付义务所造成的风险,其他借款者由于贷款或者投资本身以外的原因不能完成对贷款者或投资者的偿付义务而造成的风险。

对国家风险的理解,应把握以下两个方面。

(1)必须是政府能控制的事故所导致的损失风险才是国家风险。例如,若因一国政府经济政策失当,导致企业破产,从而无法履约,就属于国家风险;但如果是企业本身经营不善而倒闭,一直无法履约偿债,则属于商业风险。

（2）凡是跨国信贷,不论其授信的对象为该国政府、私人企业或个人,均有可能遭遇国家风险损失。因此,国家风险的概念较主权风险或者政治风险的概念更为宽广。主权风险仅指某一主权国家政府贷款可能遭受的损失。

2. 国家风险的特征

与一般商业风险相比,国家风险具有以下几个方面的鲜明特征。

（1）国家风险是指一国的个人、企业或机构作为投资者或债权人所承担的风险,这种风险是由于不可抗拒的国外因素所造成的。

（2）国家风险源于东道国法律和法规有强制执行性,从而导致这种风险的合同或契约条款能够被改变或免除。

（3）国家风险是和国家主权有密切联系的风险,表现在东道国制定的有关法律、法令对外国投资者或外国经营者的一些不利规定或歧视待遇。

（4）国家风险存在或产生于跨国的金融经贸活动中,属于国家之间经济交往的风险。

（二）国家风险的分类

1. 按借款者的行为划分

（1）到期不还风险,指债务到期后得不到偿还,包括利息和本金两个方面。

（2）间接风险,这是指当一国意外遭受经济困难或者政局动荡时,银行在该国的贷款收益虽然不会马上受到损失,但此后也有间接损失,主要表现为收回时贬值;还有就是要改变贷款的国别分配而产生的成本。

（3）债务勾销风险,是指跨国银行迫于债务国的严峻形势对其债务勾销而带来的风险损失。

（4）债务重新安排风险,是指跨国银行、有关国家政府或其他金融机构共同协商,就债务国有关债务的支付做出新的协议安排,主要有借新还旧;延期还本付息以及变更还本付息的条件等。无论何种情况,在重新安排债务上都会受到损失。

2. 按引发国家风险事故的性质划分

（1）经济风险,是指由于债务人国家的经济原因所引起的风险。例如,经济长期低增长、工人罢工、生产成本剧增、出口收入持续下降、国际收支恶化、外汇资金短缺等。

（2）社会风险,是指因为一国的社会矛盾所引起的风险。例如,发生

第七章 其他风险管理

内战、种族纠纷、宗教纷争以及社会分配不均所引起的结群格斗、社会阶层对立等所造成的风险。

（3）政治风险，是指一国的国际关系发生重大变化而引起的风险。例如，对外战争、领土被占，或者国内动荡不安、恐怖事件不断发生、社会骚乱、地方争斗、政党分裂等因素所可能造成的损失的风险。

3. 按借款者的形态划分

按借款者的形态划分，国家风险可分为政府（主权）风险、私人部门风险、公司风险、公司主权以及个人风险等。主权风险是与主权贷款相关的特定风险。这种贷款的特定含义在于其还本付息与具体项目或企业的经营好坏没有直接联系，因而通过法律行为保证赔偿贷款损失是不可能的，因为借款者可以请求免于诉讼或不履行裁决。

4. 按风险大小程度划分

依风险大小程度划分，国家风险可划分为高度风险、中度风险以及低度风险，这是根据借款者采取行动所致程度的不同而做出的判别。

5. 按贷款的目的划分

依贷款目的划分，国家风险可划分信用额度、输入融资、计划性融资、国际收支融资以及开发性融资等不同放款类型的风险。

（三）国家风险的表现形式

1. 国家风险的一般表现形式

（1）国际贸易：贸易对方国强行关闭国内市场；贸易对方国单方面破坏契约；贸易对方国实行外汇管制；战争、革命、政变造成贸易损失等。

（2）国际投资：投资利润无法汇回母国；政府征用投资者资产，或没收资产；发生战争，造成投资者损失；政府动乱、革命、倒台，造成投资损失等。

（3）国际信贷：债务国中止还款，造成债权国损失；债务国否认债务，拒绝还债；债务国要求减免、重组债务等。

2. 商业银行跨国经营国家风险的表现形式

商业银行跨国经营国家风险的表现形式多种多样，但是如果从国家以及国外经济组织对其债务负债程度和处理方式上分析，可以将其分为以下两大类别。

（1）债务重组。由于本国或该经济体发生经济或财务困难，与债权人协商通过某些方式减轻或者推迟对所应承担债务推迟履约或是降低债务负担程度，包括对债务期限和利率等内容的修改，具体包括以下几项。

第一,利率修订,即债务人因偿债困难而要求降低原定利率。

第二,债务重组,即债务人为能够持续经营而要求债权方降低债务利息,推迟延期偿还债务等一系列的债务调整。

第三,技术违约,即债务人未能及时履行债务合同中的要求,如未在规定时间内提供财务报告等。

第四,债务延期,即债务人未能在合同规定期限偿还债务,从而要求进行债务展期。

(2)债务拒绝。债务拒绝是指拒绝履行本国或该经济体所应偿付的一切债务责任和义务,具体包括以下几项。

第一,违约,即债务人不否认其应承担的债务但确实无力偿债。

第二,债务取消,即债务人因经营困难而要求债权人给予全部或部分的债务取消。

第三,债务拒付,即债务人拒绝履行偿债义务。

二、国家风险评估与衡量

(一)国家风险评级以及评估机构

概括来说,国家风险评级以及评估机构包括专门的国家风险评估机构,还包括其他一些评估机构。

1. 专门的国家风险评估机构

国家风险评级是国际评估机构根据一国与其他国家相比在外债偿还中的信誉对借款国家做出的评价。国际银行或金融机构在从事国际贷款活动时,为避免经营上遭受重大损失,除需考虑一般性的金融风险外,还需考虑借款国家本身独有的政治、社会、经济与累积债务等风险。目前世界上著名的评估机构有商业环境风险信息机构、《欧洲货币》杂志的评估、和《机构投资者》杂志的评估、"国际报告集团"的评估。

(1)商业环境风险信息机构。美国商业环境风险信息机构(BERI)是最早提供国家风险资料的国际机构。由 F.T. 汉纳教授在 20 世纪 60 年代创立,主要提供 3 种服务。

第一,国家风险预测。就是通过定量和定性分析来评价一个国家的信誉情况。它采用几种定性与定量标准对一国未来五年的情况进行预测,并把国家风险评级具体分成定量评级、定性评级和环境评级三类。其中,定量评级主要是偿债能力(占 50%);定性评级主要是债务结构、竞争力等(占 25%);环境评级主要是现行该国的政治环境(占 25%)。最后综合用 0~100 的自然数表示风险高低,主要是对 50 个主要国家。

第七章　其他风险管理

第二，国家远景报告。重点评价债务国的投资气候和外国投资者在该国盈利的可能性与途径。目的是为银行业和商业实体提供前景分析报告，预测债务国的政治、经济和金融的变化情况。

第三，商业风险服务。主要是 BERI 指数，分别对外国贷款者的商业气候、债务国的政治稳定性以及货币和支付风险 3 个部分进行评估。用 0～100 来表示风险程度高低。

（2）"国际报告集团"的评估。美国纽约的"国际报告集团"对国家风险的评估具体体现在其每月出版的《国家风险国际指南》中。它是用自己的国家风险评估体系得出的，其总值分 3 个部分，即政治风险、金融风险及经济风险。政治变量权重为 50%，共有 13 个指标；金融变量权重为 25%，共有 5 个基本指标；经济变量权重为 25%，共有 6 个指标。评级的最终结果也是用 0～100 的自然数表示风险的高低。

（3）《欧洲货币》杂志的评估。《欧洲货币》杂志是世界著名的金融月刊，其对国家风险的评估结果具有一定的权威性，其评估开始于 1979 年 10 月，可分为 3 个阶段。

第一阶段，主要采用加权平均利差分析法。即根据主权借款者在欧洲货币市场上的加权平均利差来确定该国与其他国家相比较的风险地位。差额越大，风险越高。

第二阶段，从 1982 年 9 月开始，采取一国进入市场的能力、实际获取信贷的条件以及在市场上能否销售完该国发行的债券来评价其国家风险程度。

第三阶段，从 1987 年后，采取分类指标分析法来衡量国家风险。三类指标是市场指标，主要是进入市场的能力，债券销售情况等（权重占 40%）；信用指标，主要是偿债记录，重新安排债务的困难情况（权重占 20%）；分析指标，包括政治风险及该国的经济指标（权重占 40%）。三大类共有 9 个经济指标，即经济表现、政治风险、债务指数、银行贷款的进入、短期融资的进入、资本市场的进入、偿付债券和贷款本息的记录、信用等级和违约重新安排债务。

（4）《机构投资者》杂志的评估。《机构投资者》杂志也是著名的国际金融刊物，它每年根据其对大约 100～105 个国际活跃银行的调查（据不同银行的情况给予不同的权重），分两次公布其对国家风险评估的结果。同样也是在 0～100 范围内给每一个国家评级。与《欧洲货币》杂志评估不同的是，《机构投资者》杂志评级的依据是世界上主要银行的国家风险评估系统的评级结果，而《欧洲货币》杂志是以市场反应为依据。

2. 其他评估机构

（1）国际性大银行。一些国际性大银行通常也都是国家风险评估的主体。它们有专门的机构和人员从事国家风险分析工作。例如，比较有名的瑞士银行就是一家拥有丰富国家风险评估经验的银行，还有美国的一些大银行都设有国家风险管理委员会。此外，国际货币基金组织、世界银行也对借款国的国情进行分析。

（2）国际资信评估公司。这主要有穆迪、标准普尔、惠誉等。这些评估公司的业务日益专业化和系统化。它们可根据客户的不同要求，对不同方面给予评估。影响力越来越大。

（二）国家风险的评估方法与模型

1. 国家风险的评估方法

（1）清单分析法。清单分析法就是将有关的各种指标和变量系统地排列成清单，各个项目还可以根据其重要性赋予权数，然后进行比较、分析、评定分数。具体来说就是一张需要回答待评估国家风险的统计问题表。清单一般包括经济发展水平、经济增长率和国际清偿能力三方面的内容。定量分析也采用清单分析，但偏重计量经济学的方法，通过建立模型分析。

这种方法的优点是：分析指标的量化使国家风险评估的结果相对客观；被分析的每个国家都有一个国家风险的总分值，所以也比较方便。不足之处是评价的主观色彩还是比较浓，特别是权重赋值。

（2）结构定性分析法。结构定性分析法主要是根据标准化的国家风险评估报告，结合部分经济统计，对不同国家的贷款风险进行比较。它综合了对政治社会因素的定性分析和对经济金融因素的定量分析。具体有政策因素（主要是该国的经济财政政策的质量）、经济因素（主要有自然资源、劳动力资源、经济发展战略、经济发展所需资金的提供能力以及出口多样化程度）、金融地位（主要是国际收支、外债规模、外汇储备及特别提款权）和政治因素（主要是政局稳定与政策的连续性）。

这种方法的优点是国家风险分析趋于标准化，使各国的国家风险在定性上的比较成为可能；能更加全面地分析国家风险，所以得出的结论一般比较合理。不足之处是方法复杂，实施困难，一般只有实力雄厚的大银行才能运用。

（3）情景分析法。情景分析法就是假设各种可能出现的情景，尤其是极端不利的情景，然后分析在此情景下一国所处的状况，由此来判断其国家风险的大小。

第七章 其他风险管理

（4）政治经济风险指数。这种指数通常是由银行外的咨询机构（如前面的国家风险评估机构）提供，每过一段时期修正一次，如果指数大幅度下降，说明风险增大。优点是银行分析起来一目了然，缺点仍然是精确性不够。

（5）德尔菲法。德尔菲法是指由多名专家分别独立地对一国的国家风险做出评估，评估汇总后，再反馈给各专家，由其对原来的评估结果进行修正，反复几次缩小差距，最后达成比较一致的看法。优点是集中了大家的智慧；缺点是精确度有限。

2. 国家风险的计量模型

（1）政治不稳定分析模型。在前面的模型分析中只涉及了经济因素或者说经济变量，没有考虑到政治因素。于是，西特尤（Citron）和尼科尔斯伯格（Nickelsburg）在1981年把政治不稳定作为一个重要变量考虑到了模型之中，所以该模型叫作政治不稳定分析模型。他们认为，虽然把重新安排债务作为减少政府预算中债务偿付额的途径成本很高，但对于政治不稳定而言还是可以接受的，否则如果加税还债，就会加速政府垮台。只有当政府稳定时，"偿付能力"才显得重要。

（2）逻辑分析模型。假定某一经济变量依据其综合效应确定一国所处的某种状态：重新安排状态和非重新安排状态。逻辑分析所处理的就是多重贝努利实验，确定一国是否重新安排其外债事件。具体的判别函数可构造成 n 个解释变量的线性组合，即 $Z = f(X_i)$，$i = 1, 2, 3, \cdots$。其原理与信用风险中的 Z 评分模型类似。1984年克莱因采用10个指标建立模型进行了分析。

（3）多重差异分析模型。多重差异分析就是利用该国的经济变量进行分析。1971年弗兰克（Frank）和克莱因（Klein）采用了8个指标进行实证分析，结论是偿债率、进口与国际储备比率、分期还款与债务的比率比较显著，并以此进行了多重差异分析，以较低的误差正确地解释了13次重新安排事件中的10次。后来格里诺斯（Grinois）和阿巴西（Abbassi）等都对此采用了更多的指标和数据进行分析研究，找出了更多的影响指标。

三、国家风险管理

（一）国家风险管理的基本准则

有的银行在发放贷款时仅考虑借款人的信用风险而忽视其国家风险，往往做出错误判断，从而带来风险损失。同时，国家风险与信用风险在风险损失补偿方面也有很大区别,如果纯粹只是信用风险而交易双方又处于同一法律制度约束下,那么当信用风险发生时,贷款人可以向当地法院寻求法律保护,而如果发生国家风险,银行不可能找到一个国际法庭使其可以向某国政府索取补偿,则弥补风险损失的手段是非常有限的。这意味着在向国外投资和借款的决策中至少包括两个步骤,首先与一般国内投资和贷款一样对借款客户进行信用风险评级,其次必须评估借款人的国家风险,若借人方信用风险低而国家信用却处于次级状态,则该贷款不应当执行。事实上在国际借款或投资决策中,国家风险的考察应当优于对单个信用风险的考虑,对于发展中国家尤其如此。

(二)设定国家信贷风险限额

根据国际经验,在国家风险的管理中,是在国家风险评估与国家风险等级划分之后,应将评估分析的结果应用于对每一贷款国家制定不同的信贷限额,以此作为信贷警戒线,分散信用风险和国家风险。具体方法可以分为：按资本额设定放款百分比、依据一国的偿债能力订定最高信用限额。因此,在我国商业银行跨国经营的过程中,应对此进行借鉴,银行对外资产的构成应反映分散风险的要求,避免对某个国家集中投入大量资产。贷款银行应经常监视国家贷款限额的执行情况,从而使风险资产保持在一定限度内,一般地,对某一国家或借款者的贷款一般限制在银行股本的 10%～20%。

1. 对信贷国家设定放款最大百分比

对任何国家的信贷,皆依其可供贷款的资金订立一个固定百分比,限定对任一国家的信贷不超过该百分比。在实际操作时,则依每个国家的风险、政治情况、借款人的偿债能力与其他因素等,在此最高限额内采取弹性信贷。

2. 按资本额设定放款百分比

按资本总额订定贷款给任一国家的最高百分比,通常是就各个国家的风险程度设定不同的百分比。

3. 按外债状况订定信贷百分比

依据一国的偿债能力,就其所能承担的外债程度,分别订定最高信用限额,实际信贷额不得高于此最高信贷限额。

4. 按国家信用评级授予安全信用额度

根据此方法,一国的信贷限额是按国家风险评级的差异加以个别设定。此法对信用评分高的市场给予较大的信用限额,而对信用评分较低者给予较小的信用额度。

5. 不预先设立信贷限额,而按交易性质个案决定信贷额度

对信用的核定是按个案性质审理,而非以年度为基础计算全年的信用限额。然而,此种个案分析法仍需辅以全年度的审查,才能使当期的债务与当期偿债能力配合,并可按将来预期偿债能力,提供新的信贷额度。

(三)国家风险的化解

1. 寻求第三者保证

国际性银行在从事跨国贷款时为减少风险损失,一般均要求借款人寻求第三者对贷款提供保证。在实务中,担任此种贷款的保证者通常为借款国的政府或中央银行,以及第三国银行或金融机构。在由借款国政府保证的情况下,债权银行所面对的国家风险便转为主权风险,风险程度相对减轻,如果债权银行对主权风险仍有疑虑时,则往往要求借款人寻求第三国银行保证而使国家风险转移至信誉较佳的第三国。

2. 采用银团贷款方式

当国际贷款金额庞大且不易取得第三者保证时,通常采用银团贷款方式。由参加银团贷款的银行共同承担风险而减少个别银行单独放款的风险。商业银行亦可通过与世界银行或其他国际金融机构合作融资的方式达到化解风险的目的。

3. 转贷和债转股方式

当债务国发生债务危机不再有能力偿还到期的公共及私人的国外债务时,银行的直接损失就已经发生了,但为控制损失的程度,借贷双方往往共同协商,就债务的支付安排做出变动。目前债转股方法比较受债务国欢迎,虽然银行要接受比原有账面价值低得多的债权市场价值,但至少为债权银行和债务国解决债务问题提供了一个途径。

4. 贷款多元化

贷款多元化指投资国别分散化和贷款对象多样化。银行一般不是从单个国家的角度来管理国家风险,而是从银行资产组合的总体安全性来把握国家风险。在分散化的基础上,对于特定国家贷款项目的国家风险问题应当做到数量化分析。从理论上讲,就是把对债务国的风险估计结果变成银行资产组合的种种约束加入银行管理的决策函数之中,运用数学模型对目标国家的风险做出合理评估并采取应对措施。

5. 风险自留

对一些无法避免和转移的风险应采取一种积极务实的态度,在不影响国际投资者根本利益的前提下,承担所面临的国家风险。实际上自留风险是一种主动的风险控制手段,它会使投资者为承受风险损失而事先做好各种准备工作,努力将风险损失降到最小限度。

6. 利用金融衍生工具缓解国家风险

传统贷款的可转让性极低,交易费用高加上许多银行贷款组合具有很大的相似性,因此贷款交易市场难以深入发展。同时,传统的利率浮动实质上不过是把利率风险由银行转移给债务国。一旦债务危机发生,对银行来说,结果是利率风险转化成为信贷风险。为提高债务的市场可转让性以及便于控制债务国利率风险,随着金融市场不断发展,西方银行趋于选择具有较高流动性的债务工具代替传统风险缓解手段。

(四) 风险债权管理

不论以何种方法设定国家信用限额,其目的都是为了避免风险过度集中于某业务区域。为了控制国家风险,在实务上银行常常将国家风险评估结果应用于定期检查国家信贷额度,将最新国家风险资料与实际风险债权分布与限额做比较,以随时反映风险变化。风险债权是指银行暴露于某一国家的风险性资产总额,在衡量风险性债券时,最困难的是归宿问题。若此笔国外放款完全与第三国无任何关联,则其风险归属极为明确,属借款者所在国;而当一笔放款若涉及的国家不止一个,风险归属识别便发生了极大的困难。

在观念上,通常银行对上述风险的归属采用以下两种方式。

1. 经济归属

这是按借款来源所在国为归属的依据。按此种归属方式,若一笔国外贷款由借款者所在国政府提供保证,则其风险归属与法定归属相同。

2. 法律归属

此种归属方式是按最后应偿还责任或保障责任的国家为归属的依据。此种方式是法律责任的观点归纳,因此,一笔放款可经由第三国保证,而将风险转移至第三国。此种操作方法类似信用证通过第三国银行保兑,其作用在于将风险由信誉较差的国家转移至信誉良好的国家,从而降低国家风险。

银行实际大多采取双重风险计算来处理,即一方面以借款者国直接

第七章　其他风险管理

归属;另一方面则估计到各种不同类型的风险转移归属。就一个分支机构庞大的国际性银行而言,对整个国家风险债券分布的了解与控制是非常重要的。通常,这种国际性银行除需明确其各个海外分行以及银行借款所暴露的风险债权外,同时必须合并计算,全盘考虑银行整个集团的风险债权暴露情况。

第二节　声誉风险

一、声誉风险管理概述

（一）声誉风险的定义与特征

1. 声誉风险的定义

国外一些文献将声誉风险定义为:重大的负面公众评价所带来的资金和客户损失方面的风险。这种风险影响着银行建立新客户关系或服务渠道以及继续为现有客户服务的能力,会使银行面临诉讼、金融损失或者客户流失的局面。

中国注册会计师协会则将商业银行声誉风险描述为:"由于商业银行经营管理不善、违反法规等导致存款人、投资者和银行监管机构对其失去信心的可能性"。

中国银监会2009年8月颁布的《商业银行声誉风险管理指引》将商业银行声誉风险定义为:声誉风险是指由商业银行经营、管理及其他行为或外部事件导致利益相关方对商业银行负面评价的风险。声誉事件是指引发商业银行声誉风险的相关行为或事件。重大声誉事件是指造成银行业重大损失、市场大幅波动、引发系统性风险或影响社会经济秩序稳定的声誉事件。

商业银行通常将声誉风险看作对其经济价值最大的威胁,因为商业银行的业务性质要求其能维持存款人、贷款人和整个市场的信心。这种信心一旦失去,商业银行的业务及其所能创造的经济价值都不复存在。可见,良好的声誉是商业银行生存之本。

2009年1月,《巴塞尔协议Ⅲ(征求意见稿)》明确指出,银行应将声誉风险纳入其风险管理体系中,并在资本充足率评估和流动性应急预案中适当涵盖声誉风险。2009年8月,中国银监会正式发布《商业银行声誉风险管理指引》,要求商业银行声誉风险管理应当全面覆盖商业银行的各种行为、经营活动和业务领域,督促商业银行规范声誉风险管理,引导商业银行完善全面风险管理体系,并通过审慎有效监管,保护广大存款人和消费者的利益。

2. 声誉风险的特征

一般来说,声誉风险的特征主要包括以下几个方面。

(1)传播快。随着互联网的迅速发展,社会新闻传播速度日益加快。关于银行的争议或负面报道一经转载,传播范围和社会影响会得到几何级数的放大。而且,媒体的报道很多时候是间接传播,缺乏考证使得某些报道严重失实,为商业银行的声誉风险管理带来很大难度。

(2)影响广。声誉风险不仅会危害到商业银行的声誉质量乃至生存发展,还可能给员工、客户、股东等带来恐惧和惊慌,甚至会通过连锁反应威胁到大部分同业其他商业银行的声誉,导致银行业体系紊乱等更为严重的后果。

(3)难计量。对声誉风险的计量研究还只是刚刚起步。总的来说,定性分析在声誉风险的评估中仍然占据主导地位,特别是对媒体报道进行系统全面的分析,正变得越来越重要,因为媒体报道直接影响利益相关者的感受和期望。

(4)衍生性。声誉风险不可能完全脱离其他风险类别单独存在,而更多地具有衍生性特质。归根到底,声誉风险是一种负面评价。

(5)突发性。商业银行日常工作中的任何一个错误甚至微小失误,以及外部一些不可预测的事件,都有可能引发银行的声誉风险,声誉危机对商业银行具有突发性。

(二)声誉风险管理体系的内容及重点

一般来说,商业银行规模越大,抵抗风险的能力越强,同时意味着商业银行面临的风险因素越多,对其声誉的潜在威胁也越大。管理和维护声誉需要考虑内外部风险因素。有效的声誉风险管理体系应当重点强调以下内容。

(1)深入理解不同利益持有者(如股东、员工、客户、监管机构、社会公众等)对自身的期望值。

(2)有明确记载的声誉风险管理政策和流程。

(3)明确商业银行的战略愿景和价值理念。

(4)建立公平的奖惩机制,支持发展目标和股东价值的实现。

(5)有明确记载的危机处理/决策流程。

(6)建立强大的、动态的风险管理系统,有能力提供风险事件的早期预警。

（7）培养开放、互信、互助的机构文化。

（8）建立公开、诚恳的内外部交流机制，尽量满足不同利益持有者的要求。

（9）努力建设学习型组织，有能力在出现问题时及时纠正。

（10）利用自身的价值理念、道德规范影响合作伙伴、供应商和客户。

商业银行所面临的风险不确定因素，无论是正面的还是负面的，都必须经过系统化的管理。因为几乎所有的风险都有可能影响声誉风险，声誉风险是一种多维风险。建立良好的声誉风险管理体系，能够持久有效地帮助商业银行减少各种潜在风险。

（三）声誉风险管理的原则

1. 全员参与原则

声誉风险管理涉及银行经营的各个层面和环节，全行每个机构、部门和员工都负有维护银行声誉的责任，都应该积极防范声誉风险。

2. 及时报告原则

对于各类声誉事件，各当事机构和员工应当在规定的时限内向上级行直至总行如实报告，严禁各类拖延和瞒报行为。

3. 全局利益原则

在管理声誉风险和处置声誉事件时，要从全局利益出发，将声誉风险和声誉事件对银行中心工作和整体发展目标的损害程度降到最低。

4. 积极主动原则

应按照声誉风险管理的目标要求，积极主动地创建、维护、巩固和提升银行的良好声誉。处置声誉事件时应当迅速反应，果断作为，争取主动。

5. 预防第一原则

声誉风险管理首先是事前管理，必须坚持预防第一的原则，及时准确地识别、评估现有和潜在的各种声誉风险因素，从源头上控制和缓释声誉风险。

二、声誉风险管理

（一）明确董事会和高级管理层的责任

董事会是声誉风险管理的最高决策机构，承担声誉风险管理的最终责任。董事会通过其下设风险管理委员会的协助，负责制定与战略目标相匹配的声誉风险管理战略和政策,并监督战略和政策的执行,确保声誉风险管理体系的有效性;负责履行相关法律法规、规章或银行章程规定的应由董事会承担的其他声誉风险管理职责。

高级管理层负责领导全行的声誉风险管理工作,执行董事会制定的声誉风险管理战略和政策,审定声誉风险管理的有关制度、办法、操作规程和特别重大声誉事件的处置方案,确保声誉风险管理体系正常、有效运行。

(二)建立清晰的声誉风险管理流程

1. 声誉风险识别

声誉风险可能产生于银行经营管理的任何环节,通常与信用风险、市场风险、操作风险和流动性风险等交叉存在、相互作用。各机构及其基层组织应定期汇总辖内面临的主要风险以及所包含的风险因素,并将其中可能影响银行声誉的风险因素提炼出来。重点关注但不限于以下声誉风险驱动因素。

(1)业务、产品运行中可能引发声誉风险的因素。

(2)涉及司法性事件或群体性事件等可能引发的声誉风险因素。

(3)新闻媒体报道、网络舆情动向、客户投诉、内外部审计和监管部门合规检查等揭示出的声誉风险因素。

(4)内部组织机构变化、政策制度变化、财务指标变动、系统调整、机构裁撤变更和产品价格调整等可能引发的声誉风险因素。

声誉风险识别的核心在于:正确识别信用、市场、操作、流动性风险中可能威胁商业银行声誉的风险因素。商业银行通常要求各业务单位及重要岗位定期通过清单法详细列明其当前所面临的主要风险及其所包含的风险因素,然后将其中可能影响到声誉的风险因素提炼出来,报告给声誉风险管理部门,见表7-1。

表7-1 利用清单法识别声誉风险

风险类别	风险因素/事项	可能影响声誉风险的风险因素
信用风险	优质客户违约上升 不良贷款率接近5% 贷款损失准备金充足率低于100% 非房地产业贷款比例超过30%	信用风险状况趋势恶化
市场风险	国债交易损失扩大 衍生产品交易策略错误 持有外汇品种单一 跨国投资账面损失扩大	市场风险管理能力薄弱/技术缺失

第七章　其他风险管理

续表

风险类别	风险因素/事项	可能影响声誉风险的风险因素
操作风险	内外勾结欺诈/欺贷 经常遭到监督管理处罚 信息系统故障导致业务瘫痪 地震造成营业场所损失	内部控制机制严重缺失 技术部门和外包机构能力欠缺
其他风险	流动性缺口显著扩大	资产/负债管理薄弱/缺失 战略风险管理薄弱/缺失

2.声誉风险评估

声誉风险管理部门应当将收集到的声誉风险因素按照影响程度和紧迫性进行优先排序。各单位对于已经显现的声誉风险,应认真评估其危害程度和发展趋势。同时,要综合分析潜在声誉风险因素转化为具体声誉事件的可能性,评估其对银行业务、财务状况和声誉的影响,并将潜在声誉风险因素按照影响程度和紧迫性进行排序。

3.监测、评价和报告

(1)声誉风险的监测。各单位应当实时监测各类声誉风险因素的演变和发展,在此基础上及时重新评估声誉风险管理策略和控制措施,确保声誉风险管理的有效性。

(2)声誉风险管理的评价。总行声誉风险牵头管理部门负责定期对全行声誉风险管理工作进行评价,根据对声誉风险的识别、评估、控制、监测、报告等相关情况,对声誉风险进行情景分析和压力测试,并将评价结果通报全行。

4.内部审计

声誉风险管理应成为日常单位日常工作的重要组成部分。虽然很多商业银行已经将声誉风险管理政策融入业务领域和相关金融产品中,但是商业银行仍然需要通过定期内部审计和现场检查,保证声誉风险管理政策有效实施。

(三)采取恰当的声誉风险管理方法

有效的声誉风险管理是有资质的管理人员、高效的风险管理流程以及先进的信息系统共同作用的结果。截至目前,国内外金融机构尚未开发出有效的声誉风险管理量化技术,但普遍认为声誉风险管理的最佳实践操作是推行全面风险管理理念、改善公司治理,并预先做好防范危机的准备,确保各类风险被正确识别、有效排序,并得到有效管理。

（1）强化声誉风险管理培训。

（2）确保实现承诺；确保及时处理投诉和批评；尽量保持大多数利益持有者的期望与商业银行的发展战略相一致；增强对客户/公众的透明度；将商业银行的社会责任感和经营目标结合起来，是创造公共透明度、维护商业银行声誉的另一个重要层次；保持与媒体的良好接触；制定危机管理规划。

（四）声誉风险管理规划

商业银行处理危机的能力和效果有可能进一步提高商业银行的声誉，也可能将声誉毁于一旦。商业银行有必要对危机管理的政策和流程做好事前准备，建立有效的沟通预案，制定有效的危机应对措施，并及时调动内外部资源以缓解致命风险的冲击。声誉风险管理规划通常包括以下几个内容：

（1）制订战略性的危机沟通机制。
（2）管理危机过程中的信息交流。
（3）危机现场处理。
（4）提高解决问题的能力。
（5）危机处理过程中的持续沟通。
（6）提高发言人的沟通能力。
（7）模拟训练和演习。

第三节 战略风险

一、战略风险管理概述

战略风险是指商业银行在追求短期商业目的和长期发展过程中，因不适当的发展规划和战略决策给商业银行造成不利影响的风险。商业银行的战略风险管理具有双重内涵。

（1）商业银行从长期、战略的高度，良好规划和实施信用、市场、操作、流动性以及声誉风险管理，确保商业银行健康、持久运营。

（2）商业银行针对政治、经济、社会、科技等外部环境和内部可利用资源，系统识别和评估商业银行既定的战略目标、发展规划和实施方案中潜在的风险，并采取科学的决策方法和风险管理措施来避免或降低可能的风险损失。

战略风险管理（strategic risk management）一词首次出现于米勒

第七章　其他风险管理

(Miller)的文章《国际商业中的综合风险管理架构》,米勒指出了企业对于战略环境不确定性的5种一般反应:规避(being avoidance)、控制(control)、合作(cooperation)、模仿(imitation)以及适应(flexibility)。

战略风险管理能够最大限度地避免经济损失、持久维护和提高商业银行的声誉与股东价值。商业银行致力于战略风险管理的前提是,理解并接受战略风险管理的基本假设。

(1)如果对未来风险加以有效管理和利用,风险有可能转变为发展机会。

(2)预防工作有助于避免或减少风险事件和未来损失。

(3)准确预测未来风险事件的可能性是存在的。

战略风险管理通常被认为是一项长期性的战略投资,实施效果需要很长时间才能显现。实质上,商业银行可以在短期内便体会到战略风险管理的诸多益处。同声誉风险一样,战略风险也与其他主要风险密切联系且相互作用,因此也是一种多维风险。如果缺乏结构化和系统化的风险识别和分析方法,深入理解并有效控制战略风险是相当困难的。

二、战略风险管理

(一)明确董事会和高级管理层的责任

董事会和高级管理层负责制定商业银行的战略风险管理原则和操作流程,并在其直接领导下,设置战略管理/规划部门,负责识别、评估、监测和控制战略风险。董事会和高级管理层对战略风险管理的结果负有最终责任。

(二)建立清晰的战略风险管理流程

1. 战略风险识别

与声誉风险相似,战略风险产生于商业银行运营的所有层面和环节,并与市场、信用、操作、流动性等风险交织在一起。通常,战略风险识别可以从战略、宏观和微观3个层面入手。具体而言,商业银行所面临的战略风险可以细分为:

(1)产业风险。

(2)品牌风险。

(3)技术风险。

(4)客户风险。

(5)竞争对手风险。

（6）项目风险。

（7）其他例如财务、运营以及多种外部风险因素，都可能对商业银行的管理质量、竞争能力和可持续发展造成威胁。

2. 战略风险评估

战略风险是无形的，因此难以量化。在评估战略风险时，应当首先由商业银行内部具有丰富经验的专家负责审核一些技术性较强的假设条件，如整体经济指标、利率变化/预期、信用风险参数等；然后由战略管理/规划部门对各种战略风险因素的影响效果和发生的可能性做出评估，据此进行优先排序并制定恰当的战略实施方案。

3. 监测和报告

商业银行通常采用定期（每月或季度）自我评估的方法来检验战略风险管理是否有效实施。战略管理/规划部门对评估结果的连续性和波动性进行长期、深入、系统化的分析和监测，非常有利于商业银行清醒地认识市场变化、运营状况的改变，以及各业务领域为实现整体经营目标所承受的风险。

4. 内部审计

内部审计部门应当定期审核商业银行的战略风险管理流程，保障战略风险管理实施质量。

（三）采取恰当的战略风险管理方法

有效的战略风险管理应当定期采取从上至下的方式，全面评估商业银行的愿景、短期目的以及长期目标，并据此制定切实可行的实施方案，体现在商业银行的日常风险管理活动中。

（1）商业银行战略风险管理的最有效方法是制定以风险为导向的战略规划和实施方案，并深入贯彻在日常经营管理活动中。

第一，战略规划应当从战略层面开始，深入贯彻并落实到宏观和微观操作层面。

第二，战略规划必须建立在商业银行当前的实际情况和未来的发展潜力基础之上，反映商业银行的经营特色。

第三，战略规划应当清晰阐述实施方案中所涉及的风险因素、潜在收益以及可以接受的风险水平，并且尽可能地将预期风险损失和财务分析包含在内。

（2）战略风险管理的另一重要工具是经济资本配置。

战略风险管理则是在战略管理的基础上，进一步考虑商业银行的战

第七章 其他风险管理

略规划和战略实施方案中的潜在风险,准确预测这些风险可能造成的影响并提前做好准备。战略风险管理的最有效方法是制定以风险为导向的战略规划,并定期进行修正。

第四节 合规风险

一、合规风险概述

(一)合规、合规风险与合规风险管理

1. 商业银行合规

"合规"一词来源于英文 compliance,其本意是"遵从、依从、遵守"等,中文的字面意思是"合乎规范",但对其实质意思则有不同的理解。

巴塞尔银行监管委员会1991年《有效银行监督的核心原则》将"合规"定义为:使商业银行的经营活动与法律、规则和准则相一致。瑞士银行家协会2002年发布的《内部审计指导》将"合规"定义为:一家公司的活动与法律、管制与内部规则相一致。巴塞尔银行监管委员会2005年《合规与银行内部合规部门》对"合规"虽没有直接定义,但指出商业银行的活动,必须与所适用的法律、监管规定、规则、自律组织制定的有关准则,以及适用于银行业务活动的行为准则相一致。根据中国银行业监督管理委员会2006年10月发布的《商业银行合规风险管理指引》(银监发[2006]106号)文件,对合规的含义也进行了如下明确:"合规是指商业银行的经营活动与法律、规则和准则相一致。"《商业银行合规风险管理指引》所称的法律、规则及标准,是指适用于银行业经营活动的法律、行政法规、部门规章及其他规范性文件、经营规则、自律性组织的行业准则、行为守则和职业操守。

综合上述观点,本书将"合规"定义为:商业银行为了避免可能遭受法律制裁、监管处罚、重大财务损失和声誉损失等风险的发生,使其经营活动与其所适用的法律、法规、规则、准则等规范性制度相一致。

概括来说,商业银行合规的特征主要体现在以下几个方面。

(1)劝诫性。在管理上,从来都是禁止与疏导并存、处罚与奖励并重。对合规风险管理而言,也必须使用一些劝诫的方式,引导、激励员工的合规意识和合规行为。因此,劝诫与强制并不矛盾,虚虚实实、亦柔亦刚。

(2)强制性。对商业银行而言,无论认识与否、接受与否,都必须实施合规风险管理,其内部各个机构、员工都必须履行各自的合规风险管理职责。强制合规的主要原因是合规风险管理的成效比较慢,主动实施的积极性不高;同时遵纪守法、依法行为的意识并不深,商业银行违规的现象屡有发生。

(3)内部约束性。合规的目的是促进商业银行内部管理水平、管理质量的提升,而不是向外宣扬,合规的对象是商业银行的内部经营管理行为和员工,合规的要求、措施、奖励、惩罚等仅在商业银行内部有效。

2. 商业银行合规风险

商业银行合规风险,是指商业银行由于没有遵循适用的法律、规则和准则而可能遭受法律制裁、监管处罚、重大财务损失和声誉损失的风险。

(1)法律制裁和监管处罚,主要是指监管当局对违规银行实施的各类监管惩罚,包括行政处罚(如对商业银行或者个人的行政罚款、业务市场强制退出、从业资格取消等)和刑事处罚(主要是针对责任人的刑事处罚)等。

(2)财务损失,这种损失主要是指商业银行违规经营造成业务损失,比如违规放款造成的呆坏账损失、违规投资造成的损失,违规进行金融衍生产品交易造成的损失等。

(3)声誉损失,主要是指市场对违规银行的负面评价、市场声誉贬损以及信用评级下降所导致的银行股票市值下跌、客户群的退出以及行业协会自律性惩戒措施等。

商业银行合规风险可依据不同的标准来进行分类。

以违规行为是否知情为标准,合规风险可分为以下两类。

(1)无知违规,即行为人因对规章制度不了解,在不知情的情况下,实施了违规行为。

(2)主动违规,即行为人明知自己行为违规,仍然实施这种行为。

以与商业银行经营管理流程的关系为标准,合规风险可分为以下3类。

(1)流程环节风险,即贯穿于经营管理流程始终、流程环节所固有的合规风险,如内外勾结等。

(2)非流程风险,即因监管政策、管理模式等系统性原因产生的、非经营管理流程所固有的并且是可以控制的合规风险。

(3)控制派生风险,即针对流程中控制派生的合规风险,如增加人工授权控制环节后派生的外部欺诈风险等。

第七章 其他风险管理

3. 商业银行合规风险管理

商业银行合规风险管理,是指商业银行为预防、控制、化解合规风险,实现合规经营目标,通过特定的组织机构,制订和实施一系列制度、标准和程序,促使自身的经营管理行为合规的动态过程。有效的合规风险管理是商业银行构建全面风险管理体系的基础,也是构建有效内部控制机制的核心。

商业银行是典型的风险管理企业,正是由于商业银行的管理特性,决定了其经营的内容和对象绝不仅仅是货币或者信用,商业银行合规风险管理理应成为商业银行一项核心的风险管理活动。

一般来说,商业银行合规风险管理应遵循以下几项基本原则。

(1)合规人人有责的原则。合规是银行内部一项核心的风险管理活动,合规风险管理涉及商业银行所有业务领域和业务条线,因此合规管理不仅仅是合规风险管理部门或合规风险管理人员的职责,而是商业银行所有员工的共同职责。只有合规成为每一个商业银行员工的行为准则,成为各级各岗位员工每日的自觉行动,才能共同保证合规法律、规则和准则得到遵循和贯彻落实。由于合规文化体现在每一个商业银行员工对合规理念的认知及其日常的行为规范和准则之中,因此需要制订和执行清晰的员工行为准则和规范。只有当商业银行的员工恪守高标准的职业道德规范,人人都能有效履行自身合规风险管理职责,商业银行合规风险管理才会有效。

(2)合规从高层做起的原则。在《合规与银行内部合规部门》的高级文件中,巴塞尔银行监管委员会明确指出:合规应从高层做起,应成为银行文化的一部分,商业银行的高层应建立良好的公司治理机制做支撑,使商业银行拥有一个良好的风险经营决策、执行和监督环境,建立起一套有效识别、监测和控制风险的制衡机制,以及良好的商业银行合规文化和正确的风险管理理念,其合规风险的管理才可能有效。要通过完善公司治理和培育良好的合规文化来加强合规风险管理,以实现自上而下和自下而上两种风险管理方法的有机结合,银行董事会应在全行推行诚信与正直的价值观念,并由银行高层做出表率,设定鼓励合规的基调。

(3)有效互动的原则。合规管理有利于在商业银行与外部监管者之间形成互动,逐步扭转机械地执行规章制度、被动接受处罚的状况。商业银行要主动合规、有效合规,按照监管部门的引导,加强合规风险管理机制建设,定期进行深入分析和系统评价,并按照监管部门的要求加以改进,使监管部门对银行总体合规风险管理情况缺乏清晰的认识和掌握。商业银行也应积极主动地争取和利用在法律、规则和准则制定过程中的话语权,围绕拟出台法律、规则和准则的可行性、未来执行效果、制约因素以及对银行经营与产品创新的影响等,提出自己客观的意见和需求,有针对性地提出自己的意见和需求,主动争取有利于商业银行未来发展和业务创新的外部政策。

(4)合规创造价值的原则。合规风险管理本身并不能直接为银行增加利润,却能通过系列的合规活动增加盈利空间和机会,避免业务活动受到限制,能为银行创造价值,其积极意义体现在以下几个方面。

第一,合规活动有利于银行的成本与风险控制,提高资本回报。

第二,有利于形成一整套具有较强执行力的、程序化的内部制度,并通过对其持续修订和完善,积累和沉淀各种良好做法,清晰界定各项业务的尽职、问责和免责标准。

第三,有利于形成鼓励合规的诚信文化和合规意识,让银行员工更自信、更踏实地从事岗位工作。

第四,通过密切关注和跟踪合规法律、规则和准则的最新发展,利用自身的行业影响,提出代表本行利益的意见和建议,积极争取有利于银行未来发展和业务创新的外部政策环境。

(二)合规风险管理部门的基本职能

根据巴塞尔银行监管委员会在 2005 年 4 月 29 日发布的《合规与银行内部合规部门》的相关规定,合规与银行内部的每一位员工都相关。如果银行设立了专门的合规风险管理部门,那么应当对合规风险管理部门的职责进行明确的规定。根据《合规与银行内部合规部门》提出的有关原则,将合规风险管理部门的基本工作职责归纳为以下 5 项内容。

1. 合规建议

合规风险管理部门应针对银行应遵循的法律、规则和准则,向高级管理层提供合规方面的建议,使其充分了解相关方面的最新发展变化。

2. 合规指导和培训

合规风险管理部门应当协助高级管理层及其他部门做好对员工的培训工作。

(1)制定书面政策或指引,指导员工如何通过政策、程序和其他文件,如合规手册、内部行为规范和操作指引等形式贯彻应遵循的法律、规则和准则。

(2)对员工进行合规培训,作为员工合规咨询的银行内部联络人。

第七章 其他风险管理

3.合规风险的识别、计量、评估

（1）合规风险管理部门应当积极识别、核实并评估与银行商业活动相关的合规风险，包括新产品和服务的开发、新业务类型和客户关系以及上述关系性质发生的重大改变等方面。

（2）合规风险管理部门应当设定计量合规风险的方法，并采用这些计量方法促进合规风险评估工作。可以在执行指标的开发过程中运用一些技术性工具，如对表明可能存在合规问题的数据进行统计或过滤（如发现合规投诉、异常交易或支付行为的递增情形）。

（3）合规风险管理部门应当评估银行合规程序和指引的适当性，发现任何缺陷都要及时跟进，以书面报告形式提出改进意见。

4.法定职责和联络员

合规风险管理部门可以履行特定的法律职责（如作为银行的反洗钱官员），还可以作为银行与包括监管机构、法规制定者、外部专家在内的外部机构进行联系的桥梁。

5.监控、测试和报告

（1）合规风险管理部门应当通过执行充分而有代表性的合规测试来监控和测试银行的合规状况，合规测试的结果应当根据银行内部风险管理程序，通过合规风险管理部门的报告路线向上报告。

（2）合规主管应当定期向管理层（必要时向董事会）报告合规工作。报告应当包括报告期间的合规风险评估结果及在执行指标等相关计量基础上反映合规风险状况的变化，总结已确认的违规和不足以及建议采取的整改措施，并报告已采取的纠正行动。报告的形式应与银行合规风险状况和活动相称。

（三）合规风险与相关风险管理的关系

1.合规风险管理与全面风险管理

合规风险是全面风险管理的组成部分。一方面，全面风险管理涉及商业银行的所有风险，合规风险是其重要的管理对象，合规风险管理是全面风险管理的一部分；另一方面，合规是其重要的管理对象，合规风险管理应纳入全面风险管理的管理框架之中，基于流程的合规风险管理才能成为提高全面风险管理执行力的支柱。

合规风险管理是全面风险管理的实施抓手。全面风险管理千头万绪，制定良性的内部规章制度是基本依据，严格遵守规章是重要保障。有效的合规风险管理，一方面通过规章制度管理，可制定体系化、系统化的规章制度体系,解决规章制度成卷叠垒,而且可以解决经常出现的制度冲突、规划矛盾、制度漏洞等问题,奠定好全面风险管理的基础;另一方面通过合规检查、合规考核、合规问责等方式,可以引导、推动商业银行员工养成按规矩办事、有规可依的合规意识和习惯。

2. 合规风险管理与操作风险管理

操作风险是指银行由于不完善或有问题的内部程序、人员、计算机系统或外部事件所造成的损失。合规风险可以看作广义操作风险的内容,但和一般的操作风险又有所区别。如果把合规风险等同于操作风险,只是在业务操作环节和操作人员等方面去防范和控制,而不反省内部操作规章的科学性,就会终日忙于发现与纠正错误,而尽管操作风险与合规风险的划分标准、风险诱因以及风险内涵有所区别,但合规风险是产生操作风险最主要、最直接的诱因,所以在实践中容易把合规风险与操作风险等同看待,或是以操作风险替代合规风险。这些做法忽视了全面风险管理与巴塞尔资本协议所规范的风险管理之间的区别;更重要的是,这种做法不能有效地管理好操作风险和合规风险。因为虽然大多数操作风险表现在操作环节和操作人员身上,但其背后往往潜藏着操作环节设计不合理和操作人员缺乏合规意识等原因。如果把合规风险等同于操作风险,只是在业务操作环节和操作人员等方面去防范和控制,而不是反省内部操作规章的科学性,就会终日忙于发现和纠正错误,而改善效果却不理想。相反,从合规风险的角度,在制度设计上就予以高度重视,消除制度设计本身的缺陷,效果会事半功倍。

3. 合规风险管理与内部控制

从内部控制的主要内容可以看出,合规风险管理和内部控制既相互区别,又相互联系。

在范畴上,两者密不可分。

(1) 内部控制包含了合规风险管理,或者说合规风险管理是内部控制的组成部分。

(2) 合规风险管理是内部控制的基础,内部控制需要遵守合规风险要求。

从内涵上看,两者存在重要的区别。

(1) 两者的目的不同。内部控制的目的是为了提高质量与效率,目标的综合性更强;合规风险管理的目的是防御风险,目标直接、单一、明确。

(2) 两者的内容不同。内部控制的内容更为广泛、全面,包括经营效率和效果,财务报告的可靠性,遵守相应的法律法规等;合规风险管理的

第七章 其他风险管理

专业性更突出,仅覆盖遵守相应法律法规。

(3)两者的方法不同。内部控制因内容的广泛性,开展每项工作、实现每个目的,都有相应的实施方法;风险管理的方法相对简单。

(4)两者的后果不同。内部控制失败和无效后果多种多样,但多数可以通过内部改进予以弥补;合规风险管理失败或无效的后果虽然也是多种多样,但所遭受的法律制裁、监督处罚、财务损失、声誉损失等,基本上难以弥补。

二、合规风险计量

合规风险的计量是指对商业银行合规风险的概率、损失、资本占用、管理成本和管理成效等进行计算和度量。合规风险的计量既是合规风险管理的关键环节,又是合规风险管理的困难所在。

与信用风险、市场风险、操作风险一样,计量合规风险需要通过一定的计量工具,主要包括以下几种。

(一)因果模型法

因果模型法是一种在观察和推理的基础上,通过因果关系分析,推定不确定事件影响的分析方法。对合规风险管理而言,因果模型法有助于计量与业务流程相关联的合规风险发生的可能程度大小,并能推断合规风险管理的可能效果。因果模型源于贝叶斯网络理论。因果模型法一般采用以下步骤:

(1)梳理经营管理流程,标示因果关系节点。

(2)建立一个因果模型,反映流程、行为和风险因素之间的关系。

(3)收集因果模型节点数据。

(4)验证数据的真实性。

(5)运用验证数据,通过因果模型生成合规风险的分布状况。

(6)根据合规风险分布状况推断合规风险损失情况。

(7)根据因果模型、数据识别重要的合规风险。

(二)风险评估与控制的自评估

风险评估与控制的自评估,是商业银行合规风险管理的常用技术,包括合规风险的自我评估和合规风险控制的自我评估两个部分,其作用主要体现在以下3个方面。

第一,提出控制合规风险的优化方案,包括对因控制过度而导致效率低下的予以修正,对因控制不足而存在风险隐患的予以完善。

第二,结合损失金额和发生概率评估合规风险程度的大小,以及控制措施的实施效果。

第三,业务流程识别出商业银行的经营活动中是否有相应的措施。

在风险与控制自评估时,可使用计分卡,把定性评估转换为定量指标,实现对合规风险的精确计量,在此基础上,可以较为客观、准确地评估各机构合规风险管理的成效,也可以实现合规风险的资本管理。

(三)风险地图

风险地图是一种用图形技术表示识别出的合规风险信息,直观地展现风险的分布和发展趋势,方便合规风险管理者考虑采取怎样的风险控制措施的管理工具。

真实的合规风险地图可以简洁明了地反映合规风险状况,目前部分商业银行都致力于合规风险地图的绘制,即纵轴表示合规风险发生的频率(极少、较少、中等、很可能、肯定等),横轴表示合规风险的严重程度(包括可忽略、较小、中等、严重、灾难等),再辅以红、黄、绿3种色彩来表示风险控制状况。这样绘制的图可基本反映合规风险的状况,但属于定性性质的地图,只能做宏观上的描述,精确度不高。

(四)关键合规风险指标

关键合规风险指标是用于统计分析商业银行合规风险状况的数据或指标。科学的关键合规风险指标,可以对合规风险进行恰当的分类,客观比较分析合规风险状况;可以提前发出准确的合规风险预警信息,以便及时采取风险控制措施;可以提高合规风险管理质量,降低合规风险的不良影响。

由于合规风险涉及面广,业务流程和管理流程复杂,而专业性合规风险管理起步晚,关键合规风险指标还处于探索中。

(五)风险数据库

合规风险的识别评估、合规风险的计量和资本管理等,都离不开合规风险数据库的支持,因此商业银行有必要突破合规风险计量数据缺乏的限制,建立合规风险数据库。根据巴塞尔资本协议,合规风险数据库的建设和使用,既要建立内部数据,也要建立外部数据。内部数据是对内部损失事件的跟踪记录、合规风险资本计量等,是历史数据。外部数据包括损失金额数、发生损失事件的业务范畴、损失的起因和情况以及其他有助于评估其他银行损失事件的相关信息。

第七章 其他风险管理

三、合规风险管理

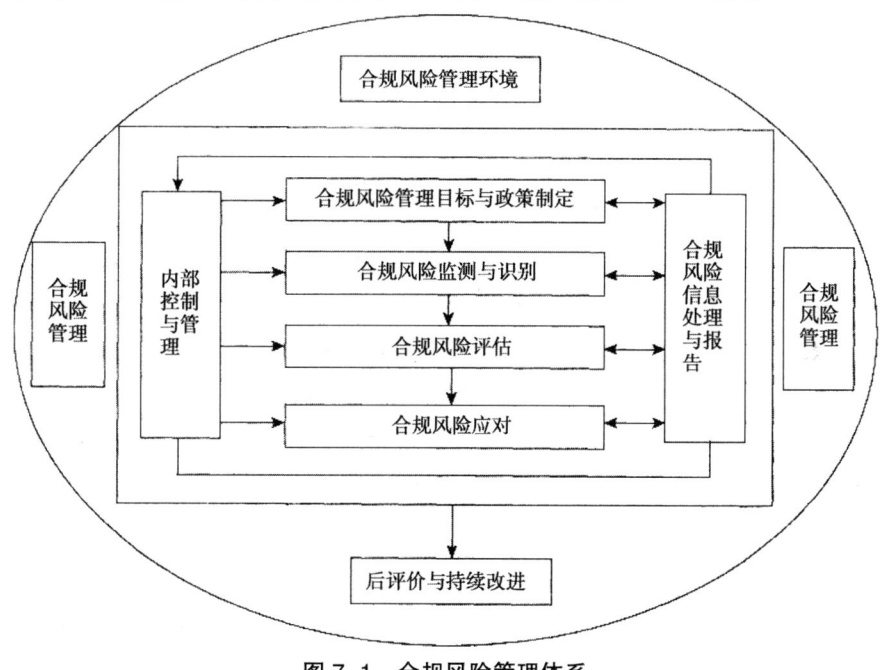

（一）合规风险管理体系

合规风险管理体系，是指商业银行为有效实施合规风险而建立的管理体系。根据银行的风险管理指导思想，将其合规资源、合规组织、合规文化、合规制度、合规政策、合规流程等要素组合成一个有机整体。

根据《商业银行合规风险管理指引》第八条规定，商业银行应建立与其经营范围、组织结构和业务规模相适应的合规风险管理体系。在全面风险管理体系下，完整的合规风险管理体系应该包括合规风险管理环境、合规风险管理目标与政策制定、合规风险监测与识别、合规风险评估、合规风险应对、内部控制与管理、合规风险信息处理与报告、后评价与持续改进等8个相互联系的要素。这8个要素的关系如图7-1所示[1]。

图7-1 合规风险管理体系

（二）合规风险管理流程

嵌入经营管理流程，在流程中预防、控制、化解合规风险，才是科学的、有生命力的合规风险管理。要嵌入经营管理流程，就有必要梳理、优

---

[1] 邵平.商业银行合规风险管理[M].北京：中国金融出版社，2010：119.

化合规风险管理流程。在全面风险管理体系下,合规风险管理的流程主要包括风险监测、风险识别与评估、风险计量、风险报告、风险控制/缓解、风险处置/补偿。各流程关系图如图7-2所示。

1. 合规风险监测

商业银行所面临的合规风险状况是不断变化的,管理合规风险首先需要掌握合规风险。因此,有必要持续监测合规风险,以便及时采取恰当的风险控制措施。合规风险监测的重点主要有5个:一是已被识别的合规风险的变化情况;二是可能存在合规风险的情况;三是合规风险控制措施的效果;四是关键合规风险指标和环节;五是合规风险预警机制的效果。

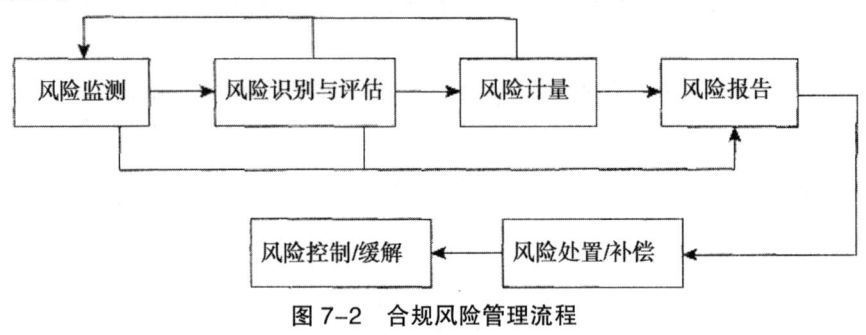

图7-2 合规风险管理流程

注:(资料来源:陆静,2015)

2. 合规风险识别与评估

合规风险识别,是在合规风险发生前的一种分析;合规风险评估,是对潜在合规风险的发生可能性、已发生合规风险的后果做出的分析。合规风险识别与评估,是合规风险管理的基础,贯穿于经营管理的各个环节。

3. 合规风险计量

合规风险计量是在合规风险识别与评估的基础上,运用计量方法来评估和测定合规风险事件的概率以及合规事件发生以后损失程度的大小。精确的合规风险计量是合规风险管理走向科学化的重要标志。合规风险的计量方法还处于探索阶段,可以借鉴使用的主要有风险与控制自评法、计分卡法、情景分析法。

4. 合规风险报告

合规风险报告是合规风险管理的媒介,高质量的合规风险报告可以为管理层提供全面、及时和准确的信息,不仅有助于管理决策,也为日常

第七章 其他风险管理

经营活动和合理绩效考评提供有效支持。

5.合规风险控制/缓解

合规风险控制/缓解,是在上述各个环节的基础上,对合规风险采取控制、化解或转移等管理措施。合规风险控制/缓解的主要手段有风险规避、风险整改、风险转移等。目前操作类的合规风险可以通过购买保险的方式转移给保险公司。

6.合规风险处置/补偿

合规风险处置,是在合规风险发生形成损失后进行的事后处置和补偿。其中,合规风险处置主要是由合规风险导致的剩余价值;合规风险补偿主要是通过资本补偿非预期损失。

(三)合规风险管理办法

1.合规文化

一家好银行必然有良好的合规文化做支撑,否则想确立恰当的战略目标很困难,而要实施好这些战略难度就更大了。文化决定着企业、团队和员工的具体行为,管理者和员工如果对机构内部有章不循的现象视而不见,非但不予以制止,甚至还同流合污,这家机构的管理一定不会好,很容易导致重大违规事件甚至违法案件。这样的机构如果它的账面上还有很好的业绩表现,可能会更加糟糕,以后要付出的代价可能会更大。

2.政策确立的合规基调

主动合规:树立主动合规意识,克服被动合规心理。合规是全体员工主动、自觉的意识,而不是应付检查、表面合规的权宜之计。主动合规不仅是银行经营管理的需要,更是员工保护自己的一种手段。每一项业务行为都应该想想什么是正确的,规定和要求是什么。

合规抑制风险,创造价值:通过对合规风险的有效管理,避免处罚和损失,从另一个方面看它就是创造了价值;对新产品、新业务论证、揭示风险,提出控制措施和方案,保证银行各项金融创新的合法、合规也可创造价值。

3.识别、评估、报告合规风险

合规风险识别:通过内外部检查和监督活动,发现本行合规管理缺陷和已发生的违规问题,包括检查监督,原因分析,整改纠正等内容。

合规风险评估:收集、整理已识别的合规风险并加以分析,估计和测定未来合规风险可能导致财务和声誉损失等相关风险损失的概率和损失大小,以及可能产生影响的程度。

合规风险报告有以下两个层面。

(1)合规部门在汇总、分析的基础上,向管理层和董事会提交的合规风险管理情况报告。

(2)本行各部门、各分支机构或人员按照规定的合规报告路线,将已识别的合规风险向管理层或合规部门报告。

4. 合规考核与问责

考核指标:岗位与人员、制度执行、监督检查、整改纠正、违规问责、信息沟通及发案情况指标等6大项15小项。

考核方法:总行合规部统一设计评价指标、评分标准;各部门细化评分标准并按该标准评价打分。

考核手段:建立违规情况登记,结合定性分析与定量分析,对各单位打分,结果纳入绩效考核。

合规风险问责要坚持违规必究,奖罚分明,以事实为依据,教育与惩戒相结合等原则。

5. 合规风险预警与整改

合规风险预警,是由指合规部门针对外部法律、法规、监管政策和行业行为标准的变化,给商业银行经营管理带来的影响,或商业银行内部特定机构、员工或产品潜在的合规风险,对管理层或相关机构所做的预警性分析、判断和管理建议。

合规风险整改,是合规部门牵头,督促相关机构,认真对待监管机构、稽核部门、合规部门等机构检查或审计中发现的积累问题,逐一改正,使已发生的问题得到解决。

6. 持续改进

合规风险管理并非一成不变,而是一个根据内外部规范、环境的变化而随时调整的过程。针对法规政策发生变化、制度流程发现缺陷等需要更新、修正的事项要适时做出反应,对行内规章制度进行相应调整和完善。

第八章 金融风险管理的新趋势

近些年来,随着越来越多的金融风险度量模型的出现,以及在金融市场的应用,加之科技的飞速发展,金融风险管理也开始向工程化、网络化、综合化等层面发展。并随着供应链金融与金融大数据的出现,金融风险管理也呈现了供应链金融风险管理与大数据金融风险管理的趋势。本章就对这几大明显趋势展开探讨。

第一节 金融风险管理工程化趋势

一、金融工程技术及其发展

(一)金融工程的基本概念

由于金融工程是个比较新的领域,目前对金融工程的定义说法很多。其中,比较有代表性的观点有以下几种。

美国学者克里弗德·史密斯和查尔斯·史密森(Clifford W. Smith & Charles W. Smithson)认为,金融工程创造的是导致"非标准现金流"的金融合约,它主要是指用基础的资本市场工具组合成新工具的过程。

英国金融学家洛伦兹·格利茨(Lawrence Galitz)认为,金融工程是应用金融工具,将现在的金融结构进行重组以获得人们所希望的结果。他认为,金融工程的作用在于实现某种特定的财务目标。

美国金融学家约翰·芬纳蒂(John Finnerty)认为,金融工程是将工程思维引入金融领域,综合地采用各种工程技术方法(主要有数学建模、数值计算、网络图解、仿真模拟等)设计、开发和实施新型的金融产品,创造性地解决各种金融问题。

以上3种对金融工程的定义各有特点,史密斯和史密森的定义侧重于现金流的角度,指出金融工程创造的是"非标准"的金融产品;格利茨的定义强调金融工程的目的,即达到特定的财务目标;芬纳蒂的定义则比较全面,也是被国际金融工程师学会接受的定义。

按照芬纳蒂的理解,金融工程创造的是新型的金融产品。这里的金融产品是广义的,它既包括金融商品(所有进入市场交易的金融工具,如股票、债券、期货、期权、互换等,都可看作金融商品),也包括金融服务(结算、清算、发行、承销等都是金融服务)。而设计、开发和实施新型金融产品的目的是创造性地解决金融问题,因此金融问题的解决也就可以看作金融产品的创作。这里提到的"新型"和"创造性"有三层含义:一是指金融领域中思想的跃进,其创新程度最高,如第一份期权合约的产生;二是指对已有观念的重新理解与运用,如在商品交易所推出金融期货作为新品种;三是对已有的金融产品进行分解和重新组合,目前层出不穷的新型金融工具的创造,大多建立在这种组合分解的技术之上。

金融工程大量采用图解、数值计算和仿真技术等工程手段来研究问题,比分析金融学的理论模型要灵活得多,相对容易建立与推广使用,不像理论模型那样需要极为艰苦的逻辑思辨,因为许多逻辑推理是由计算机程序帮助实现的。而且,金融工程的研究直接而紧密地联系着金融市场的实际。大部分真正有实际意义的金融工程研究,必须有计算机技术的支持。图解法需要计算机制表和作图软件的辅助,数值计算和仿真则需要很强的运算能力,经常用到百万次甚至上亿次的计算,没有计算机的高速运算和辅助设计,这些技术将失去意义。金融产业与信息产业的结盟,是金融工程的产业背景。

(二)金融工程发展的动因

金融工程的迅速发展是多种因素综合作用的结果,每一种因素都在不同方面及不同程度上对金融工程的发展形成了刺激,使某种形式的金融工程成为可能。一般而言,刺激金融工程迅速发展的因素可以归为两大类:一类因素产生了对金融工程的需求,这类因素主要包括经济环境中不确定性的增强、制度因素、社会对理财的要求等;另一类因素使金融工程成为可能,进而刺激其发展,这类因素包括科学技术的进步、金融理论的发展等。

(1)经济环境急剧变化导致经济活动中的不确定性增强。这类因素主要包括:布雷顿森林体系崩溃导致的汇率波动;20世纪70年代两次石油价格冲击导致的全球性通货膨胀;金融自由化以及各种政策因素导致的利率的波动。在这样的背景下,各种风险管理技术和金融创新便应运而生,推动了金融工程的发展。

(2)经济发展水平的提高促进了社会财富的增长,引发了经济生活中广泛的理财需求。这些需求推动了个性化金融服务的发展和金融产品

第八章　金融风险管理的新趋势

的创新。尤其值得一提的是理财业务中的合理避税问题，由于实际经济活动中存在税收减免或差别税率等税收不对称现象，金融工程师可以利用金融工程学的手段帮助客户实现有效的避税。这是金融工程活动的重要方面。

（3）制度因素对金融工程的发展具有两重作用：一方面，由于制度的约束作用，许多金融产品设计的目的就在于以不违反现行制度为表象，进而规避甚至突破制度的作用；另一方面，各国放松管制的实践，使得许多金融产品的创造成为可能，从而促进了金融工程的发展。

（4）技术进步因素主要是指对金融工程起推动作用的相关技术的发展，包括数理分析技术、计算机信息技术以及数值计算和仿真技术等。其中计算机信息技术对金融工程的发展起到很大的推动作用。一方面，大规模数据演算能力的提高，使得研究者可以扩展理论和分析技术；另一方面，信息技术为金融交易员提供了在线分析工具，使其能够利用金融市场的实时数据进行复杂计算。

（5）金融理论的发展是金融工程得以确立的基础和前提。现代金融学理论始于20世纪50年代马柯维茨的创造性工作。马柯维茨的资产组合选择理论和莫迪里亚尼—米勒的MM定理的提出促成了"华尔街的第一次革命"，为现代金融理论的定量化发展指明了方向，由经济学中的完全竞争市场发展而来的无套利原则为资本市场定价提供了理论基础。直到现在，金融工程的理论基础仍是这两大理论，一切金融工具的设计和定价仍围绕着这两大理论进行。

二、金融工程技术工具

（一）股票

和其他金融工具不同，股票是所有权凭证，它代表的是对股份有限公司净收入和资产的要求权。根据股东拥有的权利不同，股票可分为普通股和优先股。普通股股东具有投票等基本权利，其股息随公司经营状况的变化而变化。优先股股东在利润分配和企业剩余财产的分配方面比普通股股东具有一定的优先权，但一般没有表决权。

（二）票据发行便利

票据发行便利，又称"票据发行融资安排"，它是借款人与银行之间签订协议，借款人在二级市场上循环发行的短期票据，如果这些短期票据不能在二级市场上全部出售，银行有义务买入这些票据，或者向借款人提供贷款。

（三）回购协议

回购协议是产生于20世纪60年代末的短期资金融通方式。它实际上是一种以证券为抵押的短期贷款。其操作过程包含：借款者向贷款者暂时出售一笔证券，同时约定在一定时间内以稍高的价格重新购回或者借款者以原价购回原先所出售的证券，但是向证券购买者支付一笔利息。这样证券出售者便暂时获得了一笔可支配的资金，证券购买者则从证券的买卖差价或利息支付中获得一笔收入。回购协议中的出售方大多为银行或证券商，购买方则主要是一些大企业，后者往往以这种方式来使自己在银行账户上出现的暂时闲置余额得到有效的利用。

（四）可转换债券

可转换债券可以在指定的日期以约定的价格转换成债券发行公司的普通股股票，或其他可转让流通的金融工具，或转换债券货币面值等。对公司来说，首先是可转换债券的换股特权对投资者具有一定的吸引力，有助于利息、费用的降低；其次，有利于解除公司的债务，当债券转换成股票时，公司可以在只是增加股份数目而不发生支出的情况下解除债务。对个人投资者来说，可转换债券是一种兼顾收益和风险的理想的投资工具。当投资者不太清楚发行公司的发展潜力及前景时，可先投资于这种债券。待发行公司经营业绩显著，经营前景乐观，其股票行市看涨时，则可将债券转换为股票，以受益于公司的发展。可转换债券对于投资者来说，是多了一种投资选择机会。

（五）金融衍生工具

金融衍生工具主要包括远期、期货、期权和互换4种基本衍生工具和由它们通过变化、组合、合成而衍生出来的一些变形体。

1. 远期（forward）

远期是最简单的金融衍生工具之一，是指买卖双方约定在未来某一时期按确定的价格购买或出售某种资产的协议。远期类金融衍生工具是以远期工具为核心变化、合成的一系列衍生产品，一般包括商品远期交易、远期外汇交易、远期利率协定等。

2. 期货（futures）

期货合约实际上是由交易所统一设计推出，并在交易所内集中交易的、标准化的远期交货合同。和远期合约相比，它最大的特点就是每张合约所包含的内容都是标准化的。由于这一特点，期货合约能够很容易地

第八章 金融风险管理的新趋势

在不同的经济主体之间进行流通。另外,由于合约交易集中在交易所进行,合约的履行由交易所保证,所以不存在违约的问题,因此期货交易很好地弥补了远期交易的不足。期货类金融衍生工具是以期货工具为核心变化、合成的一系列衍生产品,一般包括商品期货、外汇期货、利率期货、股票价格指数期货等。

3. 期权（option）

期权是在未来某时期按协议价格买卖金融工具的权利而非义务。期权有买权（call option）和卖权（put option）之分。买权（卖权）是指在约定的未来时间内按协定价格购买（出售）若干标准单位资产的权利。期权合同的买方为了取得这一权利要付出一定的代价,即期权的价格（premium）。期权合同还有欧式和美式之分。欧式期权的买方只能在到期日行使合同,而美式期权可以在合同到期前的任何一天行使合同。期权类金融衍生工具是以期权工具为核心变化、合成的一系列衍生产品,一般包括商品期权、外汇期权、利率期权、股票期权、股票价格指数期权等。

4. 互换（swap）

根据国际清算银行的定义,互换是指"双方签约同意,在确定期限内互相交换一系列现金流的一种金融活动"。互换类金融衍生工具是交易双方签订的在未来某一时期相互交换某种资产的合约。更准确地说,互换合约是当事人之间签订的在未来某一期间内相互交换他们认为具有相等经济价值的现金流（cash flow）的合约。较常见的互换类衍生产品是利率互换和货币互换。互换合约中规定的交换货币若是同种货币,则为利率互换;若是异种货币,则为货币互换。其他互换类金融衍生工具还有商品互换、股票指数互换等。

第二节 金融风险管理网络化趋势

一、网络金融的概念

（一）网络金融的主要形式

网络金融（the Internet finance）是指为金融服务商以网络为平台提供的银行、证券、保险等多种金融服务,也是对以计算机网络为技术支撑的金融活动的总称。它通过网络实现资金信息的对接与交易,资金的供方与需方甚至不需要见面,大大降低了交易成本,填补了传统金融业的空白。网络金融模式灵活、产品涉及范围广,与传统产业和传统金融行业相比,产品众多,业务范围广泛,几乎每个行业、每家企业都能在网络金融领域找到自己的位置。目前我国网络金融的表现形式主要可分为以下4种。

第一种是网络银行。网络银行是在网络上的虚拟银行柜台,是银行利用信息技术和网络技术,在网络上为客户提供综合、实时的全方位银行服务。网络银行又被称为"3A银行",因为它不受时间、空间限制,能够在任何时间(anytime)、任何地点(anywhere),以任何方式(anyway)为客户提供金融服务。

第二种是网络金融服务。网络金融服务是指金融机构通过网络开展对客户的投资、理财等金融咨询服务,形成信息增值服务平台系统。它是今后金融业发展的重点内容。

第三种是第三方支付。买方将货款付给第三方独立机构,第三方独立机构担当中介保管,在收付款人之间设立中间过渡账户,在双方意见达成一致的前提下才决定资金去向。

第四种是网络信贷。网络信贷,如P2P贷款等模式,是投资人通过中介机构把自己的资金贷给借款人,中介机构通过对借款人的信用水平、经济效益等情况进行考察来评估借款人的信用风险,并收取一定的服务费用。

(二)网络金融的风险

网络金融的风险主要有IT风险、流动性风险、监管风险、道德风险以及利率风险。

1.IT风险

IT风险是由于黑客攻击、网络传输故障和计算机病毒等因素引起的,这会造成网络金融计算机系统瘫痪,从而造成技术风险。其表现在3个方面:加密技术和密钥管理不完善;TCP/IP协议安全性差;病毒容易扩散。首先,网络金融的交易资料都被存储在计算机内,而且消息都是通过网络传递的。由于网络的开放性,在加密技术和密钥管理不完善的情况下,黑客就很容易在客户机向服务器传送数据时进行攻击,危害网络金融的发展。其次,TCP/IP协议在传输数据的过程中比较注重信息沟通的流畅性,而很少考虑到安全性。这种情况容易使数据在传输时被截获和窥探,进而引起交易主体资金损失。最后,通过网络计算机病毒可以很快地扩散并传染,一旦被传染则整个网络金融的交易网络都会受到病毒的威胁。这是一种系统性技术风险。

第八章 金融风险管理的新趋势

2. 流动性风险

网络金融机构往往发挥资金周转的作用,沉淀资金可能在第三方中介处滞留两天至数周不等,由于缺乏有效的担保和监管,容易造成资金挪用,如果缺乏流动性管理,一旦资金链条断裂,将引发支付危机。现阶段网络金融公司的流动性风险主要有以下两种。第一,理财资金远大于债权资金。目前已经有几家网络金融企业显现出这样的问题,投资理财者把钱充值到平台,但是却迟迟买不到理财产品。实际上是没有足够的债权进行匹配。在这种情况下,且不说这笔资金的利息问题,很可能还牵扯到法律问题;第二,规模越大,流动性风险也越大。在中国,有一个说法叫作"刚性兑付心理"。当一家大型企业在一个时间点面临客户批量赎回,也就是所谓的挤兑风险出现的时候,它可能带来的就是灭顶之灾。

3. 监管风险

金融监管滞后也是网络金融发展可能面临的一个重要风险,如有关网络金融市场的企业准入标准、运作方式的合法性、交易者的身份认证等方面尚无详细、明确的法律规范。网民在借助网络提供或享受金融服务的过程中,将面临法律缺失和法律冲突的风险,容易陷入法律盲区的纠纷之中,不仅增加了交易费用,还影响网络金融的健康发展。

4. 道德风险

网络金融行业是一个年轻的行业,其中有很多年轻的公司在快速扩张期,人员数量迅速增长。如果此时公司相应的管理和配套机制没有跟上,就非常容易出现人员操作的道德风险。个人信息保护是网络金融发展的重要基础之一。近年来,小规模的网络个人信息泄露、买卖事件频繁发生。从单一事件来说,小规模的个人信息泄露违反了商业道德;从国家层面来说,大规模的个人信息泄露可能危及国家安全。

5. 利率风险

与传统理财产品相比,网络理财产品没有起存金额限制。这就意味着网络金融可以吸收更多的存款,发放更多的贷款,与更多的客户进行交易,面临着更大的网络金融利率风险。

二、网络金融风险管理

(一)建立以风险管理理念为核心的战略

建立以风险管理理念为核心的战略,就是在机构内部把风险防范和管理放在经营活动的首位。对每项业务都要实行事前、事中、事后全面监督管理,使风险管理贯穿于机构的全过程,使全体员工统一风险管理观念,更好地促进网络金融产业的发展。

（二）进行监管体制与方式的变革

当前我国金融监管是分业经营、分业监管。但网络金融属于混业经营的模式,容易陷入监管真空的困境中。为了加强对网络金融的监管,当务之急是改变分业监管模式,尽快建立一个沟通协调、信息共享、有统有分、统分结合的监管体制,同时还应该加强网络金融监管的国际合作,借鉴发达国家对网络金融产品的相关监管措施,保障网络金融健康发展。

（三）出台相关法律和完善准入准则

网络金融的发展依赖于健全完善的行业法律体系,政府机构应抓紧制定相关法规,防范和打击网络金融犯罪。随着网络金融的发展,政府应加快建立有效的信用评级行业监管体制,健全网络行业准入准则,通过实施严格的准入管理,对网络金融机构的资金实力、财务状况、风险管理等方面均做出具体的准入要求,把好关来避免出现鱼龙混杂的情况。

（四）培育高素质人才队伍

网络金融机构应尽快打造一支适应网络金融浪潮的人才队伍,引进国外先进风险管理理念,结合本机构业务特点,针对性地进行人才风险管理系统培训。重点培养员工的风险意识、防范意识,使机构能够在业务发展的各个环节获得足够的风险信息、整合并评估,从而加强改进风险管理措施。同时,要注意人才队伍的道德建设,防止违反金融伦理的犯罪行为,保证网络金融活动有序运行。

第三节　金融风险管理综合化趋势

一、金融风险的系统性

（一）系统性风险的认识

系统性风险是指市场聚集性的风险,即一家金融机构的违约或破产,有可能导致在其交易伙伴及其他金融机构中产生直接或间接的多米诺骨牌效应,然后通过链式反应威胁到金融体系的稳定性。有人形象地把它比喻成"流行性风险"。金融系统性风险是交易伙伴的信用风险与流动性、偿付能力相互作用的结果,风险程度取决于损失的严重程度和持续时间长短。

第八章 金融风险管理的新趋势

（二）单个金融机构系统性风险的控制

系统性风险对金融体系的完整性构成威胁，因此系统性风险管理应该是金融监管当局关注的重中之重。虽然系统性风险不是单个金融机构的工作范围，但如果金融机构加强自身的风险管理，会使整个金融体系承受风险的脆弱性降到最低水平。特别是所有银行都应该依照最好的信贷惯例和现代资产组合技术，控制并限制自身的风险，以降低整个银行体系的风险。在各项信贷活动过程中，银行要小心和避免将风险集中于任何单独的客户和部门，包括由于较低监管风险权重和宽泛的风险最高限额而经常得到特别眷顾的银行部门。银行没有足够的理由中止判决确定的正常债务，并且应该抵制以互惠为借口提高银行同业间信贷限额的诱惑。

（三）结算过程系统性风险的控制

各家银行应该利用监管当局和行业发出的倡议，缩减各自同业转账和结算风险；着力控制同业转账和结算的时间长度和风险规模，时间长度缩减，相应风险的规模也会缩减。在时间长度方面，绝大多数国家都通过将纸质处理过程转化为电子处理过程，并且非常重视大额支付系统的建设。

坚持证券和外汇实时结算。在证券交易过程中，证券卖方交割证券与证券买方支付资金之间可能存在时滞，如果任何一方不执行按时交割证券或不按时支付资金，就会使交易对方遭受违约风险。为此，必须坚持一手交钱，一手交货，建立实时结算机制，以综合上述时滞可能导致的系统性风险。外汇交易结算与证券交易结算非常相似，不同货币达成交易后，要通过清算机构实行实时清算，否则也会构成系统性风险。总之，建立良好的清算系统和机制是避免系统性风险的一个重要因素。

二、建立综合全面的金融风险管理体系

（一）建立金融风险评估体系

金融风险评估是指包括对金融风险识别、金融风险衡量、选择各种处置风险的工具以及金融风险管理对策等各个方面进行评估。

（1）金融风险识别。金融风险识别是指在进行了实地考察研究的基础上，运用各种方法对隐性及显性风险进行系统的区分和综合的分析研究。

（2）金融风险衡量。这是指对金融风险发生的概率或程度、风险范围进行预判和估计，并对不同程度的风险发生的概率及影响进行定量分析。

（3）金融风险管理对策的选择。这是指在前面两个阶段的基础上，根据金融风险管理的目标，优化配置各种金融风险管理的工具，并针对性地提出建议。这是金融风险评估的必经之路。

（二）建立预警信息系统

完整的信息系统是有效监管的前提条件。我国目前尽管已形成较完善的市场统计指标体系，但对风险监测和预警的支持作用还有限，与巴塞尔委员会《有效银行监管的核心原则》的要求还有差距。这就要求我们应增加描述市场总体金融风险和金融机构风险的指标，为风险预警提供信息支持；严格和完善金融机构财务报表制度，制定严格的数据采集内容和格式、方式和方法及采集渠道。金融机构上报的资料，要经过会计师和审计师审计，如发现弄虚作假或拖延，监管部门应给予惩罚。

（三）建立良好的公司治理结构

金融机构治理结构良好对金融风险防范是至关重要的。如果公司治理结构存在缺陷，会增大金融体系风险。国外银行的实践表明，金融风险及金融危机的发生，在某种程度上应归咎于公司治理的不足。我国近些年的金融业改革非常重视法人治理结构的改进，但是国有独资商业银行的所有者与经营者定位还不是很清楚，高管人员仍然集治理权与管理权于一身，缺乏治理与管理的监督机制。股份制商业银行表面上看有着良好的治理结构，但实际运行中也存在一些问题，如股东贷款比例过高，小股东收益被忽视等。为了防范金融风险，构筑我国金融风险防范体系，应在公司治理结构方面做好以下几项工作。

1. 改进国有商业银行的分权结构

产权是一家金融机构的基石。对国有商业银行而言，首先应明确产权主体。在实行股份制改造过程中，要打破单一产权结构，形成多元产权主体，使国有商业银行的经济人本性得到恢复，在此基础上建立符合现代企业制度要求的公司治理结构，包括股东大会、董事会、监事会的依法设立和各司其职。这样可以保证出资者的地位和利益，有利于资本的保值、增值，提高国有商业银行的资本充足率，分散经营风险。

2. 完善激励机制和制约机制

研究成果表明，董事会薪金与公司业绩具有相关性。为此，对国有商业银行而言，一是改革"官本位"激励机制，把行长的工资奖金与经营业绩及银行长远发展结合起来，而不是重视资产规模和存款规模；二是实行银行行长年薪制，使经营者的利益合法化、透明化。

第八章　金融风险管理的新趋势

3. 完善公司治理的组织结构

其关键是建立一套与股权结构相适应、责权分明的组织体系。第一，依法产生董事会。没有真正的所有者，就不能选举出强有力的董事会；没有强有力的董事会，就不会有优秀的经理。董事会的产生是关键环节。第二，调整董事会构成。商业银行董事会应聘请一定数量的独立董事。为了保证独立董事作用的发挥，可以考虑设置独立董事审查委员会，并赋予持有一定股份的股东拥有独立董事的提名权或小股东联合提名权；建立董事会办事机构，可以下设财务审计委员会、高级管理人员薪酬委员会和提名委员会，以保证决策的独立性和科学性。

4. 加强信息披露和透明度建设

公司治理结构的改善，最终需要提高透明度和信息披露。我国金融机构的信息披露还有许多不够完善的方面，特别是国有商业银行。主要有：信息披露的项目不全面，没有严格按照财务会计制度和风险管理要求披露；信息披露内容不真实，有的数据做了技术调整；信息披露的范围不广泛，商业银行只在公开报刊上披露部分信息，股份制商业银行只在股东大会上披露有关信息；信息披露不及时，有的只是年终披露一次，年内发生的重大事件没有披露。因此，为了有效防范金融风险，必须提高信息披露的透明度。金融机构要正视信息披露的价值，增强信息披露的意识，建立审慎的会计制度和信息披露制度。特别要求金融机构必须披露以下主要信息：财务会计报表、各类风险管理状况、公司治理结构信息和年度重大事项。

（四）加强审慎监管体系建设

构筑以银监会、证监会和保监会为主体，机构内控为基础，行业自律为纽带，社会监督为补充，"四位一体"的复合型金融监管体制，以预防金融风险的发生。

1. 构建监管主体的监管组织机构

银监会、证监会、保监会是我国金融监管的主体。根据中央的精神，要建立、健全银行、证券、保险监管机构之间以及同中国人民银行、财政部的协调与合作，研究银行、证券、保险监管中的有关重大问题，及时解决分业监管中的政策协调问题，协调银行、证券、保险的对外开放和监管政策以及交流监管信息等，最终走向协同监管制度化。

2. 健全我国金融机构的内部控制制度

这是弥补监管主体局限性和补救法定监管不足的一项重要措施。具体而言,可以从以下几点做起。第一,合理设置内控机构。要建立相应的内审部门和稽核部门,保持相对的独立性、超脱性和权威性。同时,可以设置跨地区监管机构或特派员办事处、专员等。第二,修改和完善内控制度,不断创新与业务相适应的动态风险控制制度。第三,改善内控设施,充实人员队伍。建立内控系统网络和相对集中数据处理,改善内控非现场监测条件,加强对财务、资产等业务指标变化情况的监督和控制。

3. 建立金融行业自律机制

我国于1991年成立了证券业自律组织——证券业协会,但它在实施过程中带有比较浓厚的行政色彩,真正行业自律的职能发挥得还不够充分。2000年我国建立了银行业自律组织——银行业协会,它采取自愿入会的办法,行业自律作用的发挥还有很大空间。总之,要通过行业自律来营造公平的金融市场环境,发挥金融对经济发展的支持力度,使其在消化不良资产和防范金融风险中发挥更大的作用。

4. 充分发挥社会中介的监督作用

为了保证法定监管主体作用的有效发挥,应注意充分发挥社会中介机构对金融机构的补充监督作用,包括会计师事务所、审计师事务所及社会舆论的监督,保证金融机构财务会计报表的真实性、公正性,并对其经营绩效、风险程度做出正确判断,对存在的问题进行审计监督。

第四节　供应链金融风险管理及展望

一、供应链金融及其风险

(一)供应链金融的定义

国际知名金融顾问和咨询公司 Tower Group 对供应链金融所作定义如下:供应链金融是以发生在供应链上的商业交易价值为基础,设计一系列的为供应商提供流动资本融资和现金流的解决方案。该公司将供应链金融定义为银行从整个产业链角度出发,开展综合授信,把供应链上的相关企业作为一个整体,根据交易中构成的链条关系和行业特点设定融资方案。

(二)供应链金融风险的定义与分类

供应链金融风险指商业银行与物流公司对供应链上企业进行融资

第八章　金融风险管理的新趋势

时,由于不确定因素事先无法预测,导致产品的实际收益与预期收益产生偏差,或者资产无法收回造成损失的可能性。

在 MBA 智库中,供应链金融的风险分为信用风险、市场风险、法律风险、操作风险等。也有学者以 3 种融资模式为基础,分为应收账款融资风险、保兑仓融资风险、存货融资风险等。

二、供应链金融风险的管理与控制

（一）供应链金融风险管理的整体思路

对于供应链金融而言,确实能在一定程度上降低贷款的信用风险,却引发了一系列其他风险。对于这类风险,更重要的是能够通过对其进行识别,借鉴成功案例、相关模型予以评价,然后针对上述分析进行有效的控制。

首先,要设立风险管理的整体思路与目标。供应链金融是一种新型的融资模式。在国外主要基于整个供应链管理体系进行研究;在国内,主要从解决当前中小企业无法从银行获得贷款问题出发,引申到一种建立在战略发展上的资金运作模式。对于核心企业而言,需要建立有效的机制,从内部控制与外部控制着手,对上下游中小企业进行管理,有明确的风险评价方法,确保资金的稳定运营。对于银行,需要建立风险防范措施,降低不良贷款率,以及在贷款无法偿还时,该如何进行补偿。对于中小企业而言,需要对自身经营有合理的规划,提升经营业绩,与核心企业形成良好的合作关系,并能按期还清贷款。

其次,要进行有效的风险识别。无论是核心企业、银行还是上下游中小企业,都要能够清晰辨别自身以及供应链金融系统中存在的风险,以为整个风险的评价与控制提供保障。再次要对风险进行合理评价。在对风险识别之后,需要对供应链金融上的企业与银行带来的影响所波及的范围、程度等进行定性与定量分析。

最后,要对风险进行控制。这是整个风险管理的核心部分,需要运用相关模型减小风险或者分散、转移风险,并建立相应的风险补偿机制,也要理论与实践结合起来,对特殊危机能采取应急措施。

（二）供应链金融风险评价体系的构建

根据供应链金融的特点,考虑到供应链金融信用风险的影响因素,为供应链金融信用风险构建综合评价体系。供应链金融的信用风险综合评价这个一级总指标的各个二级指标分别为品德因素、能力因素和资本因素三方面,并进一步分解该二级指标,确定影响二级指标的三级分指标,从而完成供应链金融信用风险综合评价指标体系的构建,如图 8-1 所示。

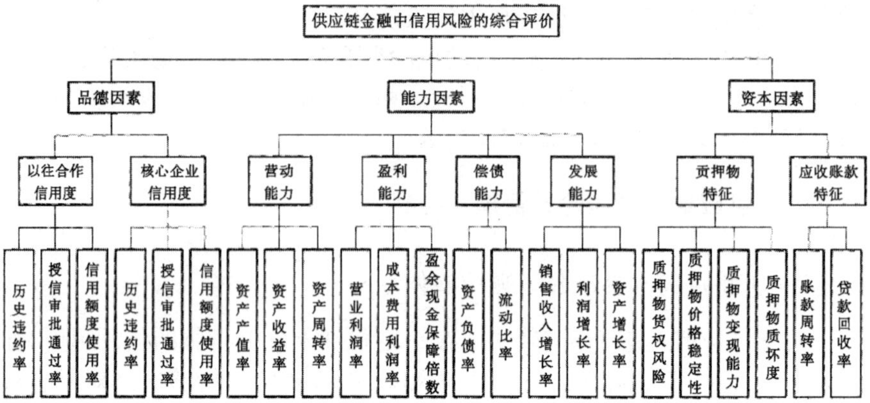

图 8-1 供应链金融信用风险综合评价指标体系

(三)供应链金融风险控制

除了对供应链金融风险进行管理之外,还需要对其进行控制,具体主要体现在信用风险控制、操作风险控制、市场风险控制上。下面对这两大层面逐一进行探讨。

1. 供应链金融信用风险的控制

第一,按照 3 个层次等级确定风险控制方法。银行在对中小企业进行贷款的时候,需要对供应链进行 3 个层次的划分,确定其所属的不同等级。第一个层次是行业类别划分,有的行业供应链上企业的合作相对稳定,有的行业上下游供应商退出与进入比较频繁,这样不同的行业所对应的风险系数不一样。第二个层次是行业内的划分,主要以核心企业为标准,由于企业的经营方式不一样,有的企业虽然盈利高,但是风险高,有的企业虽然盈利增长速度较慢,但是风险较小,收入保持在稳定的水平,可以依照前文所述的对核心企业遴选给出的评分项加上实际情况进行区分。第三个层次是供应链上的中小企业,根据不同企业的不同特点,综合评定信用等级。依照以上 3 个层次,对需要贷款的中小企业就可以确定直观的风险等级:中小企业自身风险系数、核心企业风险系数、行业风险系数,建立相关模型,确认出预期贷款风险系数。银行依照此风险系数,结合以往经验及操作和市场中存在的风险因素,通过银企之间的博弈,从而确定贷款的额度。

第二,构建核心企业、银行以及上下游中小企业信息共享的平台。如果按照核心企业监管上下游中小企业,银行监管核心企业的思路来看,会导致在银行与核心企业之间形成委托—代理问题,如前文所述。在这里,

第八章 金融风险管理的新趋势

为了能较好地解决这一问题，可以建立核心企业、银行以及上下游中小企业信息共享的平台，这个平台需要以电子商务为基础，使用电子商务将整个供应链上的所有企业联系起来，以形成更快、更有效的信息平台。这个平台需要容纳核心企业与上下游中小企业交易情况、各自的信用状况等，银行业可以聘请专业机构对信息进行综合考量。虽然依旧会存在数据造假的情况，但是却能在一定程度上缓解由败德行为、委托—代理问题导致的信用风险。随着核心企业经验的积累，以及行业内供应链金融的联合，以后银行可以进入企业的内部，称为集团内的专业贷款机构。一方面能增强核心企业对银行贷款的依赖，减小信用风险；另一方面可以节约银行在信息搜集的成本，优化社会资源。

第三，对中小企业贷款用途实行有效监督。银行应与核心企业联合起来，设计合理方案，使中小企业将贷款有效运用到供应链金融体系中。如果仅将资金贷给中小企业，却不能有效利用，从短期来看是解决了中小企业贷款难的问题，但是从长期来看存在较大的风险隐患。同时，要对资金用途进行严格审查，比如贷款的中小企业需要在该银行开设公司账户，将所贷资金存入该账户中，并且银行具有对账户不定期审查的权利。这种措施，开始可能降低中小企业通过供应链融资的积极性，但是在形成思维惯性后，会对中小企业有遴选作用，部分对市场造成负能量的中小企业将会被淘汰。而剩余的企业，能够提高供应链管理的效率。

2.供应链金融操作风险的控制

第一，通过识别供应链序列风险层次加强不同层级的供应链金融管理。对于核心企业管理供应链时，首先要找到企业层次中最重要的供应链环节，并且了解整个活动的规律与顺序。因为供应链金融是基于整个供应链的，只要一个环节出现问题，其他环节的衔接就会断裂。因此需要识别每个环节供应链金融中存在的风险，找到风险发生点，然后采用先点对点控制而后全面控制的方法。核心企业需要不断总结经验，加强自身在供应链金融方面的管理能力与专业化素养，在供应链管理中最好能做到互利互惠，与上下游中小企业及银行形成良好的战略合作伙伴关系。同时，了解竞争对手的发展情况，在市场监督下有序竞争。在内部控制方面，核心企业需要加强自我管理，调整与其发展不相适应的地方，提高自身对上下游企业的依赖性及独立性。

第二，通过业务外包来控制操作风险。供应链金融业务的不断扩展，使中小企业也日益成为各家商业银行的重要客户资源。按照普通的金融理论，我们认为可以通过供应链金融产品的组合及捆绑销售来有效规避风险，同时可以通过业务外包将操作层面的风险进行分散。因为银行仅仅是一家金融机构,不可能对所有业务及行业情况都了解清楚,外包给第三方,首先能够节约风险控制的成本,其次能够使风险的控制体现出专业水平。依照现在众多企业的发展方式,银行可以将供应链金融中不属于自身业务核心的部分,比如一些信息流程管理等进行外包,集中精力在核心内容上。可以通过与物流监管方合作并建立一定的评估体系,与一些仓储公司联合,对存货实施监控等。还可以将商品价格的信息外包出去,由专门的信息机构负责价格情况更新。

3. 供应链金融市场风险的控制

目前在完善法律法规及相关政策对于供应链金融方向的法规政策等方面,我国尚不够健全。例如,在《中华人民共和国物权法》中,虽然有关于担保品的监察、涉及产权纠纷等的管理办法,但是总体上缺乏供应链金融监管中所需要的细则。目前国家对中小企业有一定的政策优惠,但是还没有针对供应链金融体系上的中小企业以及核心企业的优惠政策。由此,随着供应链金融市场的逐步发展,需要出台一系列与供应链金融发展相适应的法律法规及政策标准,以为供应链金融的风险控制提供相应的法律保障。

第五节 大数据与金融风险管理

一、金融大数据资源概述

(一)金融大数据资源

第一,证券期货业数据。证券期货业的经营对数据的实时性、准确性和安全性的要求极高。证券期货数据包括实时行情、历史金融数据、统计数据、新闻资讯等。数据涵盖股票、基金、债券、股指期货、商品期货、权证、黄金、外汇、指数、理财产品、宏观经济与行业经济等方面。证券期货数据具有数据量大、变化数据快等特征。期货高频行情数据每秒更新2次,每日产生上万笔交易数据。国外市场上,证券股票的高频行情数据更新速度更快,支撑了高频交易等新兴交易模式的发展。宏观与行业经济数据包括国内宏观经济数据、地区经济数据、行业经济数据、国外宏观经济数据四大类,涉及超过13万个经济指标、670万条经济数据。新闻资讯方面,除了发布的新闻信息、相关机构的研究报告,还有从推特、论坛、微博、Facebook等网络媒体摘取的网络舆情信息,这些数据属于非结构化数据,

第八章 金融风险管理的新趋势

其处理需要网络爬虫、语义分析等非结构化数据处理技术。从2009年开始，华尔街就有投资人利用数据分析挖掘方法，从网络舆情中寻找股票情绪等"数据财富"，预判市场走势，以获得投资收益。

第二，银行业数据。在数据爆发式增长的今天，银行每天都在生成、获取海量数据。首先，传统的交易系统每天产生数亿笔客户交易，形成了TB级的结构化数据。其次，在处理过程中银行采集了大量用于集中作业、集中授权、集中监控的影像、视频等非结构化数据。再次，银行网站每天点击量达到几千万次，隐含着大量客户需求或产品改进信息。最后，各类媒体、社交网络中涉及银行的信息既有客户需求，也有客户投诉，这些都可以作为银行改进产品或服务的依据。

第三，保险业数据。保险经营的基础是大数定律"从大量随机事件中找出必然规律"，这与大数据特征高度吻合。目前，国内大型保险公司累积的数据量均已超过100TB。保险数据除去保单、理赔单、电话营销录音等保险公司保留数据，还包括大量的保险相关行业业务数据。保险数据中的非结构化数据多保留为影像数据形式。这些数据可为保险公司的各类决策提供支持，支撑保险营销、定价、欺诈识别、精细管理、精致服务等业务的开展。

第四，跨行业网络金融数据。在网络技术高速发展的今天，以较低时间成本和经济成本提供支付和融资服务已经成为可能。网络化的平台、标准的流程极大地降低了数据收集的成本。以腾讯为代表的网络公司积累了大量数据。其中，阿里巴巴在金融相关数据积累方面一直走在业界前沿。淘宝创立之时，阿里巴巴就开始收集平台上的数据，直至支付宝、聚划算、一淘等平台，随着业务的爆发式增长，阿里诸平台上的数据成倍增加，汇集成海。

（二）金融大数据处理关键技术

金融数据一般具有"流数据"特征，需要在短时间内快速处理。与其他行业相比，金融数据具有逻辑关系紧密、处理实时性要求高、可展示性需求强等特征，通常需要以下几类关键技术。

1. 数据分析技术

数据分析技术包括数据挖掘、机器学习等人工智能技术，主要应用在用户信用分析、用户聚类分析、用户特征分析、产品关联分析、营销分析等方面。金融系统安全性、稳定性和实时性要求比较高，对大数据计算处理能力也要求非常高。

2. 数据管理技术

数据管理技术包括关系型和非关系型数据管理技术、数据融合和集成技术、数据抽取技术、数据清洗和转换等技术。金融行业对数据的实时处理能力要求非常高,需要灵活地进行数据转换配置和任务配置。

3. 数据处理技术

数据处理技术包括分布式计算技术、内存计算技术、流处理技术。金融数据的海量增长使得金融机构需要通过新型数据处理技术来更有效地利用软硬件资源,在降低 IT 投入、维护成本和物理能耗的同时,为金融大数据的发展提供更稳定、强大的数据处理能力。

4. 数据展现技术

数据展现技术包括可视化技术、历史流展示技术、空间信息流展示技术等,主要用于金融产品健康度监视、产品发展趋势监视、客户价值监视、反洗钱反欺诈预警等方面。金融数据种类多样,相关统计指标复杂,需要大力发展数据展现技术,提高金融数据的直观性和可视性,提升金融数据的可利用价值。

二、大数据与银行风险管理

(一)大数据时代下银行所面临的风险

正如业界常说,银行的业务就是风险,而数据则是银行最有价值的资产。如果将风险比作银行的灵魂,那么数据则当之无愧地是银行的血液,两者相辅相成,维系着银行的运作。数据和风险从来就是银行的两大要素。随着全球化的深入和信息技术的发展,风险和数据为商业银行带来的机遇与挑战日趋明显。就宏观经济发展和商业银行的经营环境而言,监管力度逐渐严格,市场变化日益加速,来自电商及其他非传统金融机构的竞争不断增强,具体有如下表现。

1. 外部风险来源多样化

目前,银行业外部风险来源包括小贷公司、典当行、担保机构、民间融资、非法集资、影子银行,以及与银行业金融机构有各种业务合作关系的金融同业、工商企业等。与银行业原来的信用风险、市场风险、操作风险等传统风险比,外部风险事件呈现来源多样、形式复杂、防范困难的特点。而这些公司或领域发生的风险事件,往往会传递至银行业,最终对银行的业务经营产生不良影响。

第八章　金融风险管理的新趋势

2.电子银行网络安全面临挑战

近年来,网络安全事件频繁发生,银行业面临客户信息、账户信息和交易信息以及信息系统的安全挑战。一旦信息体系遭受破坏和黑客侵入、网络中断等,导致信息资源的扭曲和传输障碍,将带来不可估量的损失。针对银行客户资金的网上欺诈、电话欺诈日益泛滥,呈现集中化、长期化、复杂化的特点,电子银行的交易安全和反欺诈工作必须引起高度关注。

3.风险管理由控制内部向防范外部转变

风险管理一直是各商业银行的重点工作,普遍实现了"横向到边,纵向到底"的风险,重点从提高审批质效、加强资产监控、降低资本占用、专业队伍建设等方面入手,通过风险管理的"前移""下沉",实行集中化全程管理,取得良好成效。但是,必须看到在银行内部风险得到较好控制的同时,外部风险对商业银行的影响越来越大。

(二)基于大数据的银行风险管理模式

在这样的大环境下,商业银行要保持竞争力,维护自身的生存与发展,必须更好地发现数据所能提供的风险管理价值,并积极地运用各种技术及管理手段,最大化地实现这些价值。

1.大数据与信用风险管理

目前,银行在进行信用风险决策时,主要依据客户的会计信息、客户经理的调查、客户的信用记录以及客户抵(质)押担保情况等,通过专家判断进行决策。这种决策模式具有一定的弊端:一是这种模式只适用于经营管理规范、会计信息可靠、信用记录良好的大公司或有充分抵(质)押物并经营良好的中小公司;二是决策基本上取决于信贷审批人员的主观判断,缺乏足够的客观证据。信息不对称、标准不统一、业务流程复杂、效率低下;三是决策所依据的主要是企业过去的静态信息,而不是实时的动态信息,时效性、相关性和可靠性不足,风险不能得到有效控制。

信用风险计量已经有成熟的模型与方法,如以违约概率为核心变量的客户风险评级模型,以及以违约损失率为核心变量的债项风险评级模型等。在模型开发中,各银行所面临的共同问题是缺乏相关数据。一是数据来源有限,尤其是客户的相关信息,银行通常仅能获得客户主动或被动提供的基本信息数据及财务信息数据;二是数据可靠性不足,数据的获得路径长,缺乏有效的验证手段;三是数据覆盖广度不够,比如客户的市场行为、与第三方对手间的交易往来等有价值的信息数据,或根本无法收集,或被湮没在大量的信息噪声中而无法及时发现,从而不能在建模中充分利用。

银行可以通过大数据体系的建设有效地解决上述问题。一方面,通过多种传感器、多个渠道采集数据,可以帮助银行更全面、更真实、更准确、更实时地掌握借款人信息,降低信息不对称带来的风险;另一方面,利用大数据技术可以找到不同变量间新的相关关系,形成新的决策模型,使决策更准确、更统一、更公正。此外,银行业通过构建大数据平台,帮助银行加强风险建模,大数据提供了功能广泛的风险分析和管理工具。以IBM大数据平台为例进行说明。IBM大数据平台与银行现有系统的整合,可以使银行在继续传统数据处理的同时迅速从大数据分析中受益。利用大数据的相关技术,所有平台功能将完成预先整合集成,保证银行能加速改善大数据环境,获得更佳的价值时效。

　　此外,银行可以利用大数据提高欺诈检测,创新信用风险管理模式。商业银行通过应用大数据,结合实时、历史数据进行全局分析,每天评估客户的行为,并对客户风险等级进行动态调整,实现对客户授信的精细化管理。商业银行通过共享各业务分支机构的相关信息,并针对不同风险点实施相应的控制措施,及时获取、挖掘有效的风险预警信息,发现经营中存在的问题,建立全面的风险管理预警体系,增强风险识别和防范能力。例如,摩根大通在业务交易中引入信用卡和借记卡数据进行诈骗检验。中信银行信用卡中心借助大数据分析技术每天评估客户的行为,并对客户的信用额度随时进行调整。此外,大数据还有助于银行确定客户运营状态变化规律,建立运营状态变化路径,按变化路径设置风险控制点,逐点计算对应的客户价值,在客户价值的基础上评估信用风险,从而形成新的客户信用风险动态计算体系以及管理模式,形成新的利润增长点。

　　2. 大数据与操作风险管理

　　《巴塞尔新资本协议》提出了衡量操作风险的各种方法和原则。当前国际金融界实际采用的衡量方法确实存在相当大的差异:一些风险管理能力强的金融机构,已经能够符合《巴塞尔新资本协议》中提出的基本指标法或标准法等较高水平的衡量方法的要求;国内银行在操作风险的衡量方面还较为落后,究其原因,主要是由于银行缺乏操作风险计量模型以及计量所需要的损失数据。建模数据的不足,造成银行模型开发困难,开发和校准工作周期长,主观随意性强,模型验证难,模型的使用效果不能保证。因此,对银行业而言,应系统全面地收集和管理历史数据,为模型和工具的正确使用提供数据支持,从而为操作风险度量和控制提供更有意义的指引。

　　大数据平台为银行建立完善的风险量化体系提供了保障。第一,拓展了数据源的广度。大数据平台可以极大地扩展数据来源。利用大数据

第八章 金融风险管理的新趋势

平台,银行能从网络、移动平台等多种非传统渠道中及时捕捉以前无法获得或无法使用的风险事件数据(包括非结构、半结构、流数据等),并通过与传统数据的快速整合、关联补充,为操作风险的度量提供充分的数据保障。第二,增强了数据源的时效性。利用大数据平台,可以实时地收集操作风险事件数据,即时监控可能发生的事件,并提供实时或准实时的风险计量服务,以配合业务管理对效率的要求。第三,促进了风险管理的前瞻性。风险计量体系要能提前捕捉风险预警信号,为主动性风险管理提供技术支持,而大数据平台为实现该目标提供了可能。

3. 大数据与实时风险监测

任何银行业务的风险管理均分为事前、事中、事后阶段,然而国内银行大部分对业务操作的管理是事后监督。例如,欺诈交易风险管理最重要的环节是事前的监测和识别,而由于时间的滞后,现行的事后监督难以发挥主动监督的作用,难以对风险业务发挥实时控制的作用。

此外,银行日益增长的需求已远非传统的智能业务应用所能满足。银行需要不间断获取情报的能力,从而能够分析大流量的实时事件,并迅速洞察风险事件,即时且自动化地对风险事件进行响应。也就是说,关键是能够对持续大流量的实时数据进行分析并快速响应。

(三)银行开展全面风险管理的对策

在大数据时代,商业银行要积极做好应对工作,加强数据采集与整合能力,建立量化分析数据中心,提升风险量化能力,从而为银行开展全面风险管理提供坚实的基础。

1. 加强对数据的收集与管控规范

首先,商业银行在日常经营中产生的大量数据是形成整个社会大数据的重要组成部分,因此,要对数据管控、数据处理和数据结果反映做出正确处置。第一,确定主要的数据采集渠道,主要可以划分为资讯数据、行情数据以及市场数据。数据管控上要进行标准化采集,统一化处理,时效化完成,分级化查阅。坚持做到采集的数据准确、结果可视,使数据应用性大大提高。第二,数据处理时一定要科学并依照规则,特别要杜绝以假乱真、以次充好的现象。第三,处理后的结果要依照规定展示,并且严格按照国家法律法规进行使用,避免影响商业银行声誉的风险事项产生。

2. 建立多元化的数据获取渠道

商业银行要注重利用社交媒体的数据,拓展渠道,获取客户信息。学会使用各类媒体,不但为客户服务,而且为优化商业银行自身形象服务;要积极参与网络工具形成的各种运作方式,并研究在运作方式中融入商业银行工作目标,真正使媒体、网络工具成为维系、拓展客户的桥梁和重要的通道。

3. 提升大数据处理与分析的技术水平

在银行数据大集中的基础上,采用数据仓库技术作为银行海量数据提取的实现方法,将数据集中到银行数据仓库中去,然后在此基础上进行各种数据的统计分析及数据挖掘。针对多元、高速、高噪声数据,银行必须制定整合、清理和分析的解决方案。这些数据包括结构化数据、非结构化和半结构化数据。

4. 增强对实时数据的处理能力

银行需要即时获取外部风险事件的能力,从而能够分析大流量的实时事件,并迅速洞察事件原委,实时整合来自多种异构数据源的数据,对海量"运动"中的数据进行连续实时的处理,捕捉可能对用户有用的信息并把结果发送出去。因此,需要对持续大流量的实时数据进行分析并快速响应。流式计算把数据包分割成小块,然后通过并行计算的方式将这些数据快速处理,并保存数据处理后的相关结果。因此,银行需要制定流数据分析方案,通过分析社交媒体等流数据,迅速了解客户行为,发现风险并及时预警。

5. 增强大数据平台的投资与建设

大数据时代将带动整个社会交易方式的变化,服务日趋虚拟化,更多的服务将由网络来承担,强大的大数据平台及网络系统是商业银行未来经营管理的利器。因此,商业银行需要投入大量资源用于适应大数据技术的需要,优化系统的体系架构,使系统具有可拓展性和灵活性。对资源的投入一定要有相当的前瞻性,并兼顾当前实际。争取在过渡期内,尽可能地实现资源利用最大化。

6. 商业银行要高度重视适应大数据技术的人力储备

美国就曾预计,为适应大数据时代到来,未来美国需要 60 万名拥有数据分析特长,又懂行业知识的复合型人才。这类人才仅仅经过大学培养远远不够,还需要丰富的实践经验。我国商业银行对此类人才的储备相当不足,抓紧人力资源储备更为迫切。

三、大数据与小微企业信贷

(一)小微企业信贷及其风险

小微企业是对小型企业、微型企业、家庭作坊式企业、个体工商户的

第八章 金融风险管理的新趋势

统称。国内对小型企业的定义主要来自国务院 2002 年下发的《中华人民共和国中小企业促进法》,文件规定了小企业的划分标准由国务院相关部门根据企业职工人数、年销售额、资产总额等指标结合企业所在行业特点制定。

信贷资产是商业银行的主要资产,开展信贷业务产生的风险即信贷风险。信贷风险具体是指由于债务人信用等级下降或违约及金融市场因子变化等因素,导致信贷资产发生损失甚至银行整体价值下降的可能性。商业银行关于企业的信贷风险可参照《巴塞尔协议Ⅲ》关于资产风险的分类标准分成信用风险、操作风险、市场风险、流动性风险四大类。由于小微企业本身具有商户数量多、行业分布广、信息采集较难等特征,商业银行开展小微企业信贷业务时会面临一系列与传统大中型企业信贷业务不同的风险。

(二)基于大数据的小微企业信贷模式创新

随着利率市场化,存贷利差缩小,小微企业信贷业务将是商业银行大力发展的业务。小微企业信贷面临的难题是企业数量大、管理不规范、信息不对称。基于大数据的网络金融正在尝试打破小微企业融资成本与收益难以均衡的僵局。大数据与信贷业务相结合,可以重塑信息结构,削减业务成本。基于大数据的小微企业信贷模式主要有如下几种。

1. 国外小微企业融资模式

由于商业环境、法规制度不同,国内外中小企业的融资模式也存在一定的差异。国外主要模式包括 P2P 网络融资模式和众筹模式等。

P2P 网络融资模式引入社交网络的概念,让用户能在网络社交圈中进行借贷。作为中介,平台既不吸储,也不放贷,其主要目标是提供个人对个人的小额贷款借贷平台。网站收入来源包括向放贷人和借款人收取借款本金额一定比例的成交服务费用。典型的 P2P 网络融资平台包括英国的 Zopa、德国的 Smava、荷兰的 Boober、丹麦的 Myc4、意大利的 Boober、波兰的 Kokos 和 Monnetto、法国的 Babyloan 等。

众筹模式是指以预购的形式,在网上向公众募集项目资金的模式。众筹模式利用网络和社交网络传播的特性,让小企业、艺术家或个人向公众展示他们的创意,争取大家的关注和支持,进而获得所需要的资金援助。相对于传统的融资方式,众筹模式更为开放,能否获得资金也不再是由项目的商业价值作为唯一标准。只要是网友喜欢的项目,都可以通过众筹模式获得项目启动的第一笔资金,这为更多中小企业和创作人士的融资活动提供了可能。典型众筹网站包括 Kickstarter、IndieGogo、AngelList 等。

2. 国内小微企业网络融资模式

伴随着网络技术的发展和我国对中小企业融资难的问题日益重视，国内也出现了多种形式的中小企业网络融资模式。由于法律制度差异，P2P网络融资模式和众筹模式推广有限。目前，发展较顺利的中小企业网络融资模式可归纳为银行网络融资服务模式、网络融资中介模式和电子商务平台模式。

（1）银行网络融资服务模式。该模式是指单一银行通过搭建服务平台，将贷前申请、审核，贷后风险控制等线下业务转移到线上进行，借助网络和信息技术，降低银行操作成本，提升融资效率。其主要代表是中国工商银行提供的中小企业网络信贷业务、农业银行的金融综合服务平台。这种模式实际上是传统银行贷款模式的延伸，并未改变单个银行面向众多中小企业一对多服务的现状。

（2）网络融资中介模式。该模式是指第三方网络服务商与国内多家银行共同合作，整合面向中小企业的多种融资工具，打造一站式的中小企业网上贷款超市，体现贷款产品种类的丰富及选择的方便性，可以在较短的时间里帮助客户选择到合适产品，可以全天24小时办理业务，在3~6个工作日就可以完成贷款全部流程。这种模式实际上是银行金融业务前端流程的服务外包。其主要代表是数银在线、易贷中国等。

（3）电子商务平台模式。该模式充分利用了第三方电子商务平台对平台上中小企业的信息优势和制约机制，以企业在电子商务平台上的行为参数为基础向企业综合授信，主要贷款对象是电子商务平台会员。在这种模式下，电子商务公司提供金融机构和企业第三方服务平台，可接受多家银行合作。银行先对贷款企业进行综合授信，然后由贷款企业客户进行无抵押、无担保的贷款，信贷风险由银行和贷款企业共同承担。贷前审核中，电子商务公司将其平台上的"网商网上行为参数"加入授信审核体系，对贷款信息进行整合处理，帮助银行提升授信审核效率，增加企业获得贷款的概率。贷后管理上，电子商务平台也积极同银行合作，利用平台的监督制约机制督促中小企业及时履行还款义务，减少银行坏账比例。

（三）银行开展小微企业信贷的建议

在小微企业贷款市场，银行与网络起家的小额贷款公司竞争日益激烈。与国外小微企业信用评估相比，尽管部分国内银行在小微企业信贷领域取得了一定的成绩，但绝大多数国有商业银行由于银监会的管制以及在国有体制的束缚下，数据分析和挖掘技术推进十分缓慢，仅靠有限的数据对客户进行销售预测和风险管理，作用有限。然而，在大数据环境下，银行业也迎来了新的机遇，利用大数据，有助于推动银行发展模式的战略

第八章　金融风险管理的新趋势

转型、风险决策模式的创新,以及应用大数据实现管理升级。

(1)商业银行在操作小微企业信贷业务时,首先应着力建设自身的小微客户信用信息平台,依靠先进的信息科学技术建立功能强大、数据丰富、运行稳定、安全可靠的数据库。然后拓宽用户收集渠道,竭尽所能地收集各种各样的客户信息,这样才能解决贷款业务信息不对称的问题。在数据收集过程中,要保证客户信息采集的真实性和科学性。在积攒大量客户信息的基础上,建立模型库计算业务违约的概率和风险的损失,实现对小微企业贷款信用风险的有效防范。

(2)对银行监管机构而言,应加强政策激励力度,提升银行支持小微企业发展的积极性。目前,国家出台的各项优惠政策主要集中于小微企业,在号召银行支持小微企业发展时,往往缺乏相应的激励,导致银行的积极性不高。建议针对银行出台实质性的优惠条件,鼓励银行机构加大对小微企业的支持力度。如根据银行发放小微企业贷款的平均余额,在次年按比例由中央财政出资对银行进行奖励,或在税收上予以减免和优惠等。在监管方面,区别对待小微企业贷款和其他类型贷款,适当提高对小微企业不良贷款的容忍度等。

(3)对银行而言,应进一步加大扶持力度,降低小微企业信贷门槛。建议银行实行差别化的信贷政策,即根据小微企业所处行业、规模、营业状况等实际情况来制定相应的贷款政策,适当降低小微企业贷款的条件和门槛。同时,进一步扩大专营机构的覆盖范围,鼓励有条件的银行机构增设小微企业专营机构,简化贷款审批手续和发放流程。

四、大数据与第三方支付

(一)第三方支付概述

第三方支付是具备一定实力和信誉保障的独立机构,采用与各大银行签约的方式,提供与银行支付结算系统接口的交易支持平台的网络支付模式。第三方支付一方面处理资金结算、客户服务、差错处理等工作;另一方面使客户的支付交易能够顺利接入,解决了谁先交货谁先付款的公平问题,使得买方与卖方同处于一个交易的始点,任何一方都不必为对方的信用问题而担心,克服了长期困扰电子商务的诚信问题。

随着支付牌照的发放和监管框架的建立,第三方支付行业已经实现了标准化。目前,第三方支付的业务范围包括如下几个方面。第一,网络支付,即在网络上实现支付。网络支付始于20世纪90年代,2012年市场规模达到3.8万亿元。网络支付领域已从一般网上零售业务扩展至网上行程预订、保险及跨境支付等创新服务。网络支付对网络安全要求很高。第二,银行卡收单,指通过销售点终端为银行卡特约商户代收货币资金的行为。第三,移动支付,目前的主要形式为二维码扫描、远程支付、近距离无线通信及语音读卡器。通过网上办理各种支付业务,第三方支付企业有效提高了用户最关注的便利性,减少了业务等候时间。同时,随着越来越多的用户在平台上实现交易,平台累积了大量的业务数据,包括交易数据、评价数据、浏览数据等,便于大数据分析技术制定精准的服务策略。

(二)第三方支付中的风险

第三方支付作为支付中介,为用户和银行提供接口和通道,便利了经济的发展,构建了新型的支付工具、支付渠道以及支付系统,给我国已有的支付体系带来变革。创新带来机遇,创新也会带来风险。由于还缺乏相应的监管制度和技术,第三方支付在业务运作过程中存在较多的问题,面临新的风险。归结起来,重点包含如下两种风险。

1. 业务风险分析

第三方支付中的业务风险主要包括非法经营风险、操作风险、流动性风险和信用风险。非法经营即一些不法分子利用第三方支付平台,从事犯罪活动。操作风险即指由于不完善或有问题的内部操作过程、人员、系统或外部事件而导致的直接或间接损失的风险。流动性风险是指经济主体由于金融资产的不确定性变动而遭受经济损失,由于交易的收付之间存在时间差,且伴随着用户增加和业务范围的扩展,第三方账户中的用户缴纳资金越来越多。信用风险是金融体系面临的主要风险之一。第三方支付给支付体系带来的信用风险是指由于参与第三方支付交易的各方没能按照约定履行义务而带来的经济损失,或称违约风险。

2. 系统风险分析

第三方支付平台给人们带来便利的同时,基于计算机系统的潜在交易支付风险不可小视。第三方支付中的系统风险主要包括:硬件风险,主要是指由于使用不当、未能及时更新或自然环境的剧烈变动等因素,导致第三方支付体系中的设备出现故障所带来的风险;软件风险,主要是指软件的运行效率、业务处理速度及可靠性方面不能满足业务需要带来的风险;网络风险,因为第三方支付依托于开放的网络并且连通金融专用网络,信息的传递和数据的存储都离不开网络的支持,容易遭受恶意软件、病毒和黑客的攻击。因此,网络风险主要是指不法分子利用网络技术直接盗取用户钱财。

参考文献

[1] 高晓燕.金融风险管理[M].北京:清华大学出版社,2012.

[2] 刘金波,张涛.金融风险管理(第2版)[M].北京:中国金融出版社,2014.

[3] 陆静.金融风险管理[M].北京:中国人民大学出版社,2015.

[4] 马一民.金融体系的风险与安全[M].北京:社会科学文献出版社,2007.

[5] 戎生灵.金融风险和金融管理[M].北京:中国金融出版社,2007.

[6] 邵平.商业银行合规风险管理[M].北京:中国金融出版社,2010.

[7] 王顺.金融风险管理[M].北京:中国金融出版社,2007.

[8] 王勇,隋鹏达,关晶奇.金融风险管理[M].北京:机械工业出版社,2014.

[9] 喻平.金融风险管理[M].北京:高等教育出版社,2016.

[10] 张吉光.商业银行操作风险识别与管理[M].北京:中国人民大学出版社,2005.

[11] 张金清.金融风险管理[M].上海:复旦大学出版社,2009.

[12] 赵国庆,刘立安.金融风险管理[M].北京:经济科学出版社,2016.

[13] 赵玉洁.金融风险管理[M].北京:对外经济贸易大学出版社,2015.

[14] 中国银行业从业人员资格认证办公室.风险管理[M].北京:中国金融出版社,2013.

[15] 朱淑珍.金融风险管理(第2版)[M].北京:北京大学出版社,2015.

[16] 马克·洛尔,列夫·博罗多夫斯基著,陈斌等译.金融风险管理手册[M].北京:机械工业出版社,2002.

[17] 黄莉.三类上市银行的绩效对比研究——基于因子分析法[D].成都:西南财经大学,2016.

[18] 沈静.基于贝叶斯网络模型的我国商业银行操作风险管理研究

[D]. 哈尔滨：哈尔滨工业大学，2006.

[19] 沈怡斐. 商业银行操作风险度量模型与分析 [D]. 上海：上海交通大学，2008.

[20] 王洋. 基于数据挖掘聚类分析的房地产市场信息处理技术的应用研究 [D]. 哈尔滨：黑龙江大学，2010.

[21] 吴寂琼. 操作风险度量及其在我国的应用 [D]. 合肥：安徽大学，2007.

[22] 翟万里. 基于人工神经网络的商业银行信用风险评估模型研究 [D]. 长沙：长沙理工大学，2013.

[23] 张玮. 基于收入模型的我国商业银行操作风险度量的实证分析 [D]. 咸阳：西北农林科技大学，2013.

[24] 李麟. COSO 内部控制整体框架 [J]. 金融会计，2001，(3).

[25] 田军，张朋柱，王刊良，汪应洛. 基于德尔菲法的专家意见集成模型研究 [J]. 系统工程理论与实践，2004，(1).

[26] 童志鸣. 论风险辨识 [J]. 铁道物资科学管理，1996，(1).

[27] 钟伟，沈闻一. 新巴塞尔协议操作风险的损失分布法框架 [J]. 上海金融，2004，(7).

[28] Diehl Michael, Wolfgang Stroebe. Productivity Loss in Idea Generating Groups: Toward a Solution of the Riddle[J]. *Journal of Personality and Social Psychology*, 1987, (53).

[29] Mehr Robert I., Seev Neumann. Delphi Forecasting Project[J]. *The Journal of Risk and Insurance*, 1970, (2).

[30] Mullen Brian, Craig Johnson, Eduardo Salas. Productivity Loss in Brainstorming Groups: A Meta-Analytic Integration[J]. *Basic and Applied Psychology*, 1991, (12).